D0873018

SRI DAYA MATA

Sanghamata («Madre de la Sociedad»), presidenta y líder espiritual de *Self-Realization Fellowship / Yogoda Satsanga Society of India*

El gozo
que buscas está
en tu interior

*Consejos para elevar
el nivel espiritual
de la vida diaria*

SRI DAYA MATA

Self-Realization Fellowship
FOUNDED 1920
Paramahansa Yogananda

RESEÑA DEL LIBRO: *El gozo que buscas está en tu interior*, publicado en inglés en 1990, es la segunda antología de charlas de Sri Daya Mata, presidenta y líder espiritual de *Self-Realization Fellowship*. El primer volumen, *Only Love: Living the Spiritual Life in a Changing World*, se publicó en 1976. Desde mediados de la década de los cincuenta, los residentes monásticos de los *ashrams* de Paramahansa Yogananda han grabado las charlas de Sri Daya Mata durante los *satsangas* (reuniones de buscadores de la verdad en las cuales el instructor espiritual que está al frente de la congregación habla espontáneamente sobre temas inspiradores), a fin de preservar sus numerosas narraciones personales sobre Paramahansa Yogananda y el caudal de consejos espirituales que ella recibió durante los más de veinte años que permaneció al lado del Maestro. Las grabaciones se transcribieron posteriormente, y una selección de ellas aparece regularmente en *Self-Realization* (la revista creada por Paramahansa Yogananda en 1925). Debido a que muchas personas de diferentes credos y condiciones sociales consideraron que estos artículos constituían una útil y compasiva fuente de orientación, este material se recopiló en forma de libro. En cada número de *Self-Realization* aparecen nuevas charlas que se publicarán en futuros volúmenes de esta serie de antologías.

Título de la obra original en inglés publicada por
Self-Realization Fellowship, Los Ángeles, California:

Finding The Joy Within You
ISBN 0-87612-288-8 (hardcover)
ISBN 0-87612-289-6 (paperback)

Traducción al español: *Self-Realization Fellowship*
Copyright © 2003 *Self-Realization Fellowship*

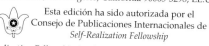 Esta edición ha sido autorizada por el
Consejo de Publicaciones Internacionales de
Self-Realization Fellowship

Self-Realization Fellowship fue fundada en 1920 por Paramahansa Yogananda, como el órgano difusor de sus enseñanzas en el mundo entero. En todos los libros, grabaciones y demás publicaciones de SRF aparecen el nombre y el emblema de *Self-Realization Fellowship* (tal como se muestran en esta página), los cuales garantizan a las personas interesadas que una determinada obra procede de la sociedad establecida por Paramahansa Yogananda y refleja fielmente sus enseñanzas.

Primera edición en rústica: 2003
Self-Realization Fellowship

ISBN: 0-87612-293-4 (rústica)
Impreso en Estados Unidos de Norteamérica
13725-1 (paperback)

Índice de ilustraciones

12

PRÓLOGO

Por el Dr. Binay Ranjan Sen

*Ex-embajador de la India en Estados Unidos y
director general de la Organización para la Alimentación
y la Agricultura de la ONU*

Hace casi cuarenta años tuve la inmensa fortuna de conocer a Paramahansa Yogananda, esa divina alma cuyo espíritu y enseñanzas se transmiten tan bellamente en este volumen de charlas impartidas por su principal discípula viviente, Sri Daya Mata. Haber conocido a Paramahansaji (en marzo de 1952) fue una experiencia que se encuentra grabada en mi memoria como uno de los acontecimientos inolvidables de mi vida. Yo había asumido mis deberes como embajador de la India en Estados Unidos a finales de 1951, y me encontraba en una gira oficial visitando diferentes ciudades de ese país. A mi llegada a Los Ángeles (California), el deseo primordial que surcaba mi mente era conocer a Paramahansaji, cuyas enseñanzas sobre cómo alcanzar la unión con Dios ejercían una enorme influencia espiritual no sólo en Estados Unidos, sino también en muchos otros países del mundo.

Si bien habían llegado a mí numerosos comentarios sobre Paramahansaji y su obra, yo no esperaba en absoluto lo que encontré en la Sede Central de *Self-Realization Fellowship*, en Mount Washington. Desde el instante en que llegué, sentí como si hubiera retrocedido tres mil años y me hallase en uno de los antiguos *ashrams* que se citan en nuestras escrituras sagradas. Se encontraba allí el gran *rishi* (sabio iluminado) rodeado de sus discípulos, todos ellos ataviados con túnicas color

13

ocre, típicas del *sannyasin* (renunciante). Parecía una isla de paz y amor divinos en un mar azotado por el tumulto de nuestra era moderna.

Paramahansaji esperaba en la puerta para recibirnos a mi esposa y a mí. Su presencia me impresionó inmensamente. Experimenté una enorme inspiración, como nunca antes había conocido. Al mirar su rostro, quedé deslumbrado por el resplandor: una luz de espiritualidad emanaba literalmente de él. Su infinita dulzura y su encantadora bondad nos envolvieron a mi esposa y a mí, como un cálido rayo de sol.

En los días siguientes, el Maestro dedicó cada minuto del que pudo disponer para estar con nosotros. Conversamos extensamente sobre las dificultades que atravesaba la India y acerca de los planes de nuestros líderes políticos para mejorar las condiciones de la población. Pude advertir que su sabiduría y entendimiento abarcaban incluso los problemas mundanos, aun cuando él era un hombre dedicado a la vida espiritual. Encontré en él a un auténtico embajador de la India, que portaba la esencia de la antigua sabiduría de su patria natal y la diseminaba por el mundo.

El último acontecimiento que viví junto a él, en el banquete del Hotel Biltmore, permanece grabado en mi memoria. Esos sucesos han sido descritos en muchos medios; fue una auténtica manifestación de *mahasamadhi*. De inmediato, nos dimos cuenta de que un gran espíritu había desencarnado de un modo que sólo alguien como él podía hacerlo. No creo que ninguno de nosotros se sintiera apesadumbrado. Se experimentó, sobre todo, un sentimiento de exaltación, de haber presenciado un evento divino.

Desde ese día, mis deberes me han llevado a diversos países. En América del Sur, Europa y la India, numerosas personas que han sido alcanzadas por la divina luz de Paramahansaji se han acercado a mí, solicitándome comentarios sobre este gran hombre, ya que habían visto las fotografías —tan ampliamente difundidas— de los días finales de su vida, durante los cuales yo estuve presente. En todas aquellas personas sentí una premura y un anhelo de recibir algún tipo de orientación que guiara sus vidas en estos tiempos turbulentos. Comencé a comprobar así que, lejos de marchitarse con el fallecimiento del Maestro, la obra que él había iniciado irradiaba su luz sobre un número aún mayor de personas en todo el mundo.

En nadie resplandece tanto su legado espiritual como en su santa discípula Sri Daya Mata, a quien él entrenó para que le sucediera después de su partida. Antes de marcharse, él le confió: «Cuando me haya ido, sólo el amor podrá reemplazarme». Las personas que, como yo, tuvieron el privilegio de haber conocido a Paramahansaji, encontramos reflejado en Daya Mataji ese mismo espíritu de amor divino y compasión que tanto me impresionó en mi primera visita a la Sede Central de *Self-Realization Fellowship,* hace ya casi cuarenta años. En sus palabras contenidas en este volumen, se nos presenta el invaluable obsequio de la sabiduría y el amor con que el gran Maestro inundó la vida de Sri Daya Mata e inspiró para siempre la mía.

Conforme avanza nuestro mundo hacia el nuevo milenio, nos vemos amenazados por la oscuridad y la confusión como nunca antes. Es preciso trascender las viejas fórmulas que suponen el enfrentamiento de país contra país, religión contra religión y hombre contra naturaleza, y transformarlas en una nueva actitud de amor universal, entendimiento e interés por los demás. Éste es el mensaje eterno de los sabios y profetas de la

India, el mensaje que trajo Paramahansa Yogananda tanto para esta era como para las generaciones futuras. Confío en que la antorcha que él dejó, ahora en manos de Sri Daya Mata, iluminará el camino de millones de personas que buscan un rumbo para su vida.

Calcuta
20 de octubre de 1990

PREFACIO

Desde 1931 hasta 1952 fue un privilegio y un deber dedicarme a transcribir taquigráficamente las enseñanzas de Paramahansa Yogananda para la posteridad: sus clases y conferencias públicas, los oficios inspirativos que celebraba los jueves y domingos en la Sede Internacional de *Self-Realization Fellowship* y en los templos, así como gran parte de sus consejos espirituales informales a los discípulos.

Las enseñanzas contenidas en las clases y conferencias que el Gurú impartió en toda la nación —en particular las detalladas instrucciones sobre las técnicas de meditación del yoga que daba a quienes se inscribían en las clases que él organizaba en cada ciudad— fueron compiladas en las *Lecciones de Self-Realization Fellowship*. De las charlas inspiradoras que ofreció a lo largo de los años a los miembros y al público interesado en estas enseñanzas —tanto en los templos de *Self-Realization Fellowship* como en la sede internacional—, más de ciento cincuenta se han publicado en tres antologías: *La búsqueda eterna*, *The Divine Romance* y *Journey to Self-realization*, mientras que otras aparecen en cada número de la revista *Self-Realization*. El objeto del presente volumen (y de su predecesor, *Only Love*) es compartir la inspiración y guía personal que Paramahansaji brindó a los discípulos que vivieron a su alrededor y que recibieron, gracias a su diaria cercanía con el gran Maestro, un profundo entrenamiento y disciplina espiritual.

A aquellos de nosotros que llegamos a él con el más ardiente deseo de conocer a Dios, Gurudeva[1] nos

---

[1] Al referirse a su gurú, Paramahansa Yogananda, Sri Daya Mata utiliza los términos «Gurudeva» («divino maestro»), «Guruji» («*ji* es un

hablaba con gran franqueza sobre lo que necesitábamos hacer para perfeccionarnos y para acrecentar nuestra percepción de Dios. Sin embargo, la mayor parte de la orientación que nos brindaba no revestía la forma de largos discursos ni exhaustivas explicaciones. Cuando nuestros pensamientos o acciones se desviaban del objetivo de una vida centrada en Dios, él contaba con numerosos recursos sutiles —¡y con algunos que no lo eran tanto!— para hacernos enfocar de nuevo nuestros anhelos. Un par de palabras certeras, una mirada llena de significado, un comentario alentador sobre las cualidades del devoto ideal o acerca de algún principio espiritual, siempre ejercían un gran poder para suscitar el cambio en nosotros. Pero cabe aclarar que, en primer lugar, nosotros aprendimos a través del ejemplo de Gurudeva y de nuestros esfuerzos por emular su vida, que con tanta perfección reflejaba el amor y el gozo de Dios.

Los consejos que reúne este libro son una recopilación del fruto cosechado en esos veinte años a los pies de mi Gurú. Se trata de la guía que él proporcionó a personas en las que percibió que no estaban movidas por una mera curiosidad intelectual sobre las verdades espirituales, sino por un genuino anhelo de anclar su vida en Dios y, de esta forma, permanecer más cerca de Él.

La mayor parte del material que se presenta aquí ha sido tomado de *satsangas* (reuniones informales en las que el instructor espiritual que está al frente de la congregación responde a preguntas de los presentes o

---

sufijo que agregado a los nombres y títulos en la India denota respeto) y «Maestro» (equivalente más cercano del término sánscrito *gurú*, que significa aquel que, al haber logrado el dominio de sí mismo, reúne cualidades únicas para guiar a otros en su viaje interior hacia la unión con Dios). *(Nota del editor).*

habla espontáneamente sobre temas espirituales). A lo largo de los años, los discípulos de Guruji registraron en cinta magnetofónica muchas de estas charlas, que han sido publicadas en la revista *Self-Realization* o se han dado a conocer al público mediante grabaciones. Hace pocos meses, tuve la oportunidad de colaborar con nuestros editores en la revisión del material publicado con anterioridad, a fin de aclarar ciertos puntos, agregar mayores detalles donde fuese necesario y organizar los temas para su publicación en forma de libro.

Al recordar los numerosos años de mi vida en que he sido guiada por los consejos de Gurudeva, me siento profundamente agradecida. En todo ese tiempo, he experimentado una completa satisfacción del corazón y del alma. Ningún mérito personal debe atribuírseme por el logro, cuya consecución es fruto de las bendiciones de mi Gurú y de sus enseñanzas. Mi humilde esperanza es que las prácticas e ideales espirituales que tanto transformaron mi vida bendigan de igual manera a otras personas que conozcan estas verdades y principios a través de las páginas de este libro.

Los Ángeles
19 de noviembre de 1990

INTRODUCCIÓN

«¡Qué inmenso amor y gozo se encuentra dentro del alma!
Mas no tenemos que adquirirlo, pues ya es nuestro».

Sri Daya Mata

Esta recopilación de charlas ofrece el incuestionable testimonio de que cada uno de nosotros, cualesquiera que sean nuestras circunstancias externas, puede aprender a vivir cada día en la seguridad y el gozo continuos que se encuentran en lo más profundo de nuestro ser. *El gozo que buscas está en tu interior* es una guía práctica y llena de compasión para lograr una vida en armonía con la Divinidad; es el fruto de los sesenta años que la autora ha vivido dedicada a Dios y compartiendo el gozo divino con los demás.

Sri Daya Mata nació el 31 de enero de 1914 en Salt Lake City (Utah)[1]. Desde su más tierna infancia sintió un vehemente deseo de conocer a Dios. A los ocho años, cuando en la escuela oyó hablar por primera vez de la existencia de la India, sintió un misterioso despertar interior y, con él, la convicción de que en ese país se encontraba la llave para lograr la plenitud de su vida. Ese día, terminada la clase, volvió corriendo a casa y le anunció con júbilo a su madre: «Cuando sea mayor, no me casaré; iré a la India». Éstas fueron palabras proféticas de una niña.

Cuando Daya Mata cumplió quince años, recibió como regalo un ejemplar del *Bhagavad Guita*, «El canto del Señor». Esta escritura la impresionó profundamen-

---

[1] Su nombre de pila es Faye Wright; posteriormente adoptó el nombre monástico de Daya Mata, «Madre compasiva». «*Sri*» es un título de respeto.

te, pues revelaba el amor compasivo y el entendimiento que Dios demuestra a sus hijos. En ella se indicaba que era posible acercarse a Dios y conocerle y, también, que sus hijos —considerados «seres divinos»— podían tomar plena conciencia, mediante el esfuerzo propio, de su derecho espiritual de nacimiento: la unidad con Él. Daya Mata decidió que, de alguna forma y por alguna vía, dedicaría su vida a buscar a Dios. Visitó a varias autoridades religiosas; sin embargo, siempre persistía en su corazón una pregunta para la que no hallaba respuesta: «Existe, acaso, alguien que ame verdaderamente a Dios, alguien que le conozca?».

En 1931, Paramahansa Yogananda llegó a Salt Lake City para impartir una serie de conferencias[2]. Daya Mata —que tenía entonces diecisiete años— decidió asistir, en compañía de su madre y su hermana. En las siguientes palabras, ella ha descrito la impresión que le causó su primer encuentro con Paramahansaji: «Mientras permanecía yo de pie, al fondo de un auditorio repleto, me sobrecogió un estado de total absorción, en el cual perdí conciencia de todo cuanto me rodeaba, a excepción de la presencia y las palabras del orador. Mi ser entero se sumergió en la sabiduría y el amor divino que invadieron mi alma, anegando mi mente y corazón. Mi único pensamiento, en ese instante, fue: "Este hombre ama a Dios; le ama de la forma en que siempre he anhelado yo amarle. He aquí alguien que *conoce* a Dios. ¡Le seguiré!».

[2] Paramahansa Yogananda, fundador de *Yogoda Satsanga Society of India* en 1917, había residido en Estados Unidos desde 1920, tras ser invitado a participar como delegado de la India en el Congreso Internacional de Religiosos Liberales celebrado en Boston. Durante los años que habían transcurrido, él ofreció conferencias en todo el país y fundó la sede internacional de su obra, *Self-Realization Fellowship*, en Los Ángeles (California).

En una reunión de miles de personas, parecía improbable que una jovencita tuviese la oportunidad de conocer al Gurú. Pero suele decirse que la adversidad es en ocasiones una bendición disfrazada. Daya Mata había sufrido durante largo tiempo de una grave afección sanguínea. Esa enfermedad, que los doctores no habían podido curar, la había obligado a abandonar la escuela. Sin embargo, asistía sin falta a las clases de Paramahansaji; las vendas que cubrían su inflamada cara atrajeron la atención del gran Gurú. Hacia el final de las clases, él le concedió una curación divina y predijo que en el plazo de siete días no quedaría rastro de su enfermedad, y que ésta no regresaría. Y en efecto, así fue[3]. Sin embargo, para Daya Mata, la oportunidad de conocer a este hombre de Dios fue una bendición todavía más grande que su sorprendente alivio. Ella era extremadamente tímida, y aún hoy en día se pregunta cómo encontró el valor para dirigirle al Maestro sus primeras palabras: «Deseo inmensamente formar parte de su *ashram* y dedicar mi vida a buscar a Dios». El Gurú la observó con una mirada penetrante, durante un momento, antes de responderle: «Y así lo harás».

Pero sería preciso que ocurriera un milagro para que ese deseo se materializara, dada la firme oposición de su familia. Ella era aún una jovencita y los miembros de su familia, a excepción de su comprensiva madre, se oponían por completo a que abandonara el hogar para seguir una religión que les resultaba totalmente ajena. Una tarde, Paramahansa Yogananda dijo en su clase que si un devoto llamaba a Dios con la suficiente profundidad y decidido a recibir una respuesta, la obten-

---

[3] Daya Mata describe este ejemplo de curación divina con mayor detalle en la página 31.

dría. Daya Mata tomó esa determinación; aquella noche, después de que su familia fuera a dormir, se dirigió al salón de la casa, donde podría estar a solas. Las lágrimas fluían conforme abría su corazón a Dios. Después de varias horas, una profunda paz se apoderó de todo su ser y ya no pudo llorar más: sabía que Dios había escuchado su oración. En el lapso de dos semanas, todas las puertas se abrieron y, el 19 de noviembre de 1931, pasó a formar parte del *ashram* de Paramahansa Yogananda en Los Ángeles (California). Al año siguiente, profesó sus votos definitivos como renunciante para consagrarse a Dios; se convirtió así en una de las primeras *sannyasinis* de la Orden monástica de *Self-Realization Fellowship*.

El tiempo pasó muy rápido a los pies de su Gurú. Si bien rebosaba felicidad, sus primeros años de entrenamiento en el *ashram* no estuvieron exentos de esfuerzo. Paramahansaji estaba comprometido con la tarea de transformar —amorosamente pero con firmeza— a la joven religiosa en una discípula ejemplar. El hecho de que él la escogiera para desempeñar un papel significativo se evidenció desde el comienzo mismo. Muchos años más tarde, Paramahansaji le dijo que la había sometido a una disciplina espiritual tan intensa como la que él mismo recibió de su gurú, Swami Sri Yukteswar. Fue ésta una observación importante, si se considera que Daya Mata estaba llamada a heredar, posteriormente, la responsabilidad espiritual y organizativa que Sri Yukteswar le había encomendado a Paramahansaji.

Durante más de veinte años, Sri Daya Mata formó parte del pequeño círculo de discípulos cercanos que acompañaban casi constantemente a Paramahansaji. Conforme pasaron los años, él le asignó crecientes responsabilidades; y en el período final de su vida, comenzó a indicar con claridad a los discípulos el papel que ella estaba llamada a desempeñar en el plano mundial.

Daya Mata quería tan sólo permanecer en un segundo plano y, por eso, consideró que la posición de liderazgo que se le estaba confiriendo era una inmensa prueba. Ella rogó al Maestro que le permitiera servir de otra manera, bajo la autoridad de cualquier persona que él eligiera. Pero él se mantuvo firme en su resolución. Deseosa de obedecer la voluntad de Dios y la de su Gurú más que cualquier otra cosa en el mundo, Daya Mata se entregó sin reservas a cumplir el cometido que se le había encomendado. El Maestro le anunció: «Mi tarea ha concluido; ahora comienza la tuya».

En 1952, Paramahansaji entró en el estado de *mahasamadhi*[4]. Tres años después, Daya Mata asumió la presidencia de *Self-Realization Fellowship/Yogoda Satsanga Society of India*, sucediendo en el cargo a un discípulo excelso, Rajarsi Janakananda, tras el fallecimiento de éste. En calidad de sucesora espiritual de Paramahansa Yogananda, es su responsabilidad el cuidar de la dirección espiritual de los miembros de SRF/YSS y del entrenamiento de los discípulos que residen en los *ashrams* de *Self-Realization/Yogoda*, así como también velar por el fiel cumplimiento de los ideales y deseos de Paramahansa Yogananda con respecto a la difusión de sus enseñanzas y a la expansión de su obra espiritual y humanitaria en el mundo entero.

---

[4] El abandono definitivo del cuerpo físico, de forma voluntaria y consciente, en el caso de un alma que ha realizado plenamente a Dios. Paramahansa Yogananda entró en el estado de *mahasamadhi* en el Hotel Biltmore, en Los Ángeles, el 7 de marzo de 1952, al concluir su discurso en un banquete celebrado en honor del Embajador de la India en Estados Unidos, B. R. Sen

El 7 de marzo de 1990, los periódicos de Los Ángeles (California) dieron cuenta del trigésimo quinto aniversario de Sri Daya Mata como presidenta de la organización. En uno de los artículos, se ofrecía la siguiente información: «Al tratarse de una de las primeras mujeres de la historia reciente en ser designada directora espiritual de un movimiento religioso universal, ella ha sido pionera en la creciente tendencia actual hacia la aceptación de la mujer en puestos de autoridad espiritual que, tradicionalmente y en la mayoría de los casos, estaban reservados a los hombres. En los treinta y cinco años que ha ocupado ese cargo, son muchas las personas que se han familiarizado con ella a través de sus escritos y giras mundiales para dar conferencias, así como de las filmaciones y grabaciones de sus charlas sobre los ideales universales que promueven las principales religiones de Oriente y Occidente».

Con ocasión del cumpleaños de Daya Mata en 1946, Paramahansaji le escribió: «Es mi deseo que nazcas en la Madre Cósmica, y que inspires a los demás sólo con tus maternales cualidades espirituales, a fin de conducirlos únicamente a Dios por medio del ejemplo de tu vida». Hoy en día, los miembros de *Self-Realization Fellowship/Yogoda Satsanga Society* consideran a Sri Daya Mata como *Sanghamata* o «Madre de la organización». El gran amor y fortaleza espiritual que ella emana ha inspirado también a muchas otras personas. Un hombre de negocios, que brindó servicios profesionales a *Self-Realization Fellowship* durante varios años, le escribió: «Su serenidad personal es muy importante para mí y para los demás. Usted y las personas que la rodean son como una fortaleza, un cimiento al cual podemos aferrarnos en este mundo tan precario. Sé que usted no se atribuye mérito propio, sino que vive como sus convicciones se lo señalan, y el resto se presenta por añadidura».

Si bien su vida está dedicada, en primer lugar, a la obra de su Gurú y a los seguidores del sendero de *Self-Realization Fellowship*, ella considera que todos los que buscan a Dios —cualesquiera que sean sus credos— forman parte integrante de su familia espiritual. Una religiosa de la orden católica de las Hermanas de la Caridad, después de haber tenido la ocasión de reunirse con Daya Mata y escuchar sus conferencias en varias oportunidades, expresó lo siguiente: «En mi condición de miembro de una orden religiosa, considero que Daya Mata constituye un luminoso ejemplo de lo que debería ser una vida dedicada al servicio de Dios y del prójimo. Ella me recuerda a ese gran precursor de Cristo, Juan el Bautista, quien dijo: "Yo soy la voz del que clama en el desierto: Rectificad el camino del Señor". En su presencia, no existen diferencias entre católicos, protestantes o hindúes; todos son tan sólo hijos de un único Padre: Dios. Ella acoge afablemente a cada uno de ellos, y les reserva un lugar en su corazón. Personalmente, he recibido de ella tantas amabilidades, tanto interés y estímulo que, no obstante el hecho de ser yo una monja católica, me he sentido atendida como si perteneciese a su propia orden. Daya Mata constituirá siempre para mí un ideal de lo que debería ser mi vida como religiosa. [...] La presencia de Dios brilla a través de ella».

SELF-REALIZATION FELLOWSHIP

EL GOZO QUE BUSCAS ESTÁ EN TU INTERIOR

¡Podemos conocer a Dios!

*Charla inaugural de una Convención de
Self-Realization Fellowship, que se celebra anualmente en
Los Ángeles (California) y consiste en una semana de clases,
meditaciones y confraternización espiritual*

Mañana comienzan las clases de la Convención, y eso me hace recordar la época en que, por primera vez —hace ya muchos años—, recibí en Salt Lake City clases de esta misma naturaleza impartidas por nuestro venerado gurú, Paramahansa Yogananda. ¡Qué impacto tan enorme ejerció él en mi vida!

Desde pequeña, sentí un incesante deseo de encontrar a Dios en esta vida. Conocí a Paramahansaji cuando yo tenía diecisiete años. En aquel entonces, mi cuerpo se hallaba muy enfermo: padecía de septicemia, y los médicos no lograban encontrar la forma de curarme. Tenía un ojo cerrado por el edema y, también, tres vendajes en la cara. Pero esas vendas fueron una verdadera bendición, porque con ellas mi presencia saltaba a la vista a pesar de la numerosa concurrencia.

En aquellos días, el Maestro daba varias conferencias en las que presentaba sus enseñanzas antes de las clases en las que exponía los aspectos y métodos más profundos del yoga. Al concluir la última conferencia pública, él invitaba a la congregación a acercarse y saludaba a los asistentes individualmente. Mientras me dirigía a su encuentro, las piernas me temblaban, pues yo era sumamente tímida. Cuando estuve frente a él, miró mi rostro desfigurado y preguntó: «¿Qué te sucede?». Después de que mi madre (que me acompañaba a las conferencias) le explicó mi problema de salud, él dijo: «Regresa mañana a las clases, pero quédate después de que terminen». (Aunque no me lo hubiera pedido, ¡yo ya había decidido asistir!).

Pasé el día siguiente esperando con ansia el momento de hablar personalmente con el Gurú otra vez. Esa noche, él disertó sobre la fe y la fuerza de voluntad. Me inspiró de tal manera que, mientras estaba sentada escuchándole, sentí que era absolutamente posible mover montañas, si se tenía fe en Dios.

Después de la reunión, esperé a ser la última para saludarlo. Durante nuestra conversación, me preguntó de forma inesperada y sin preámbulos:

—¿Crees que Dios puede sanarte? —Al decirlo, sus ojos brillaron con poder divino.

—*Sé* que Dios puede sanarme —respondí.

Me dio su bendición tocándome en el entrecejo, en lo que se denomina el centro crístico o centro *Kutastha*[1]. Luego, aseguró: «A partir de hoy, comenzarás a sanar. Dentro de una semana, las vendas ya no serán necesarias y tus cicatrices se habrán desvanecido». Y así fue; exactamente en una semana, la enfermedad desapareció, y jamás volví a padecerla.

El desarrollo armonioso del cuerpo, de la mente y del alma

Las enseñanzas de *Self-Realization Fellowship* se basan en el desarrollo armonioso del cuerpo, de la mente y del alma. Si permanecemos enfrascados en los problemas de este cuerpo, si el dolor físico absorbe toda

---

[1] Este sutil centro *(ajna chakra)*, situado a nivel del entrecejo, es el asiento del ojo espiritual que todo lo percibe y de la Conciencia Crística universal en el hombre; además es el centro de la voluntad y la concentración.

Dirigiéndose a los miembros de *Self-Realization Fellowship* que se reunieron durante una Convención anual, Los Ángeles (California), agosto de 1989.

«Muy a menudo, Guruji insistía en que afirmáramos con él que nuestras vidas habían de ser vividas en el gozo de Dios: Del Gozo he venido. En el Gozo vivo, en él me deslizo y en él se encuentra mi ser. Y en ese sagrado Gozo me fundiré de nuevo. Aférrate a esta verdad y comprobarás que ese Gozo interior te sustentará, a pesar de las dificultades que puedan aquejar tu vida».

Daya Mataji se dirige a miembros procedentes de todas partes del mundo que asistieron a la celebración del quincuagésimo aniversario de la fundación de *Self-Realization Fellowship*; Los Ángeles (California), 1970.

«Nos une el amor divino, la hermandad divina, la amistad divina y un objetivo común: buscar juntos a Dios y servirle en toda forma que podamos, a la vez que ayudamos a nuestra gran familia compuesta por todos los seres humanos».

nuestra concentración, es imposible conocer a Dios. Tampoco podremos conocer a Dios si la mente se halla saturada de preocupaciones, temores, dudas y problemas emocionales, porque seremos incapaces de brindarle la atención necesaria para encontrarle. Por esa razón, los yoguis de la India afirman que un importante complemento para alcanzar la plena conciencia de Dios consiste en seguir ciertos métodos a través de los cuales es posible mantener el cuerpo saludable mediante un simple cuidado diario; además, es necesario aprender a desarrollar el poder de concentración de modo que la mente, inquieta por los altibajos de este mundo, no te perturbe cuando te sientes a meditar.

La orientación práctica sobre el arte de vivir que proporciona Paramahansa Yogananda, así como las técnicas[2] que recibirás durante esta semana, se basan en tales principios. Éstos te ayudarán a desarrollar y controlar el cuerpo y la mente, y harán que tu conciencia supere las limitaciones físicas y mentales, hasta que percibas que estás hecho a imagen del Único Amado Cósmico.

Recibirás la llave; pero, tal como Guruji solía decirnos, depende de ti utilizarla. Está bien venir aquí, recibir estas enseñanzas, sentir una inspiración temporal y regresar a casa con la idea de que fue «una semana muy renovadora». Pero si después de eso olvidas las enseñanzas, entonces, alma amada, éstas no tendrán valor permanente para ti. Es preciso practicarlas diligente y regularmente, con concentración y entusiasmo, a fin de lograr el éxito en el *Raja Yoga*[3] que enseñamos.

[2] Referencia a la ciencia de la concentración, de la meditación y del control de la energía vital, denominada *Kriya* Yoga, que enseñó Paramahansa Yogananda en las *Lecciones de Self-Realization Fellowship*.

[3] El *Raja Yoga* es la «vía regia» o el camino más elevado para alcanzar la unión con Dios. Incluye los aspectos esenciales de todas las otras

El propósito divino de la vida

Hemos venido a este mundo para lograr un propósito definido: reclamar, tal como Cristo lo enseñó, el perdido legado divino que nos corresponde como hijos de Dios. «¿No sabéis que sois templo de Dios y que el Espíritu de Dios habita en vosotros?»[4].

Todos hemos oído esta cita alguna vez, pero ¿quién de nosotros la ha llevado a la práctica? Existe una diferencia entre la comprensión teórica de la ciencia de la religión —la ciencia del alma— y la percepción directa de Dios, es decir, la verdadera comunión con el Amado Divino que todo corazón humano ansía (y sé que esto es aplicable a cada uno de los aquí presentes).

Interiormente, todos anhelamos algo que no es de este mundo. Dios mismo siente cierta privación y añoranza. Él posee todo en el universo, con una excepción: Él clama por el amor de sus hijos; es decir, el tuyo, el mío y el de todos. Y jamás se hallará satisfecho, ni podrá estar totalmente complacido, hasta saber que nos encontramos fuera de este terrible embrollo que nos hemos creado. Cuando el Maestro me dijo esto por primera vez, todo mi ser se inflamó de amor y decidí dedicar esta vida a buscar solamente a Dios.

Piensa en los tremendos problemas a los que se enfrenta la humanidad en el mundo: odio, prejuicio y egoísmo; el hecho de que, mientras algunos poseen riqueza en abundancia, otros carecen de lo imprescindible para cubrir sus necesidades; o la lucha entre este «ismo» y aquel «ismo», porque cada grupo siente que su

---

formas del yoga, y enfatiza la práctica de las técnicas científicas de meditación, tales como *Kriya Yoga,* que constituyen el medio fundamental para lograr la plena conciencia de Dios.

[4] *I Corintios* 3:16.

propio «ismo» es mejor que el del otro. ¿Por qué creó Dios tantos seres humanos diferentes, por qué formó Él tantas mentalidades distintas? Si todos somos hijos del mismo y único Dios, ¿qué se oculta tras nuestras diferencias?

Cultivar la quietud y la percepción clara

Las escrituras sagradas de todo el mundo afirman que estamos hechos a imagen de Dios. Si eso es verdad, ¿por qué no tenemos conciencia de que somos inmaculados e inmortales como lo es Él? ¿Por qué no nos vemos a nosotros mismos como encarnaciones de su espíritu?

Guruji solía comparar la mente con un lago. Cuando el agua está en calma, la luna puede reflejarse claramente en él. Pero supongamos que arrojo un puñado de piedras a ese lago: veremos entonces una imagen distorsionada de la luna, porque las ondulaciones provocadas por las piedras han perturbado la lisa superficie del agua. De igual forma, la mente del ser humano sufre de constantes inquietudes debido a las «piedras» que se presentan en forma de emociones, estados de ánimo y hábitos adquiridos en esta vida y en vidas anteriores[5], lo cual hace imposible que pueda pensar con claridad, y mucho menos contemplar con nitidez el reflejo de Dios que se halla en su interior.

Te preguntarás: «¿Es imposible, entonces, conocer a Dios?». Una vez más, ¿qué es lo que dicen las escritu-

---

[5] Referencia a la reencarnación, doctrina que afirma que los seres humanos, sujetos a la ley de la evolución, encarnan una y otra vez en existencias progresivamente más elevadas —proceso que se retarda ante las acciones y deseos equivocados, y que avanza con los esfuerzos espirituales— hasta lograr la realización del Ser y la unión con Dios.

ras sagradas? «Aquietaos y sabed que Yo soy Dios»[6]. «Orad constantemente»[7]. Tanto aquí como en el extranjero, las personas se acercan a mí y me dicen: «¿Cómo le es posible sentarse inmóvil en meditación durante tantas horas? ¿Qué hace durante esos períodos de quietud?». Los yoguis de la antigua India desarrollaron la ciencia de la religión como ningún otro pueblo en la faz de la Tierra lo ha hecho. Ellos descubrieron que, mediante ciertas técnicas científicas, es posible aquietar la mente de tal modo que no subsista la más mínima ondulación de pensamientos agitados que la perturben o distraigan. En ese claro y apacible lago de la conciencia, podemos contemplar entonces la imagen de Dios que se refleja en nuestro interior.

Si practicas regularmente la meditación yóguica con atención concentrada, llegará el momento en que de repente te dirás a ti mismo: «¡Oh! No soy este cuerpo, aun cuando lo use para comunicarme con el mundo; tampoco soy esta mente, con sus emociones de ira, envidia, odio, codicia y descontento. Lo que en realidad soy es ese maravilloso estado de conciencia que percibo en mi interior. Estoy hecho a imagen de la bienaventuranza y del amor de Dios».

El ser humano sufre porque se ha alejado de Dios

El objetivo de la vida es conocer a Dios. Y todos los problemas de este mundo se deben a que el ser humano se ha alejado del Señor. Ahora debemos acercarnos de nuevo a Él. ¿Significa esto que deberíamos escapar al Himalaya, o a un *ashram*, o a un monasterio? No, en absoluto. El Maestro expresó en una plegaria: «Donde-

[6] *Salmos* 46:11.
[7] *I Tesalonicenses* 5:17.

quiera que me coloques, Tú debes venir a mí». También implica que de las veinticuatro horas del día —que la mayoría de los seres humanos emplean en trabajar para alimentar y vestir el cuerpo, en leer para mejorar sus conocimientos, o en recrearse y dormir—, deberíamos ser capaces de dedicar al menos una hora a Dios. ¿Puede alguien decir con toda sinceridad que eso es imposible?

El Señor Krishna le dijo a Arjuna: «Aléjate de mi océano de sufrimiento»[8]. Lamentablemente, con demasiada frecuencia, ni siquiera comenzamos a pensar en Dios hasta que nos golpea con dureza una tragedia personal —es decir, algún acontecimiento que nos afecta profundamente y hace que nos demos cuenta de que, pese a todo, la seguridad no existe en este mundo—. Ni el dinero, ni la salud, ni el amor humano son permanentes; ¿a qué nos aferraremos entonces? Cuando las experiencias de la vida nos golpean con intensidad, tratamos de encontrar alguna forma de recuperar nuestro equilibrio y empezamos a indagar con mayor profundidad sobre el verdadero propósito de la existencia. Tal vez comencemos a ir a la iglesia, o a estudiar filosofía o las vidas de los santos, por ejemplo; y así comienza la búsqueda de Dios.

Si nos preguntamos quién ha sido un verdadero ejemplo de equilibrio ideal en este mundo, la vida de Cristo aparece de inmediato en nuestra mente. Aun cuando torturaron su cuerpo, nadie pudo distraer su conciencia por mucho tiempo del gozo de la presencia de Dios. Su felicidad y seguridad no dependían del cuerpo ni de otros objetos externos y materiales. Su go-

---

[8] «Para aquellos cuya conciencia está fija en Mí, pronto me convierto en su Redentor para alejarlos del mar de los nacimientos mortales» (*Bhagavad Guita* XII:7).

zo y su seguridad estaban en Dios. Él y otros grandes maestros como él son los seres más equilibrados que jamás haya registrado la historia de la humanidad.

¿Por qué existe hoy en día tanta inestabilidad en el mundo? ¿Qué error comete la humanidad? Nuestro problema consiste en que nos esforzamos por encontrar la paz, el gozo y el amor mediante caminos equivocados. Hemos pensado que podríamos vivir desprovistos de la única Realidad Perdurable: Dios. Únicamente Él ha estado con nosotros desde el principio de los tiempos, está ahora con nosotros y nos acompañará cuando atravesemos los portales de este mundo. A no ser que retornemos a Él, a no ser que conscientemente realicemos todos los días el esfuerzo para encontrarlo —al menos durante una hora de las veinticuatro que tiene la jornada—, no podremos conocer la felicidad imperecedera.

El camino hacia la paz

El mundo es un lugar de dualidad, de luz y sombra, que jamás conocerá la paz perfecta. Cada día nos preguntamos con qué titulares nos sorprenderán mañana los periódicos, qué naciones estarán a punto de atacar despiadadamente a otras. ¿Cómo puede el mundo conocer qué es la paz, a menos que los seres humanos la sientan primero en su propio corazón y la exterioricen luego? ¿Crees que las conferencias internacionales aportarán paz permanente? No. Éstas constituyen una ayuda, pero no son la solución definitiva, porque la paz debe provenir de nuestro interior. Así pues, hagamos que comience en nuestros propios corazones. Podrás conocer la verdadera paz cuando apartes tu mente de este mundo —tan colmado de desaliento, problemas y disgustos— y la ancles en Dios.

Hay quienes dicen que los que buscan a Dios son simplemente escapistas. ¡Muéstrame a alguien que no lo sea! ¡Todos estamos tratando de escapar! Pero sabio es aquel que ha llegado a comprender que el único refugio seguro que nos alejará del pesar se encuentra solamente en Dios, y en nada más.

El ejemplo de una gran alma

Habiendo permanecido tantos años cerca de un alma tan elevada como Paramahansa Yogananda, fui testigo de incontables manifestaciones de su maravilloso ejemplo espiritual, que ha impulsado a multitudes de almas a seguir su camino. Adoro hablar sobre él porque constituyó una colosal inspiración en mi vida. Él tenía el poder de sanar. Yo presencié las curaciones que efectuó de un gran número de enfermedades. Asimismo, él tenía la capacidad de leer la mente de los demás. Sin embargo, con frecuencia decía: «Jamás me entrometo en la privacidad mental de nadie, a menos que quienes han solicitado mi ayuda y guía espiritual me inviten a hacerlo o si, por algún motivo, el Señor me dice que lo haga». Cuántas veces él leyó mis pensamientos y respondió a ellos más que a mis palabras. En realidad, no es sencillo vivir cerca de un maestro así, ¡porque es imposible ocultarle cualquier estado de ánimo o pensamiento negativo! Solía decir: «No tomo tanto en consideración lo que dices, sino lo que piensas». Y créeme que lo sabíamos muy bien.

Con todo, Guruji era, en muchos aspectos, como un niño. No quiero decir con esto que era infantil; existe una marcada diferencia entre ambos conceptos. Él mostraba sencillez, confianza y amor, cualidades que un niño expresa a su amada madre. Ésa es la forma en que él se comportaba con Dios. La Biblia dice: «Dejad que los niños vengan a mí, no se lo impidáis, porque de los que son como éstos es el Reino de Dios»[9].

Guruji consideraba que no se debía hacer alarde de nuestro amor a Dios, y enseñó que este amor constituye una relación personal y sagrada entre el devoto y su Creador. «No comentes tus experiencias —decía—. Y no busques milagros ni poderes. Sólo desarrolla una actitud sencilla y natural, semejante a la de un niño, respecto del Divino Amado». Él enseñó que las experiencias fenoménicas y los milagros pueden ser, a menudo, distracciones en el sendero espiritual que nos desvían de la Meta. Esas experiencias y milagros pueden presentarse, pero no constituyen la Meta, así que no te dejes impresionar por ellos. Todo el esfuerzo debe orientarse a experimentar la unidad con Dios: «Señor, Señor, quiero conocerte. Quiero escapar de este océano de sufrimiento. Sé que cuanto más te haga formar parte de mi vida, y cuanto más dependa de Ti, más paz encontraré en mi corazón. Y cuando me convierta en un ser apacible y afectuoso, tal vez me sea posible contribuir en alguna medida a lograr un mundo más pacífico».

Una experiencia con la Madre Divina

Me gustaría leer algo que escribí sobre una de las experiencias del Maestro, que tal vez brinde una vislumbre más profunda de su vida. (Afortunadamente, la taquigrafía fue una de las materias en que destaqué en la escuela. Me resultó muy útil durante los años en que fui discípula de Guruji. Jamás iba a lugar alguno sin cuaderno y lápiz, para poder recoger por escrito tantas de sus perlas de sabiduría como me fuera posible).

En una ocasión, Guruji dijo lo siguiente:

---

[9] *San Marcos* 10:14.

Mientras los demás desperdician su tiempo, medita, y comprobarás que, en tal estado, el Silencio te hablará. «Llama a mi Madre[10] con toda tu alma y Ella ya no podrá ocultarse más. Sal del silencioso cielo, sal del recóndito valle de la montaña, sal del escondite secreto de mi alma, sal de mi cueva de silencio»[11]. Por doquier, veo que el Divino Espíritu se manifiesta en forma de Madre. El agua se condensa y se transforma en hielo, y de la misma forma, el Espíritu invisible puede congelarse y tomar forma ante la escarcha de mi devoción. Ojalá pudieras ver los hermosos ojos de la Madre que anoche contemplé. Mi corazón está rebosante de gozo eterno. El pequeño cáliz de mi corazón no puede contener el gozo y el amor que contemplé en esos ojos que me miraban y que a veces sonreían. Le dije: «¡Oh! ¡Y la gente afirma que eres irreal!», y la Madre Divina sonrió. «Tú eres real, y todo lo demás es irreal», exclamé, y la Madre Divina sonrió otra vez. Oré entonces: «¡Oh, Madre!, conviértete en una realidad para todos». Y escribí su nombre en la frente de unos discípulos que estaban presentes. Satán jamás podrá apoderarse de sus vidas.

Guruji prosiguió, y dijo:

Siento un inmenso gozo, día y noche. El día transcurre y la noche llega, mas yo pierdo por completo la noción del tiempo. No necesito meditar ahora, porque Aquello en lo que meditaba se ha vuelto uno conmigo. A veces respiro; a veces, no. A

[10] Las escrituras de la India enseñan que Dios es, a la vez, personal e impersonal, inmanente y trascendente. Los buscadores espirituales de Occidente tradicionalmente se han relacionado con Dios en su aspecto personal de Padre; en la India, el concepto de Dios en su calidad de amorosa y compasiva Madre del Universo tiene una aceptación muy generalizada.

[11] Tomado de libro *Cosmic Chants*, de Paramahansa Yogananda.

veces el corazón late; a veces, no. Compruebo que he abandonado todo, excepto esa conciencia divina. Ya sea que esta maquinaria física funcione o no, yo contemplo esa grandiosa luz de Dios. Tal es mi gozo.

Cuán sublime se revela esta percepción espiritual del gran maestro divino de la India, Paramahansa Yogananda, quien fuera el último en la sucesión de Gurús de *Self-Realization Fellowship*[12]. Y si aplicas con seriedad el mensaje que recibirás en este ciclo de clases, y practicas profunda y sinceramente lo que se te enseña, rehusando a darte por vencido en tu búsqueda de Dios, conocerás en esta vida, más allá de toda duda, la verdad que encierran sus palabras.

Dios te bendiga.

[12] Mahavatar Babaji, Lahiri Mahasaya, Swami Sri Yukteswar y Paramahansa Yogananda.

Comprendamos la necesidad del alma de conocer a Dios

Bareilly (India)

Numerosas son las preguntas que surgen en la mente de quienes reflexionan acerca de Dios: ¿Qué es Dios? ¿Qué es el alma? ¿Qué es la Verdad? ¿Qué es la religión? ¿Cuál es la *verdadera* religión? ¿Cuál es el sendero correcto que conduce a Dios? ¿Por qué buscar a Dios?

En primer lugar, consideremos la pregunta «¿Qué es Dios?». Nadie ha podido jamás describirle por completo; pero quienes lograron probar el divino néctar de su presencia han sido capaces de expresar una parte de lo que experimentaron al comulgar con Él. Una descripción que se refiere al Infinito, y que se halla en las escrituras, afirma que Él es *Sat-Chit-Ananda*, es decir, Existencia eterna, Conciencia eterna y Dicha eternamente renovada. «Existencia eterna» significa que Él es imperecedero; «Conciencia eterna» significa que Él es siempre consciente de su existencia eterna; y «Dicha eternamente renovada» significa que Él es un gozo que jamás decae. Todos los seres humanos buscan este tipo de experiencia.

Las escrituras también nos dicen que ciertas manifestaciones de Dios se experimentan conforme nos acercamos a Él. Dios es amor, dicha, sabiduría, paz, luz y el grandioso sonido cósmico de *Om* o Amén[1]. Todas las es-

---

[1] *Om*: palabra y símbolo universal para representar a Dios. El *Om* de los Vedas se convirtió en la palabra sagrada *Hum* de los tibetanos, en

crituras hacen referencia al hecho de que los devotos experimentan estos aspectos cuando comulgan con el Bienamado Divino.

«Bien —podemos preguntar—, si Dios es todo esto, entonces ¿qué es el alma?». La definición que dio Gurudeva Paramahansa Yogananda afirma que el alma es Existencia eterna, Conciencia eterna y Dicha eternamente renovada, que se expresa *en forma individual*. Así como la más pequeña gota de agua del océano constituye una minúscula parte del océano mismo y posee sin excepción todas las propiedades de éste, de igual modo el alma o *atman* contiene todas las cualidades del Ser Divino.

El hombre ha olvidado su verdadera naturaleza

De manera inconsciente, el hombre sabe que es divino; pero conscientemente ha olvidado su verdadera naturaleza. Los cinco sentidos le fueron concedidos para que pudiera conocer el mundo y crecer en entendimiento a través de las experiencias vividas. Pero cuando abusa de sus sentidos, se centra en la sensualidad y olvida su naturaleza infinita. Sin embargo, esa naturaleza continúa manifestándose sutilmente, aunque de maneras engañosas.

Por ejemplo, todo ser humano busca poder, y muchos lo ansían. Eso es natural, porque el alma sabe que es todopoderosa. Sin embargo, como en el estado cons-

---

Amin para los musulmanes y en *Amén* para los egipcios, griegos, romanos, judíos y cristianos. *Om* es el sonido omnipresente que emana del Espíritu Santo (Vibración Cósmica Invisible; Dios en su aspecto de Creador); la «Palabra» o «Consolador» de la Biblia; la voz de la creación, que da testimonio de la Presencia Divina en cada átomo. El sonido de *Om* puede oírse mediante la práctica de los métodos de meditación que enseña *Self-Realization Fellowship*.

ciente ordinario el alma no percibe su naturaleza ilimitada, se esfuerza por lograr posiciones de autoridad o superioridad, o por obtener control sobre la gente o, incluso, sobre las naciones. El ideal de ser todopoderoso no es incorrecto, pero con demasiada frecuencia el método para lograr y utilizar ese poder es inapropiado. Quienes conocen a Dios comprenden y usan acertadamente el enorme poder que reside en el alma: el poder que puede despertar los corazones, que puede impulsar a las naciones y que, a través de los siglos, ha transformado la vida de muchos seres humanos.

Otra forma en la que se expresa la oculta naturaleza divina del hombre es a través de su anhelo de riqueza material. El alma sabe que, en su unidad con Dios, es poseedora de todas las cosas y cuenta con el poder de crear a voluntad lo que necesita. Pero debido a que no somos conscientes de las posibilidades de nuestra alma, comenzamos a acumular bienes materiales en un esfuerzo por satisfacer la oculta convicción de que todo aquello que necesitamos o queremos ya nos pertenece por derecho divino de nacimiento.

El ser humano también ansía la bienaventuranza. El alma sabe que es bienaventurada, pero debido a que el ego no conoce ese estado, sucumbe a las tentaciones de los seudo-gozos que *maya*[2] le ofrece. A lo largo de los tiempo, el ser humano ha utilizado sustancias embriagantes, tales como el alcohol y las drogas, en un intento por olvidar este mundo, porque su subconsciente recuerda otro más dichoso. ¿No es verdad? Ese anhelo tampoco es errado, ya que el hombre está hecho a imagen de Dios, cuya naturaleza es la bienaventuranza, y por lo tanto ansía automáticamente ese gozo perfecto.

---

[2] La ilusión cósmica.

Sin embargo, al no saber cómo recuperar esa dicha, recurre al seudo-gozo que aporta la embriaguez, y bebe o consume drogas para poder olvidar este mundo, al menos durante un breve lapso. El desastre aparece cuando estas sustancias intoxicantes saturan su cuerpo, destruyendo los nervios y el cerebro.

El ser humano también busca amor, lo cual supone una respuesta inconsciente a la naturaleza de su alma, que en sí misma es amor; pero debido a que no siente conscientemente ese amor divino, puro y que todo lo satisface, vaga de un lado a otro como un pordiosero, implorando un poco de afecto de los corazones humanos. No es reprochable ansiar amor, pero el medio por el cual la mayoría de las personas lo busca es inapropiado. Cada vez que el hombre piensa que ha encontrado el amor perfecto en las relaciones humanas, se da cuenta de que la muerte, la infidelidad o algún otro obstáculo le decepcionan o le defraudan. Gurudeva solía decirnos: «Detrás de cada rosal de placer se oculta una serpiente de desilusión». ¡Es verdad!

El ser humano también ansía la unidad. Todos los elementos de este mundo tratan de asociarse. La ley de la atracción opera incluso entre las partículas infinitesimales de materia. Si observamos a través de un microscopio, veremos que este poder opera en muchos fenómenos naturales. El ser humano también anhela la armonía de la unidad. Su alma sabe que ella y todas las demás son, en esencia, una con Dios. Pero debido a que el hombre se identifica con su forma carnal, ha olvidado esa unión y por ello busca unirse con un alma tras otra, en diversas relaciones, impulsado por su eterno afán de encontrar la plena satisfacción que ha perdido y que proviene de la unidad.

Así pues, vemos que el error no se halla en las metas del ser humano, sino en la forma en que intenta lograrlas. Ha olvidado que él no es el cuerpo; ha olvidado que él es el alma, absolutamente perfecta y desprovista de forma. Y como sólo recuerda su cuerpo, se esfuerza infructuosamente por recuperar, a través de sus limitados cinco sentidos, lo que ya le pertenece.

Recuperemos nuestra divinidad olvidada

¿Por qué debe el hombre buscar a Dios? Porque, tal como enseñó Krishna, en tanto nos identifiquemos con el cuerpo mortal, seremos presas del sufrimiento. Este mundo finito y todo cuanto existe en él se basa en la ley de la dualidad. En el preciso momento en que el Ser Único se transformó en muchos, impuso una naturaleza dual a la creación: no es posible conocer el placer sin sentir el dolor, ni la felicidad sin el pesar, la vida sin la muerte, el amor humano sin el odio, y así sucesivamente. Mientras seamos zarandeados de un lado a otro por las olas de la dualidad, sufriremos: gozosos en un momento, apesadumbrados al siguiente; con nuestro cuerpo lleno de vida y vigor ahora, e inerte como un trozo de arcilla quizá un instante después. ¿Acaso el único propósito de la vida consiste en haber nacido en estas pequeñas formas, llegar a la madurez, obtener algún conocimiento con el cual afrontar este mundo, casarse, engendrar hijos, envejecer, enfermar y morir? ¡No! El propósito de la vida —el único— es comprender totalmente que estamos hechos a imagen de Dios. Al tomar plena conciencia de esta verdad, percibimos nuestra auténtica naturaleza, que es existencia eterna, conciencia eterna y Dicha eternamente renovada.

Se afirma que antes de llegar al estado de evolución en que podemos nacer en un cuerpo humano, hemos pasado ocho millones de encarnaciones en formas vivas menos desarrolladas. Posteriormente, como seres humanos, regresamos a la Tierra, una y otra vez, hasta que hayamos satisfecho todos los deseos que requieren de experiencias mortales y alcancemos el estado en que experimentamos nuestra unión inmortal con Dios.

Entonces, ¿cómo podemos recuperar nuestra perdida u olvidada conciencia divina? Esto es lo que enseña el Yoga, y lo que todas las escrituras repiten: permanece en calma y en silencio, y recoge la mente en tu interior. Allí es donde tomarás plena conciencia de tu verdadero ser y encontrarás a Dios. Retírate de este mundo finito y penetra profundamente en lo más recóndito de tu alma. Allí se hará realidad el logro espiritual supremo que constituye la meta inconsciente de todo ser humano.

Hablo por experiencia propia y, también, como testigo de las experiencias que presencié durante los veintiún años que permanecí a los pies de nuestro bendito Gurudeva. ¡Cuántas veces le vimos en éxtasis! —es decir, en el estado de comunión con Dios que se denomina así en el mundo occidental y que en la India se conoce como *samadhi*. No hay palabras que puedan describir plenamente ese estado.

¿Qué es la Verdad?

He aquí nuestra siguiente pregunta: «¿Qué es la Verdad?». En primer lugar, examinemos qué es la religión y cuál es el camino que conduce a Dios. El verdadero significado o definición de religión sólo puede ser uno: el sistema de conducta y aplicación de la verdad por el cual el hombre puede eliminar del todo su triple sufrimiento —físico, mental y espiritual—, de forma tal que no exista posibilidad de recurrencia. Esto es la religión, o lo que realmente debiera ser.

Lamentablemente, hoy en día, la religión se ha convertido para muchas personas en un mero sistema de creencias y rituales que no satisfacen al alma. Si lo hicieran, millones de individuos que acuden con regularidad a sus templos, mezquitas o iglesias estarían extasiados con el amor a Dios. Pero no ocurre así. El culto externo es un aspecto provechoso e importante de la religión cuando la mente está concentrada en Aquel hacia quien hemos de dirigir nuestro amor y adoración; pero cuando el ritual o ceremonia se vuelven mecánicos, y el Objetivo del culto queda olvidado, tal veneración carece de significado o valor. El problema es que el hombre ha enterrado su adoración a Dios en el dogma, y por eso no conoce a Dios.

Volvamos a la pregunta «¿Qué es Dios?». Dios puede manifestarse como cualquier atributo divino y en cualquier forma, pero no podemos reducirle a ningún concepto en particular, pues Él es *todas* las ideas. Él se encuentra dentro de todas las cosas de este universo, y todas las cosas están contenidas en Él. Cualquier pensamiento que tenga el hombre ya ha sido concebido previamente por el Ser Divino; de lo contrario, el hombre no podría pensarlo.

A lo largo de los siglos, el hombre ha utilizado símbolos para recordar a su Creador. Las civilizaciones primitivas eligieron el sol, el fuego u otros fenómenos naturales para representarle. Estos símbolos se convirtieron en sus dioses. Gradualmente, conforme el entendimiento del ser humano se incrementó, la religión evolucionó y revistió al Espíritu infinito y sin forma con aspectos y características humanas. De este modo, surgió todo un mundo de división entre los partidarios de las diversas religiones: un grupo dice que Dios es esto, otro afirma que Dios es aquello otro y, al final, acaban peleando entre sí. ¡Qué tontería! El Señor puede asumir cualquier aspecto, o permanecer como Espíritu no manifestado.

En su búsqueda de Dios, el devoto considera que es mucho más fácil elegir algún aspecto divino que le sea de utilidad como símbolo visible del Infinito. Puesto que, a través de numerosas encarnaciones, el hombre se ha acostumbrado a las formas, le resulta más simple pensar en Dios de esta manera. Para quien la considera necesaria, la forma *es* necesaria; para quien puede prescindir de ella, *es* innecesaria. Pero es absurdo que existan luchas y divisiones respecto de qué principio es el correcto, porque el Ser Divino carece de forma y, al mismo tiempo, la tiene: el Señor es, a la vez, impersonal y personal.

Sé que, en esencia, mi Amado Divino no tiene forma; pero esa característica no le hace menos real. Ni el amor, ni la sabiduría, ni el gozo tienen forma y, sin embargo, los experimentamos, ¿verdad? Nos resultan tan reales como cualquier objeto. Pues bien: así es Dios. En última instancia, Él es amor, sabiduría y gozo infinitos. No obstante, a algunos devotos les resulta útil y espiritualmente cautivante concebirle como uno de sus aspectos divinos, es decir, en la forma del Señor Krishna, Jesucristo o Buda; o bien, como Padre Celestial, Madre, Amigo o Ser Amado.

Experiencias del Dios único en todas las religiones

Cuando tenía diecisiete años e ingresé en el *ashram*, ya albergaba este pensamiento en mi mente: «Ahora, Amado Dios, debo percibirte tal como se te conoce en todas las religiones, porque yo creo en todas ellas y a todas ellas las venero». En mi opinión, ninguna se encuentra fuera de los límites de la protección y guía de mi Amado. En mis viajes alrededor del mundo, he rendido culto al Señor en mezquitas, templos, iglesias y catedrales. Al recoger mi mente en meditación, sentí la dicha divina de Dios en cada uno de estos lugares.

Todas las personas pueden experimentar esa dicha, si liberan su mente de prejuicios. En el corazón y la mente de los seres humanos inteligentes no hay lugar para los prejuicios, los cuales son cadenas ocultas que atan y asfixian al alma. El Ser Divino es tolerante y está exento de prejuicios. Si deseamos ser como Él, ¿no deberíamos también prodigar tolerancia? Si queremos conocerle, ¡debemos practicar esa cualidad!

La tolerancia no está reñida con la lealtad. Para mí, eso significa simplemente que sigo el sendero marcado por mi Gurú, pero reverencio también todos los demás. En las invocaciones que dirigía a la Divinidad, Guruji siempre rendía respeto a su propia sucesión de Gurús. La plegaria comienza diciendo «Padre Celestial»; pero él no terminaba allí —puesto que reconocía que Dios significa todas las cosas para todos los seres humanos—, sino que extendía su oración del siguiente modo: «Padre Celestial, Madre, Amigo, Amado Dios», porque Dios abarca todos esos aspectos. Luego, él honraba a los Gurús que le precedieron en su misión, y nombraba a cada uno de ellos. Por último, invocaba las bendiciones de los santos de todas las religiones, ya que expresaba profundo respeto por todo ser que viviera pensando sólo en Dios. La Verdad es una; Dios es uno, aunque se le designe con muchos nombres.

Así pues, retornando al relato de mis primeras experiencias: yo estaba embriagada con el deseo de Dios. Mi mente ardía con un solo deseo, y prometí solemnemente: «No abandonaré este mundo hasta que haya experimentado que mi Dios es mi amor». Sólo eso me resultaba real. Yo estaba preparada para renunciar a todo,

si con ello podía comprobar esta sola verdad en la vida:
Dios es amor, y Dios me ama.

La divina *lila* del Señor Krishna

Mi primera experiencia se presentó cuando Gurudeva me dio un libro sobre la vida del Señor Krishna.
Durante meses permanecí embriagada con la divina vida —la *lila*— de Krishna. Mi mente se hallaba embele-
sada con ella, tanto mientras realizaba mis tareas en el
ashram, como cuando me sumergía en el recogimiento.
Me encantaba salir sola por la noche y sentarme en los
jardines del *ashram* para comulgar en silencio con Dios
en su aspecto de Krishna.

El camino de la acción correcta del Señor Buda

Posiblemente un año más tarde, Guruji me dio un
libro sobre la vida del Señor Buda; de nuevo quedé extasiada. Krishna había desaparecido, y sólo permanecía
Buda. Recuerdo las lágrimas que caían de mis ojos
mientras leía acerca de la tremenda compasión que sintió cuando vio los diferentes sufrimientos que soporta-
ba la humanidad. La vida no era tal y como le habían
enseñado a creer mientras vivía bajo el cobijo de su pro-
tectora familia dentro de los límites amurallados de su
opulento palacio. Al aventurarse a explorar el resto del
reino, vio a un ciego, el cadáver de un hombre y varios
pordioseros hambrientos; y preguntó: «¿Es así la vida?
Entonces, debo encontrar su verdadero significado».

A partir de esa decisión, meditó durante mucho
tiempo y muy profundamente, y llegó a comprender lo
que es la gran rueda del karma, la ley que determina
que un día cosecharemos lo que sembramos en este
mundo. Todas las filosofías verdaderas enseñan este
principio. Es imposible obtener un árbol de toronjas a

partir de una semilla de manzano. Cualquiera que sea la semilla que siembres, cosecharás el fruto que le corresponde. Cuando siembres las semillas de la acción errónea, ten presente que —en esta vida o en alguna encarnación futura— infaliblemente darán su amargo fruto. Cuando el ser humano se dé perfecta cuenta del significado de esta ley, luchará por seguir siempre, al máximo de su capacidad —con entendimiento y no con temor—, el camino de la acción correcta. Ésta es la verdad, según la expuso Buda; y así, al contemplar el sublime ejemplo de su vida, Daya Ma obtuvo esa comprensión.

La divina compasión de Cristo

Posteriormente, puesto que yo jamás había comprendido la doctrina del mundo cristiano —a pesar de haber sido educada en ella—, concentré mi mente en Jesucristo. Vi la gran compasión y el perdón que él prodigó a la humanidad. Había convertido el agua en vino, había sanado a los ciegos y resucitado a los muertos, pero esos milagros no podían compararse con el milagro del magnífico ejemplo de amor que estableció para el mundo. Sabemos que el cuerpo es el don de Dios que más aprecia el ser humano; y en esa prueba suprema que significó la crucifixión y el desgarramiento de su templo corporal, Jesucristo sólo suplicó: «Padre, perdónalos, porque no saben lo que hacen»[3]. Fue así como Daya Ma comprendió en verdad a Cristo y la relevancia de su vida.

El amor infinito de la Madre Divina

Tiempo después, Gurudeva me dio un libro que narraba cómo Dios se presenta a sus devotos bajo la forma de la Madre Divina, y desde entonces mi conciencia

---

[3] *San Lucas* 23:34.

quedó absorta en Ella. Al pensar en la amorosa y tierna compasión de la Madre Divina, cada corazón humano sabe que tiene una oportunidad de recibir perdón. Así como una madre terrena cuyo hijo es un asesino o un ladrón cobija a éste en su regazo y le dice al mundo «Nadie le comprende, excepto yo; sé por qué él ha cometido esos delitos», de igual modo la Madre Divina nos protege. Siempre podemos contar con su compasión, su amor y su perdón; tan sólo tenemos que buscarlos. Por ese motivo adoro concebir a Dios como mi Madre Divina. En dicho pensamiento encuentro todo el consuelo, la dicha y el amor que mi alma ansía.

Así pues, comprobamos que el devoto puede experimentar en el Ser Divino todas las diversas formas de amor en su estado más puro y elevado. El amor proviene sólo de la única Fuente Cósmica. Es solamente Dios quien infunde, a través del corazón de los seres humanos, el amor de la madre por el hijo, el del hijo por los padres o el del amante por su amada. Y aunque en alguna ocasión lo mancillemos con las impurezas humanas, todas esas expresiones constituyen el amor de Dios.

Gurudeva solía decir: «En las páginas de la historia, ¡cuántos se han jurado amor eterno! Y sin embargo, sus cráneos se hallan esparcidos en el sendero de las encarnaciones. ¿Dónde está hoy el amor que ayer se prometieron?». Pero las almas que se han embriagado con el amor de Dios, conservan vivo ese amor. Tales almas han cambiado a la humanidad, porque primero se transformaron a sí mismas al identificarse con el eterno amor de Dios.

El hombre nació para saber que está unido a Dios

¡Qué trágico es que el ser humano renuncie a Dios! Yo no soy una renunciante: lo son quienes rechazan a

Dios, porque han abandonado al Dador de todo cuanto existe en el universo. Él sustenta la vida. Con gran frecuencia le decimos: «Señor, tengo que criar a mis hijos, trabajar y ocuparme de un montón de asuntos. ¿Cómo puedo encontrar tiempo para ti?». Pero supón que Él respondiera: «Hijo mío: estoy tan ocupado con mis responsabilidades, organizando un universo tras otro, que no tengo tiempo para pensar en ti». ¿Qué ocurriría? Dejaríamos de existir.

Él percibe hasta la más diminuta partícula de arena, porque Él es omnisciente y omnipresente, y porque todo en la creación es Él. Nada existe fuera de Él. El ser humano nació para reclamar su perdida herencia divina: saber que es uno con Dios.

El hombre posee una triple naturaleza: el cuerpo, la mente y el alma. Él se reviste de un cuerpo durante un cierto número de años, como si se tratara de un abrigo; cuando se desgasta, lo hace arreglar para que dure el tiempo que sea posible. Hoy en día, muchos órganos pueden reemplazarse y alargar así la vida del individuo, pero, tarde o temprano, será preciso desechar el cuerpo. El ser humano dispone también de una mente, pero él no es esa mente voluble y estrecha que tan a menudo se halla repleta de prejuicios, odio, ira, celos y codicia. El hombre es el alma; por eso, qué absurdo resulta que dedique casi toda su vida, su atención y energías al cuerpo. Tal vez algunas personas traten de cultivar su mente leyendo libros apropiados, pero ¿quién piensa en su verdadero Ser, es decir, en el alma?

¿Por qué esperar a que el sufrimiento te impulse a buscar a Dios?

Amo profundamente a mi India porque ésta fue la sagrada tierra donde se educó mi divino Gurú, antes de llegar a Occidente para impartir sus enseñanzas a almas hambrientas como la mía —almas que clamaban por alimento espiritual.

A lo largo de los tiempos, Dios ha enviado mensajeros divinos que tratan de despertar a la humanidad de su sueño de ignorancia espiritual. Son voces que claman en el desierto diciendo[4]: «¡Despierta, hijo mío! ¡Despierta, hijo mío!». Si no les respondemos, será preciso afrontar ese infortunio que se presenta para despertarnos y que no podremos ignorar: el sufrimiento. ¿Por qué esperar a que ocurra eso? Todo el que more en la ignorancia espiritual se verá sacudido por esta calamidad. En tiempos de profunda crisis, incluso el ateo exclamará de inmediato: «¡Oh, Dios mío!». ¿No es así? Se dirige naturalmente a Dios porque su alma sabe que existe un solo Poder y, en su interior, el ser humano siempre está orientado hacia ese Poder.

Se afirma frecuentemente que el sufrimiento es el mejor maestro. En efecto, lo es... a condición de que lo tomemos con la actitud apropiada. Nadie en este mundo escapa al sufrimiento, a menos que haya llegado a ese estado en que ya no contempla la dualidad, sino sólo al Ser Único: ese singular rayo de Luz que penetra todas las «bombillas» de los cuerpos humanos. Así es como el hombre trasciende la ignorancia espiritual y el sufrimiento. Pero, hasta ese momento, seguirán estremeciéndole los inmensos terremotos del pesar y del dolor, ya sean grandes o pequeños. Tal es el sino de todo el que no hace caso a las voces de los mensajeros divinos. Jamás es demasiado tarde para buscar al Amado Divino; pero qué triste es esperar hasta que el cuerpo de-

---

[4] «Yo soy la voz del que clama en el desierto: Rectificad el camino del Señor» (*San Juan* 1:23).

caiga y, al distraer nuestra atención, nos impida pensar profundamente en Él. Por ese motivo, los grandes maestros nos repiten con insistencia: «Busca a Dios ahora».

El Amado Divino no tiene favoritos. La Madre ama a todos sus hijos por igual, de la misma forma que los rayos del Sol alumbran sin distinción alguna tanto a un diamante como a un trozo de carbón que se encuentran juntos. El diamante refleja la luz; no así el carbón. La gracia, el amor, las bendiciones, la sabiduría y el gozo de mi Amado resplandecen por igual en todos sus hijos. La única diferencia es que las mentalidades semejantes al diamante reflejan su luz, mientras que las mentalidades similares al carbón deben aún perfeccionarse.

Ojalá realices el esfuerzo de recibir la luz de Dios, que bendecirá tu vida con la paz, el amor y el gozo divinos.

¿Qué podemos hacer con respecto a los problemas del mundo?

Recopilación de diversas charlas dadas en la Sede Internacional de Self-Realization Fellowship, Los Ángeles (California)

Una de las preguntas que las personas me hacen con frecuencia, sobre todo en años recientes, es cómo abordar los problemas de los turbulentos tiempos en que vivimos. En todas partes del mundo, la gente está preocupada por la lamentable situación que afecta a nuestro planeta.

A lo largo de la historia, la raza humana ha atravesado innumerables crisis, y estos conflictos se repetirán una y otra vez. El mundo experimenta constantemente altibajos cíclicos[1]. En la actualidad, la conciencia de la sociedad en su conjunto está elevándose; una vez que alcance el cenit, dentro de miles de años, descenderá de nuevo. Progresión y regresión: existe un constante flujo y reflujo en el plano de dualidad en que vivimos.

Estos ciclos de evolución conducen a las civilizaciones al esplendor y a la decadencia. Piensa en aquellas antiguas civilizaciones que se hallaban enormemente avanzadas, tales como las que existieron en la In-

---

[1] Los ciclos que la Tierra experimenta, también denominados *yugas*, se describen con mayor detalle en el libro *La ciencia sagrada*, de Swami Sri Yukteswar (publicado por *Self-Realization Fellowship*).

dia y China. En los ancestrales poemas épicos sánscritos de la India[2], por ejemplo, comprobamos que en la época de Sri Rama, miles de años antes de la era cristiana, la tecnología había registrado un notable desarrollo, tal como lo evidencian las maravillosas aeronaves que existían entonces. Mucho más grandiosos todavía eran los poderes mentales y espirituales de quienes vivieron en aquella Edad de Oro. Sin embargo, finalmente, esa civilización comenzó a declinar hasta que, en las Edades Oscuras, aquellos avances se perdieron. ¿Qué provocó ese cambio? Ayer, después de mi meditación, estuve reflexionando sobre este tema, a la luz de todo lo que acontece actualmente en el mundo.

La naturaleza de la crisis actual

Durante el período descendente del ciclo, el ser humano, en general, ignora cada vez más el aspecto espiritual de su naturaleza, hasta llegar al punto en que toda su nobleza desaparece. Entonces, la decadencia de la civilización no se hace esperar. Este mismo proceso puede también tener lugar en las naciones que se encuentran en la fase ascendente. Si la evolución moral y espiritual de la humanidad no avanza al mismo paso que el florecimiento del conocimiento y la tecnología, el ser humano utilizará mal el poder que ha adquirido y la consecuencia será su propia destrucción. En realidad, ésta es la naturaleza de la crisis mundial a la que actualmente nos enfrentamos.

La conciencia del ser humano ha evolucionado lo suficiente como para que desentrañe el misterio del átomo y su maravilloso poder, con el que algún día la hu-

---

[2] El *Ramayana* y el *Mahabharata*, relatos alegóricos de los grandes reinos históricos que existieron durante los reinados de Sri Rama y Sri Krishna, respectivamente.

manidad será capaz de realizar proezas colosales que aún no podemos imaginar. Pero ¿qué hemos hecho con este conocimiento? Lo hemos concentrado, primordialmente, en el desarrollo de instrumentos de destrucción. La tecnología moderna también nos ha liberado de numerosas tareas que consumían mucho tiempo y que, en el pasado, eran necesarias para nuestra supervivencia física. Sin embargo, con frecuencia, el ser humano no utiliza ese incremento de tiempo libre para lograr el progreso de su naturaleza mental y espiritual, sino para mantenerse ocupado en una búsqueda interminable de placeres materiales y sensoriales. Si el ser humano sólo piensa en su propia sensualidad y se rige por emociones tales como el odio, los celos, la lujuria y la codicia, el resultado inevitable es la falta de armonía entre las personas, la inestabilidad en las sociedades y el conflicto entre las naciones. Las guerras jamás han solucionado nada; por el contrario, se agravan hasta convertirse en enormes holocaustos, ya que una confrontación constituye la semilla de la siguiente. Sólo mediante el desarrollo de seres humanos más sabios y dotados de más amor se logrará que el mundo se convierta en un lugar verdaderamente mejor.

La supervivencia de la civilización depende del progreso espiritual

Al reflexionar acerca de las condiciones en las que hoy en día se encuentra el mundo, a menudo recuerdo una experiencia que tuve en 1963 durante una peregrinación a la cueva de Mahavatar Babaji, en la cordillera del Himalaya, que ya he narrado detalladamente en otras ocasiones[3]. De camino hacia la cueva, pernocta-

---

[3] Mahavatar Babaji es el primero de la sucesión de Gurús de *Self-*

mos en una pequeña posada cercana a Dwarahat. A media noche, tuve un sueño supraconsciente en el cual contemplé una enorme y amenazante mancha oscura que se esparcía sobre la Tierra, como una nube negra que tratara de envolver nuestro mundo. Pero antes de que pudiera lograr su objetivo, apareció una resplandeciente luz divina que se opuso a la oscuridad y la hizo retroceder. Ésta fue una experiencia tan abrumadora que grité, despertando así a mis compañeras. Sobresaltadas, me preguntaron qué me sucedía; pero no quise hablar sobre mi visión porque comprendí lo que significaba. Vi que el mundo entero se enfrenta a una grave amenaza que proviene de la oscuridad de la ignorancia espiritual y sus secuaces —las fuerzas del mal, la negación y las malas acciones.

Veinticinco años han transcurrido ya y, actualmente, la inmoralidad y su violencia resultante son tan desenfrenadas en todas las sociedades del mundo que, a veces, pareciera que se están repitiendo los días de la caída del imperio romano. Sobre todo en grandes sectores de la juventud, la moralidad ha caído prácticamente hasta el nivel cero. No hay lugar donde no se vea desazón y sufrimiento. La gente se pregunta: «¿Por qué Dios permite este estado de cosas?». Pero Dios nada tiene que ver con esta situación: *nosotros* somos quienes la consentimos. Él sería incapaz de castigarnos: somos nosotros mismos quienes nos castigamos y generamos las situaciones a las que ahora hemos de enfrentarnos, las cuales

---

Realization Fellowship; él fue el artífice de la resurrección de la antigua y perdida ciencia espiritual de *Kriya Yoga,* y ordenó a Paramahansa Yogananda que la difundiera por todo el mundo. Su vida y misión espiritual se describen en *Autobiografía de un yogui.*

En su libro *Only Love,* Sri Daya Mata relata la experiencia aquí referida, en el capítulo «*A Blessing from Mahavatar Babaji*».

son el producto de la conducta inmoral y de la decadencia de los principios éticos en todos los ámbitos sociales.

La supervivencia de la civilización depende de la observancia de las normas de buena conducta. No me refiero a los códigos concebidos por el hombre que cambian con los tiempos, sino a los principios de conducta universales y eternos que promueven la existencia de sociedades y seres humanos saludables, felices y pacíficos, que permiten la diversidad dentro de una armoniosa unidad.

En nuestro estado de conciencia común y corriente, a veces nos resulta difícil captar la inmensidad de las verdades que se encuentran detrás del universo estructurado por Dios. Pero esas verdades supremas existen efectivamente, y no hay forma de escapar de las rigurosas leyes mediante las cuales el Señor sostiene el cosmos y a sus moradores. En el universo, todo está enlazado. Como seres humanos, estamos unidos no sólo a nuestros semejantes, sino también a toda la naturaleza, porque toda expresión de vida proviene de una sola Fuente: Dios. Él es la armonía perfecta; sin embargo, los pensamientos nocivos y las acciones incorrectas del hombre ejercen un efecto perturbador en la manifestación del armonioso plan divino para este mundo. Así como al tratar de sintonizar con las emisiones de una estación de radio, la estática puede impedir que recibas el programa deseado con claridad, de igual modo, la «estática» que supone la conducta errónea del hombre trastorna la armonía de las fuerzas de la naturaleza, produciendo como resultado las guerras, las catástrofes naturales, los disturbios sociales y los demás problemas con los que nos enfrentamos en la actualidad[4].

---

[4] «Los súbitos cataclismos que se producen en la naturaleza, causan-

El cambio espiritual comienza con el cultivo de la moralidad y del pensamiento positivo

Al final de esta visión que describí, las tinieblas que amenazaban nuestro mundo retrocedieron gracias al espíritu de Dios, que obraba a través de un número cada vez mayor de personas que vivían conforme a los principios espirituales. La espiritualidad comienza con la moralidad, es decir, con la aplicación de las normas de recta conducta —tales como la sinceridad, el autocontrol, la fidelidad a los votos matrimoniales o el no dañar al prójimo— que constituyen la base de todas las religiones. Y no sólo debemos guiar con rectitud nuestra conducta, sino también nuestra manera de pensar. Si insistimos en pensar de una cierta forma, esos pensamientos se convertirán finalmente en acciones; así pues, si queremos perfeccionarnos, debemos comenzar por nuestros pensamientos.

Procura convertirte en una persona más positiva. Quien abriga siempre pensamientos negativos —malhumor, enojo, celos, envidia o mezquindad— no progresa espiritualmente, pues ahuyenta la luz de Dios y permanece en la oscuridad, esparciendo negatividad y discordia adondequiera que vaya.

---

do estragos y daños masivos, no constituyen "actos de Dios". Tales desastres son el producto de los pensamientos y las acciones humanas. En efecto, dondequiera que, como resultado de los pensamientos y acciones erradas del hombre, el equilibrio vibratorio entre el bien y el mal de esta Tierra se vea perturbado por la acumulación de vibraciones nocivas, se producirá una devastación [...]. Cuando predomina el materialismo en la conciencia del hombre, éste emite sutiles rayos negativos, los cuales, al acumularse, acaban por perturbar el equilibrio eléctrico de la naturaleza; es entonces cuando se presentan los terremotos, las inundaciones y otros desastres. ¡A Dios no le cabe responsabilidad alguna en su gestación! Antes de que le sea posible controlar la naturaleza, el hombre debe controlar sus pensamientos» (Paramahansa Yogananda: *La búsqueda eterna*).

El pensamiento es una fuerza que posee un inmenso poder. Por eso creo tan firmemente en la efectividad del «Círculo mundial de oraciones» que fundó Guruji. Espero que todos los miembros y simpatizantes de *Self-Realization Fellowship* participen en él. Cuando las personas emiten pensamientos positivos saturados de paz, amor, buena voluntad y perdón, tal como se enseña en la técnica de curación que utiliza el «Círculo mundial de oraciones», se genera un gran poder. Si las multitudes oraran de este modo, se establecería una vibración de bondad que sería suficientemente poderosa para transformar el mundo[5].

Refórmate y reformarás a multitudes

Nuestro papel como discípulos de Paramahansa Yogananda consiste en hacer cuanto esté a nuestro alcance para armonizar nuestra vida con Dios, de modo que, mediante nuestros pensamientos, palabras y conducta ejemplar, podamos tender una mano y ejercer cierta influencia espiritual sobre el resto del mundo. Nuestras palabras tienen poco sentido si no se manifiestan de alguna manera en nuestra vida. Las palabras de Cristo son tan poderosas hoy en día como lo fueron

---

[5] El «Consejo de oración» de *Self-Realization Fellowship* —compuesto por renunciantes de la Orden monástica de SRF— ora diariamente por la curación de las enfermedades físicas, las inarmonías mentales y la ignorancia espiritual. Quienes lo deseen pueden solicitar oraciones para sí mismos o para sus seres queridos, escribiendo o llamando por teléfono a *Self-Realization Fellowship*, en Los Ángeles. Esta misión de oración cuenta con el apoyo del «Círculo mundial de oraciones» de *Self-Realization Fellowship*, formado por miembros y simpatizantes de SRF diseminados en todo el mundo, el cual ora regularmente por la paz mundial y el bienestar de toda la humanidad. Existe a disposición de quien lo solicite un folleto donde se describe la labor que lleva a cabo el «Círculo mundial de oraciones».

Mrinalini Mata (vicepresidenta de SRF), Sri Daya Mata y Ananda Mata (secretaria y tesorera de SRF), en el *ashram* Janakananda de la Sede Internacional de SRF, 1976.

«El secreto para que todas las circunstancias exteriores de tu vida se llenen de armonía consiste en establecer primeramente la armonía con tu alma y con Dios. Dedica diariamente un poco de tiempo a retirarte del mundo y a recoger tu mente para tratar de sentir la presencia de Dios».

Ranchi (India), 1973

Después de un *satsanga* en Ranchi (India), en 1968, Mataji arroja alegremente dulces envueltos a los devotos congregados.

«A cualquier persona que ame profundamente a Dios le resulta muy difícil ser solemne todo el tiempo, pues siempre brotan de su interior las burbujas del gozo divino».

hace dos mil años por la sencilla razón de que él vivió lo que enseñaba. Nuestras vidas también deben reflejar —callada, pero elocuentemente— los principios en los que creemos. Tal como Guruji citaba a menudo: «Refórmate y habrás reformado a multitudes».

Tal vez pienses: «Pero hay tantas cosas en este mundo que necesitan ser corregidas; hay mucho por hacer». Es verdad: las necesidades son monumentales; pero las dificultades del mundo no desaparecerán si solamente tratamos de corregir las condiciones externas. Es preciso perfeccionar el elemento humano —que es la causa real de los problemas— y debemos comenzar por nosotros mismos.

Puedes decirle un millón de veces a una persona que no fume, pero si esa persona ha decidido que le gustan los cigarrillos, nada de lo que digas cambiará su hábito. Sólo cuando comience a toser y a sufrir los efectos negativos del tabaquismo, quizás entre en razón y reflexione: «Esta conducta está afectando *mi* salud; está convirtiéndose en un problema que *debo* atender». De igual forma, tal vez tus palabras por sí solas posean poco poder para hacer que una persona inarmónica se torne pacífica. Pero si esa persona percibe que de tu tranquila naturaleza fluye un sentimiento de armonía y bienestar, éste será un hecho tangible que ejercerá un efecto beneficioso sobre ella.

La armonía interior proviene de la meditación

La paz y la armonía que todo el mundo busca con tanto apremio no puede obtenerse de las cosas materiales ni de ninguna experiencia externa: ¡es sencillamente imposible! Quizá podamos sentir una tranquilidad pasajera al contemplar una hermosa puesta de sol, o cuando vamos a la montaña o a la playa. Pero incluso las escenas más inspiradoras no te proporcionarán paz si tu ser se encuentra en desarmonía.

El secreto para que todas las circunstancias exteriores de tu vida se llenen de armonía consiste en establecer primeramente la armonía con tu alma y con Dios. Dedica diariamente un poco de tiempo a retirarte del mundo y a recoger tu mente para tratar de sentir la presencia de Dios. Éste es el propósito de la meditación. Te darás cuenta de que, luego de haber meditado profundamente y haber sintonizado tu conciencia con la paz de Dios que mora en tu interior, las dificultades externas no te provocarán tanta tensión; serás capaz de abordarlas sin perder tu compostura ni reaccionar exageradamente —sin «correr alocadamente como un pollo decapitado», como Guruji solía decir—. Contarás con una fortaleza interior que te permitirá decir: «Muy bien, afrontaré este obstáculo y lo superaré».

Dos personas distintas pueden vivir exactamente la misma experiencia y, sin embargo, es posible que una de ellas se sienta amargada, mientras que la otra crece en sabiduría y comprensión. Todo depende de la persona. Cuando alguien me escribe y me cuenta que ha de soportar demasiadas cargas y que está a punto de claudicar, pienso: «¡Oh! Ojalá pudiera infundirle un poco de fe, para que sienta: "Sí, ¡yo *puedo!*"». Habitúate a pensar positivamente; y aunque no puedas superar la totalidad del problema de inmediato, comienza por dar el primer paso y afirma repetidamente: «Si hago al menos este pequeño esfuerzo hoy, mi situación mejorará mañana».

En toda circunstancia aférrate a la paz interior y al gozo

No hay mejor recurso para solucionar nuestras dificultades que ofrecérselas a Dios. Tal vez Él no las elimine por completo, pues es sólo al enfrentar los desafíos como podemos crecer espiritualmente; pero recibiremos de Dios la fortaleza para afrontarlas y la sabiduría para actuar.

No sé cómo la gente puede vivir sin dedicar cierto tiempo a estar con Dios. Es verdad que todos los deberes con los que hemos de cumplir, como parte de nuestra contribución a la vida, exigen mucho de nosotros. Pero si hemos de ser sinceros, cada uno de nosotros tiene la posibilidad de encontrar tiempo a diario para dedicarlo a Dios en meditación. Me gusta levantarme mucho antes del amanecer, cuando los demás aún duermen. El mundo se halla entonces en silencio; ni siquiera se oye el gorjeo de los pájaros. Es un momento maravilloso para conversar con Dios, silenciosa y dulcemente, y expresarle todo aquello que nos gustaría decirle al amigo más querido. Pensamos en muchas cosas, pero con frecuencia creemos que no contamos con quien compartir esos pensamientos; pero sí lo tenemos. Durante toda mi vida he tenido a Alguien con quien hablar, y ese Alguien es Dios. Él me ofrece tanta comprensión y consuelo como no es posible expresar con palabras. Me dirijo a Él con cada una de mis alegrías y, también, con cada uno de mis problemas; y eso es lo que todos deberían hacer. ¿Quién más escuchará como Él lo hace? ¿Quién más puede ayudarnos como Él? Él nos entiende, aun cuando nosotros mismos no nos comprendamos. Es obvio que vale la pena reservar cierto tiempo para cultivar esa relación íntima con Él.

Para llegar a Dios necesitamos las técnicas apropiadas de meditación, que son precisamente las que Guruji nos ha legado. El discípulo fiel de *Self-Realization* reservará un tiempo todos los días para leer y estudiar las enseñanzas de Guruji y para sentarse tranquila-

mente en su hogar a meditar. Sin embargo, el solo hecho de sentarse inmóvil y con la mente revoloteando de
un lado a otro no significa que estemos meditando. La
meditación es la capacidad de retirar la mente de todo
objeto externo de distracción y enfocar exclusivamente
en Dios esa atención liberada. Para aprender a controlar la mente inquieta se requiere una práctica constante. Pulsar las teclas de un extremo a otro del teclado,
ejecutando escalas musicales, no es sinónimo de saber
tocar el piano; pero sí es una práctica preliminar necesaria. De igual forma, la práctica disciplinada de las técnicas de meditación es necesaria para aprender verdaderamente a meditar. Podemos saber que estamos progresando espiritualmente si la meditación de cada día
es más profunda que la del día anterior y si conserva-
mos, en toda circunstancia, la paz y el gozo interiores
provenientes del estado meditativo.

Hace muchos años, el Maestro nos llevó a ver la
inspiradora película *La canción de Bernadette*, cuyo argu-
mento versaba sobre esta gran santa occidental[6]. Recuerdo, en particular, sus palabras finales. La última
parte de su vida había estado llena de sufrimientos y
pruebas; sin embargo, al abandonar su cuerpo, ella percibió la Presencia Divina y dijo, con sus últimas fuerzas:
«Te amo». A eso llamo yo éxtasis; vivir, deslizarse y encontrarse en este mundo amando a Dios. Diariamente,
recuerda manifestarle: «Te amo, Señor». Y si aún no
sientes ese amor en tu corazón, dile: «Quiero sentir ese
amor, Señor. Despierta mi corazón con tu amor».

Si convertimos a Dios en el punto focal de nuestras
vidas, nos preguntaremos siempre: «¿Estoy actuando

---

[6] Las sagradas experiencias que Santa Bernadette Soubirous vivió en
Lourdes (Francia), a mediados del siglo XIX, han convertido este lugar en uno de los sitios de peregrinación más visitados de Occidente.

de forma que complazca a Dios, que es mi amor, y me ha creado, y es por quien yo vivo?». Al cultivar esa conciencia, nos transformamos en seres humanos verdaderamente pacíficos, felices y comprensivos.

En este mundo no encontraremos la perfección

Conforme una parte mayor de la humanidad se esfuerce por lograr el estado descrito, disminuirán las crisis que amenazan nuestro mundo. Pero debemos comprender que la Tierra jamás será un lugar perfecto, pues no es nuestro hogar permanente, sino una escuela en la que todos sus alumnos nos encontramos en distintos grados de aprendizaje. Hemos venido aquí para vivir todo tipo de experiencias —tanto agradables como dolorosas— y, gracias a ellas, aprender las lecciones necesarias.

Dios es eterno y nosotros también lo somos. Su universo continuará existiendo con los altibajos que le son propios. A nosotros nos corresponde ponernos en armonía con las leyes de su divina creación. Quienes así lo hacen avanzan sin cesar —independientemente de las circunstancias externas o las del particular ciclo mundial en el que nacieron— y, al purificar sus conciencias, encuentran la libertad en Dios.

En resumidas cuentas, nuestra salvación depende por completo de nosotros mismos, es decir, de la forma en que afrontamos la vida, de nuestro comportamiento y de si conducimos nuestra existencia con honestidad, sinceridad, consideración por los demás y, sobre todo, con valor, fe y confianza en Dios. Expresar esta cualidad es sencillo si nos concentramos en amar a Dios, lo cual nos impulsará a hacer el bien y a ser buenos, pues descubrimos que nuestro Creador derrama a raudales paz, sabiduría y gozo en nuestra conciencia.

Muy a menudo, Guruji insistía en que afirmáramos con él que nuestras vidas habían de ser vividas en el gozo de Dios:

> Del Gozo he venido. En el Gozo vivo, en él me deslizo y en él se encuentra mi ser. Y en ese sagrado Gozo me fundiré de nuevo.

Aférrate a esta verdad y comprobarás que ese Gozo interior te sustentará, a pesar de las dificultades que puedan aquejar tu vida. Ese Gozo será para ti más real que los sucesos siempre cambiantes de este caleidoscópico mundo.

El mundo es nuestra familia

Ashram Gyanamata (residencia de las monjas), en la Sede Internacional de Self-Realization Fellowship, Los Ángeles (California) durante una reunión para celebrar el bicentenario de la independencia de Estados Unidos, julio de 1976

Esta noche recuerdo todas aquellas ocasiones en que celebrábamos la festividad del 4 de julio [aniversario de la independencia de Estados Unidos] al lado de nuestro Gurudeva. Las conmemoraciones de la Navidad y de la Pascua de Resurrección eran bastante solemnes, pero el 4 de julio era siempre un día de júbilo. No nos sobraba el dinero, pero siempre nos las ingeniábamos para obtener unas luces de Bengala, petardos y un poco de helado, y con todo eso nos sentábamos sobre el césped aquí en Mount Washington[1]. Tiempo después, cuando se construyó la Ermita de Encinitas[2], Guruji solía llevarnos a la cercana Playa Mission, donde podíamos observar la exhibición de fuegos artificiales sobre el océano.

Me siento muy feliz esta noche al comprobar la bella actitud con que todos los aquí reunidos se han su-

---

[1] Mount Washington es una colina de Los Ángeles donde se halla ubicada la Sede Internacional de *Self-Realization Fellowship* y cuyo nombre a menudo se emplea para referirse a la sociedad fundada por Paramahansa Yogananda.

[2] Encinitas es una pequeña ciudad, situada a unos 160 kilómetros al sur de Los Ángeles, donde se encuentra una gran ermita con vista al Océano Pacífico que le fue obsequiada a Paramahansa Yogananda. Él pasó gran parte de su tiempo allí, desde finales de 1936 hasta 1948.

mado al espíritu de la celebración de este bicentenario
de la independencia de Estados Unidos. Recuerdo que
Guruji decía que había venido a Estados Unidos no
porque amara menos a otras naciones, pues su conciencia era universal, sino porque había encontrado
aquí una tierra más libre de prejuicios y con mayor libertad de culto. Ambos factores aportaban las mejores
posibilidades para la difusión de la esencia espiritual y
los ideales que constituyen los cimientos mismos de las
enseñanzas de *Self-Realization Fellowship*. Ahora bien,
esta afirmación no implica que Estados Unidos sea un
país perfecto; pero aquí, tal vez más que en cualquier
otra parte del globo, se presentan mayores oportunidades de vivir y expresar las cuatro libertades[3].

Para ser auténticamente patrióticos, verdaderamente estadounidenses y ejemplo de los ideales sobre los que
se fundó esta gran nación, debemos aprender a cultivar
y expresar amor y amistad por todos. Comencemos por
amar a quienes Dios nos ha enviado como miembros de
nuestra familia y, luego, hagamos extensivo ese amor a
nuestros vecinos, a nuestro país y, finalmente, a todas las
naciones. La aplicación en nuestra vida de las enseñanzas de *Self-Realization Fellowship* expande nuestra conciencia hasta que, con el tiempo, llegamos a concebir y
aceptar a todo el mundo como nuestra familia. De esa
forma expresamos el amor universal de Dios.

¿Qué es la libertad?

Hoy más que nunca, Estados Unidos y otras naciones necesitan esforzarse por cultivar ese amor uni-

---

[3] Según las enunció Franklin D. Roosevelt son: libertad de expresión,
libertad de culto para adorar a Dios en la forma en que cada uno lo
conciba, liberación de la pobreza y liberación del temor.

versal. El mundo se está haciendo pedazos debido a criterios de conducta que no conducen a la paz ni a la verdadera libertad. Libertad no significa hacer lo que nos plazca, sin tomar en consideración los derechos de los demás; ser libre requiere la práctica de la autodisciplina. La verdadera emancipación, en su más elevado sentido, consiste en liberarse de las imposiciones que ejercen los malos hábitos, los prejuicios, los estados de ánimo negativos, el interés egoísta y la obstinación, entre otros. Sólo cuando puedas ejercer el libre albedrío en todas tus acciones, guiado exclusivamente por la sabiduría, serás libre.

La primera vez que visité la India, me pareció haber ingresado en un mundo completamente diferente. La atmósfera espiritual inundó mi alma de gozo, pero las condiciones materiales allí eran muy precarias en comparación con las de nuestro país. Recuerdo haber quedado atónita al ver tanto sufrimiento originado por la pobreza y cómo se luchaba por la mera supervivencia. Mi corazón sollozaba y prometí que, cuando regresara a Estados Unidos, haría hincapié, más que nunca, tanto en la importancia de compartir como en la de encontrar libertad y felicidad en nuestro interior. En realidad, no precisamos de muchas cosas externas para estar satisfechos, pero sí necesitamos la libertad interior del alma, la cual no depende de nuestro entorno. No obstante, también es cierto que resulta beneficioso encontrarse en un medio ambiente que nos brinde la oportunidad de pensar más profundamente en Dios y cultivar el amor por Él.

El Maestro predijo que algún día —luego de grandes sufrimientos, luchas y pesares— todas las naciones se unirían, y esa unidad se lograría cuando los habitantes de cada nación comenzaran a encontrar su libertad interior. A través de las enseñanzas de este sendero de *Self-Realization Fellowship*, hemos sido bendecidos con la mayor de las oportunidades para encontrar la liberación espiritual —la libertad para nuestras almas— y para que, mediante el ejemplo, alentemos a nuestra familia, nuestra nación y nuestro mundo a buscar su libertad en Dios. Esto debe comenzar en algún punto. Los grandes instructores llegan y hablan fervientemente sobre la importancia de la unidad del género humano. Las multitudes vitorean y agitan banderas, y concuerdan en que esa hermandad universal es necesaria. Sin embargo, este ideal reside en las mentes y los corazones durante un tiempo y luego se desvanece. ¿Cuál es el motivo? Cada individuo está esperando que sea otro el que comience a practicar los principios espirituales requeridos y no se da cuenta de que esa práctica debe empezar en él mismo.

La libertad del alma es «lo más de lo más», como se dice actualmente. Y esa libertad proviene de entregarte a diario y sin reservas a la voluntad de Dios, a lo que Él haya dispuesto para ti.

La actividad correcta comienza con la actitud apropiada

Servir a Dios es el ideal de todo *karma yogui*. ¿Qué significa *Karma Yoga*? Ante todo, implica desarrollar la actitud apropiada, mediante la cual puedes poner finalmente en práctica la actividad correcta. ¿Y qué es la actividad correcta? No aquella que se lleva a cabo para uno mismo, sino la que se realiza para Dios. El *karma yogui* que ha alcanzado la perfección ofrece todas sus acciones, así como los frutos de éstas, solamente a Dios.

En primer lugar, debemos darnos cuenta de que el mundo no nos debe absolutamente nada. Personalmente, encuentro muy liberador este concepto. Con demasiada frecuencia, las personas sienten que el mundo les debe algo, aun cuando no hayan hecho ningún esfuerzo para merecerlo. En el camino espiritual debemos adoptar la siguiente actitud: «El mundo no me debe nada, pero yo le debo mucho». A partir de esta verdad, continúa reflexionando: «Debo mucho a Dios: le debo mi vida; le debo todo lo que soy. Respiro y, por lo tanto, no hay momento en que no esté yo absorbiendo su vida. Pienso y, por lo tanto, no existe un solo instante en el que yo no esté en deuda con su inteligencia. Dependo por completo de Él». Cuando razonas en estos términos, comienzas a darte cuenta de que tu vida y todo lo que posees provienen de Dios. Entonces, desearás entregarte a Él en agradecimiento.

Después de que este concepto haya quedado bien grabado en nuestra conciencia, debemos pensar: «¿Cómo puedo servirle?». Muchas personas consideran que Dios les ha enviado a este mundo con una misión especial. Ésta es una creencia falsa, porque la única tarea que Él nos ha encomendado consiste en encontrarle. En consecuencia, el devoto afirma: «Señor, úsame en cualquier forma que Tú quieras. Me es indiferente que decidas utilizarme aquí o allá: en cualquiera de los casos soy feliz. Mi mirada está fija en Ti. Tú eres mi única Meta».

No es suficiente realizar nuestro trabajo de modo mecánico, o a regañadientes, mientras interiormente tratamos de reprimir el disgusto que nos produce. La conducta o la actividad adecuada no son sólo prácticas externas. Debemos abstenernos de abrigar resentimiento interior: «Ésta es mi disciplina; y, por mucho que la deteste, supongo que debo seguirla». Mientras no nos entreguemos interiormente —abandonando nuestras resistencias y permitiendo que el Señor nos utilice exactamente como Él desea—, no obtendremos la libertad espiritual que anhelamos.

Cualesquiera que sean las circunstancias que se presenten en nuestro camino en cada momento, Dios desea que expresemos la mejor actitud posible, y con alegría. San Francisco de Sales dijo: «Un santo triste es un triste santo». A cualquier persona que ame profundamente a Dios le resulta muy difícil ser solemne todo el tiempo, pues siempre brotan de su interior las burbujas del gozo divino.

Es tan agradable reír; sobre todo, ser capaz de reírnos de nosotros mismos. Deberíamos superar esa susceptibilidad que hace que nos sintamos ofendidos. Si el más leve comentario hiere nuestros sentimientos, eso significa que estamos alimentando nuestro ego. Toda vez que no podamos soportar que alguien nos critique o nos diga algo descortés, estamos poniendo de manifiesto que carecemos de la actitud adecuada. Permite que los demás digan lo que deseen. Si nuestra mente se encuentra en Dios, y si procuramos desempeñar nuestras diarias actividades de la mejor forma posible, ¿importa realmente lo que la gente piense de nosotros? Siempre que he recibido comentarios negativos, acostumbro a orar: «Señor, ¿qué piensas *Tú* de mí? Si he cometido un error, corrígeme, disciplíname, transfórmame». Deberíamos buscar siempre lo que Él trata de enseñarnos en cada situación.

Sirvamos con amor a todos los hijos de Dios

Solamente cuando recurrimos a Dios, y le amamos y servimos en toda las personas que se cruzan en nuestro camino, comenzamos a conocer esa universalidad donde reside la verdadera libertad. Razona siempre de este modo:

«Señor, estoy en este mundo porque Tú me enviaste. Estoy aquí con el único propósito de amarte y amar a tus hijos, independientemente de quienes sean o de dónde provengan, ya se trate de americanos, africanos, asiáticos o europeos, o de budistas, cristianos, hindúes, judíos o musulmanes». Cualquiera que sea nuestra fe o nacionalidad, todos somos hermanos y tenemos un Padre en común.

Piensa en los demás en estos términos: «Todos son parte de mí; todos son parte de Dios. Mi Dios se manifiesta en cada uno de ellos. Les serviré de la mejor forma posible». La práctica de los principios aquí expuestos debe formar parte de nuestra vida cotidiana. Seamos considerados los unos con los otros, identifiquémonos los unos con los otros y ayudémonos recíprocamente. Y mientras actuamos así, debemos respetarnos mutuamente, porque todos estamos hechos a imagen de Dios.

Si Estados Unidos, o cualquier otra nación, está llamada a convertirse finalmente en un país de auténtica libertad —es decir, aquella que está basada en la ausencia de ignorancia espiritual y engaño y que constituye el legado divino del alma de todo ciudadano—, deberá comenzar por cultivar las cualidades divinas inherentes a cada ser humano. Ésa es la libertad ideal que ha de ser ensalzada y emulada. Éste es el cimiento más seguro sobre el cual puede erigirse cualquier nación, debido a que fomenta el máximo potencial del corazón y del alma.

Si sólo tomamos en cuenta sus años de existencia, Estados Unidos es todavía un infante comparado con otras naciones del mundo. Sin embargo, al visitar otros países, es posible darse cuenta del considerable avance que ha logrado esta gran nación y de la bendición que supone vivir aquí. Soy firmemente patriótica en este sentido: aprecio todo lo que este país me ha dado. Sin embargo, cuando viajo al extranjero, me doy cuenta de que todos los países son el mío propio, porque toda la humanidad es mi familia. No existen las fronteras en la conciencia de Dios y no debe haber fronteras de nacionalidad, raza o credo en la conciencia de sus hijos.

¡Feliz aniversario, Estados Unidos, y que Dios te bendiga!

PC Reservation Receipt

Reservation Number: 2776
PC: Readers' Services 13
Date: 7/21/2009
Time: 7:15 PM
Length: 60 minutes
Location:
Readers' Services — 1st Floor

www.acpl.lib.in.us
↳ MY LIBRARY ACCOUNT
↳ RENEW MATERIALS

ALLEN COUNTY PUBLIC LIBRARY
HAVE YOUR LIBRARY CARD AND MATERIAL READY

TELEPHONE RENEWAL
(DURING MAIN LIBRARY BUSINESS HOURS ONLY)
(260) 421-1240

WEBSITE RENEWAL
www.acpl.lib.in.us
↳ MY LIBRARY ACCOUNT
↳ RENEW MATERIALS

Esperanza de paz en un mundo de incesantes cambios

Yogoda Satsanga Society of India, Math de Ranchi, Bihar (India)

En cada país que visito, veo en su gente el mismo y profundo anhelo: «¿Cómo puedo sentir paz?». Nuestro Gurudeva Paramahansa Yogananda nos enseñó que la paz jamás llegará a través de medios externos. Podemos estar seguros de que siempre que hagamos depender nuestras esperanzas de las condiciones externas, toda paz que encontremos será efímera.

Parafraseando las palabras que dirigió el Señor Krishna a Arjuna en el *Bhagavad Guita*, Gurudeva solía decir: «Si quieres hallar paz, permanece anclado en Aquello que es inmutable». Nada en este mundo es estable; todo cambia, excepto Dios. Las palabras que Krishna pronunció hace miles de años, «Establécete permanentemente en el Ser interior»[1], estaban señalando el rumbo para toda la humanidad, pues jamás podremos conocer la verdadera paz sin «establecernos» o «anclarnos» en Dios.

Ésta fue una de las primeras verdades que Guruji me enseñó después de que ingresé en el *ashram*: permanece anclada en Dios, el único Principio inmutable que existe en este mundo de cambios. Pero ¿cómo hacerlo? Mediante la meditación y conservando siempre nuestra mente fija en el *Kutastha* o centro de la concien-

---

[1] *Bhagavad Guita* II:45.

cia crística, situado a nivel del entrecejo. Ahí y en el corazón es donde comulgamos con la Divinidad.

La mente del ser humano común se agita sin cesar debido a los pensamientos inquietos, y revolotea entre todo tipo de preocupaciones relativas al trabajo, la familia, la posición social y el éxito material. Como resultado de esto, el individuo se convierte en un manojo de nervios. Y aunque renunciara al mundo para vivir en un *ashram*, eso no significa que de súbito fuesen a desaparecer todos sus problemas. Tendría tantos como cualquier otro ser humano; pero en el *ashram* aprendería que, independientemente de las situaciones que haya de afrontar en su vida, hay esperanza, seguridad y una solución, es decir, Alguien a quien siempre podrá recurrir, con la confianza de que obtendrá ayuda. Y ese Alguien es Dios. Ésta es la lección que todos debemos aprender.

Nuestro problema es que somos reacios a confiar en Dios, porque no tenemos la certeza de que Él nos concederá aquello que deseamos. Pensamos: «Si le ofrezco mi vida a Dios, tal vez Él no vele por mí, ni me brinde seguridad, ni cumpla mis deseos». Éste es un error del ser humano. Además, se trata de un razonamiento equivocado, porque si enfocamos nuestra mente en Dios y nos entregamos a su voluntad cada día —aunque sólo sea un poco—, comprobaremos que Él nos cuida siempre, infaliblemente.

La India: adalid espiritual de la humanidad

De todas las naciones del mundo, la India es la más bendecida en lo que atañe al aspecto espiritual. Guruji solía decir: «Así como Occidente se ha concentrado en la eficiencia material y científica, la India se ha concentrado durante siglos en lograr la eficiencia espiritual».

La India es un país de gigantes espirituales. Ninguna otra nación ha forjado tantos santos. Ellos han surgido de las sagradas tradiciones que constituyen la herencia divina de este pueblo.

He visitado muchos países del mundo, y cuando los devotos saben que voy a la India, sólo me preguntan acerca de los maestros espirituales de esta tierra. Muchos son los que sueñan con venir aquí para buscar a Dios, pues grande es la inspiración que la India ofrece al resto del mundo. Este país nunca debe perder esa cualidad.

Con toda certeza, la India progresará en el aspecto material —no existe la menor duda—. Al fin y al cabo, podríamos afirmar que la India sólo tiene veinte años de edad, pues apenas han transcurrido dos décadas desde que obtuvo su independencia[2]. Este país ha dado grandes pasos en estos años, y dará muchos más. Pero les ruego, sobre todo a los jóvenes de esta tierra santa, que al buscar el progreso material no olviden ese gran tesoro que poseen: su herencia espiritual, la razón por la cual el mundo entero vuelve su mirada hacia la India.

Ésta es la única nación que se encuentra tan intensamente impregnada de los ideales del *darshan* y el *satsanga*[3]. Tal vez estas tradiciones se dan por sentadas porque resultan muy familiares, ya que se originan en

---

[2] Esta charla se dio en 1968.

[3] El *darshan* es la bendición recibida por el hecho de ver a una persona santa o encontrarse en su presencia, así como de contemplar o visitar un lugar santo. *Satsanga* significa la divina hermandad con otras almas que buscan la verdad y a Dios. La comprensión y apreciación del valor de la compañía espiritual, así como de los personajes y lugares santos, se encuentran profundamente arraigadas en la sociedad india. Todos estos factores constituyen su fuente de fortaleza e inspiración para afrontar las tribulaciones y desafíos de la vida cotidiana.

la naturaleza profundamente espiritual que es innata en los indios. Es necesario hacer un uso apropiado de dicha herencia y alentar esta inclinación natural. Es importante que las almas se unan para la meditación y el *satsanga*, que es la amistad y la hermandad con el divino *Sat* —con Dios—. Si quienes me escuchan recuerdan lo que les digo, convertirán a la India en la nación más destacada de esta era. Pero si dejan de lado esas cualidades espirituales y se embriagan con el materialismo, perderán la oportunidad más importante que la nación haya tenido para guiar al mundo. Ofrezco estas palabras desde lo más profundo de mi alma, porque amo mucho esta tierra.

De esta misma forma he hablado en las universidades de todo el país. Los jóvenes confían en que pueden conquistar el mundo. Su interés se concentra en hacer realidad sus sueños y aspiraciones. Ellos tienden a imitar y, debido a que la juventud constituye una época en la que se despiertan los deseos y las ambiciones, por lo general eligen los peores hábitos o rasgos de sus coetáneos de otras naciones, a causa de la poderosa atracción que dichos hábitos y rasgos ejercen sobre los sentidos. ¡Qué tragedia! Así pues, al tiempo que se esfuerzan por mejorar su suerte en el aspecto material, los habitantes de la India no deben dejar de pensar en Dios.

He aquí el modo de pensar que guía el proceder de los materialistas de Occidente: «Siempre y cuando obtenga lo que deseo, no necesito a Dios». Él no tiene lugar en la vida de mucha gente, lo cual es un error; y en la actualidad, Estados Unidos es un ejemplo de los problemas que se suscitan con esta actitud. He visto a miles de jóvenes en un lastimoso estado de perplejidad, inquietud, infelicidad y confusión, por el mero hecho de que han apartado a Dios de sus vidas. Y ahora advertimos que muchos de ellos —cada vez más— están volviendo sus ojos hacia la India. Todos hemos leído en los periódicos acerca de la gran cantidad de personas que siguen en la actualidad a los maestros indios, porque se han dado cuenta de que el materialismo no les aporta satisfacción. Ellas tratan de encontrar paz y una razón para vivir, y las hallan en las enseñanzas espirituales de la India.

Yo tuve la bendición de haber conocido a Gurudeva a una edad muy temprana, a los diecisiete años. Él transformó mi vida, y le estaré eternamente agradecida por ello. No existen suficientes palabras ni acciones que expresen o salden adecuadamente la deuda de gratitud que tengo con Paramahansaji por la maravillosa manera en que influyó en mi vida. Él viajó desde su India natal hasta Occidente y, aunque apreciaba los logros materiales que encontró allí, nunca abandonó su herencia divina, jamás olvidó a Dios ni los ideales espirituales en los que había sido educado. Por el contrario, éstos le acompañaron siempre y él los transplantó a Occidente. Por ese motivo, hoy en día, en cada país existen miles de seguidores de nuestro Gurudeva Paramahansa Yogananda.

«Sé fiel a tu propia alma»

¿Cómo encontrar, entonces, una paz interior a la que podamos aferrarnos en este atribulado mundo? El método es muy simple: a la vez que nos esforzamos siempre por mejorar nuestra situación, debemos mantener a Dios en nuestros corazones. Al cuidar el cuerpo —mediante la alimentación, la vestimenta o la vivienda— no debemos olvidarnos de dedicar, al menos, una fracción de nuestro tiempo (aun cuando sólo sean diez o quince minutos al día) a pensar en Dios y a meditar en Él. ¡Qué necios somos si le olvidamos!

Francamente, no sé cómo es posible vivir sin estar aferrado a Dios; ¡por eso hay tanto sufrimiento innecesario! He sido testigo de las penalidades de la humanidad y de la forma en que se convierten en una carga insoportable para muchas personas. Yo no podría soportar la vida sin tener a Dios. ¡Qué diferente es la vida cuando está centrada en Él! Y es tan fácil conocerle: el camino es la meditación. Sin embargo, el ser humano complica la situación, porque no desea realmente hacer el esfuerzo y, en cambio, trata de justificar su pereza mental.

«Sé fiel a tu propia alma y, tan seguro como que la noche sigue al día, no podrás actuar con falsedad ante ser humano alguno»[4]. Es así de simple; en todo lo que hagamos, debemos preguntarnos siempre y en primer lugar: «¿Soy honrado y sincero conmigo mismo?». Jamás hay que buscar excusas para justificar las debilidades propias. Ese principio básico se encuentra incluido en los dos primeros pasos del Óctuple sendero del Yoga de Patanjali[5]: *yama* y *niyama*, las abstenciones y las observancias que forman parte de la recta conducta. Podríamos resumirlas en una sola frase: sé fiel a ti mismo, lo cual significa ser fiel al *atman* (el verdadero Ser o alma) en todo momento y no al ego o seudo-alma. Para ello es preciso esforzarse con ahínco para ser honrado, sincero, cortés y afectuoso, y evitar el odio, la falsedad

---

[4] William Shakespeare: *Hamlet*, Acto I, Escena 3.

[5] Patanjali fue el más avanzado de los antiguos exponentes del Yoga. Él esbozó ocho pasos por medio de los cuales el ser humano logra la unión con Dios: 1) *yama*, conducta moral; 2) *niyama*, prácticas religiosas; 3) *asana*, la postura correcta para calmar la inquietud corporal; 4) *pranayama*, control del *prana*, es decir, de las corrientes sutiles de la vida; 5) *pratyahara*, recogimiento de la mente en el interior; 6) *dharana*, concentración; 7) *dhyana*, meditación; y 8) *samadhi*, el éxtasis en que se alcanza la unidad con Dios.

y todo aquello que perturbe al alma, que genere nerviosismo e inquietud en nuestro interior o que no nos brinde paz.

«Sé fiel a tu propio ser» y practica un poco de meditación a diario: así es como encontrarás la libertad y la paz mental. De otra manera, ambas serán difíciles de alcanzar.

Los más grandes amantes del mundo

Todo corazón humano, sin excepción, ansía amar y ser amado. Las plantas, los animales y, sobre todo, el ser humano —por haber sido creado a imagen de la Divinidad— responden al amor. Y la forma de recibir amor es dar amor. Sin embargo, cuán pocas personas en este mundo saben cómo amar sincera y profundamente. A través de la meditación, al aprender a amar más a Dios y a sentir su amor, nos es posible amar, aun sin pedir nada a cambio.

Los más grandes amantes que el mundo ha conocido jamás son aquellos que han amado a Dios; ellos continúan siendo, a lo largo de los tiempos, una inspiración para toda la humanidad. Forjar verdaderos amantes de Dios, verdaderos conocedores de Dios, es el propósito de las enseñanzas de la India, lo que sus escrituras han proclamado al género humano. Mucho antes de la era de la cristiandad, del budismo y de otras religiones, la India señalaba ya el camino, y por ese motivo la amo tanto. Sus enseñanzas son lo que el mundo necesita hoy en día.

Como he mencionado, la India posee ese ambiente espiritual. Aquí es muy sencillo conocer a Dios, si se realiza el esfuerzo necesario; pero hay que hacer ese esfuerzo. Es preciso practicar la meditación todos los días y, aunque sólo sea durante unos pocos minutos, sumergirse profundamente en Dios. Entonces se obtendrá su respuesta.

He oído decir a muchos buscadores espirituales: «Pero yo *he estado* orando». El cristiano podrá decir: «He repetido mis oraciones diariamente, durante veintitrés años»; el musulmán: «He sido fiel a mi práctica del *namaj* durante veintitrés años»; y el hindú: «He estado practicando *japa* o realizando mi *puja*»[6]. Sin embargo, cada uno de ellos se sigue quejando: «Siento que no he progresado en modo alguno. Mi mente continúa desasosegada; me encuentro muy nervioso. ¿Cuál es la razón de que me sienta así?».

La explicación se halla en el hecho de que esas prácticas se han vuelto mecánicas. No puedes ganarte el amor de nadie si manifiestas falta de interés o pronuncias palabras de amor de una manera mecánica. El amor debe brotar del corazón. Eso es lo que con frecuencia falta en las prácticas espirituales. Debemos cesar de comportarnos como loros y dejar de repetir el nombre de Dios sin sentirlo ni comprenderlo. El Maestro nos enseñó que el corazón y la mente deben estar concentrados de tal manera en el Bienamado Divino que al pronunciar tan sólo una vez su nombre se despierte un intenso sentimiento de amor en nuestro interior. Este estado nos llega gracias a la práctica diaria de la meditación; apenas pronunciamos el nombre de Dios, todo nuestro corazón está allí presente: «Mi Dios, mi Dios, mi Amor».

Mi ferviente deseo es plantar en lo más íntimo de las almas aquí reunidas la semilla del anhelo por Dios, y despertar ese deseo en todos, no sólo durante unas

---

[6] *Namaj* es la plegaria principal de los musulmanes, que debe repetirse cinco veces diariamente. *Japa* es la repetición concentrada de un pensamiento relativo a Dios. *Puja* significa «adoración ceremonial».

pocas semanas o meses, sino hasta que florezca espiritualmente. No se debe esperar a que la vida escape, para súbitamente advertir: «¡Oh! Le he perdido». El momento para buscar a Dios es hoy mismo.

Guruji solía decir: «Antes de retirarte a dormir por la noche, sumérgete en la meditación e invoca a Dios desde lo más profundo de tu ser». Háblale a Dios como un hijo. Si lo haces así todas las noches, tu vida se enraizará firmemente en Él. Serás como un árbol robusto, que se dobla con el viento pero jamás se troncha, y no como un árbol quebradizo, que se parte y es abatido con tan sólo una pequeña ráfaga de viento. El devoto de Dios aprende a doblarse con las experiencias de la vida sin llegar a quebrarse, pues sus raíces están profundamente ancladas en Él.

La comunión con Dios: el nexo que une todas las religiones

Ashram Janakananda (residencia de los monjes), Sede Internacional de Self-Realization Fellowship, Los Ángeles (California)

El prejuicio religioso no debe existir en los corazones de quienes siguen los pasos de Paramahansa Yogananda, pero sí la lealtad. Respeta todas las religiones, mas sé fiel a la tuya. Reconoce, primero, que la Verdad universal se expresa de formas diferentes y en grados variables en todas las religiones; luego, encuentra el sendero que consideres más apropiado para ti y no renuncies a él. Muestra reverencia hacia todos los caminos espirituales, pero sé fiel al tuyo. Éste fue el ideal de Gurudeva y debe ser el ideal de todos sus discípulos.

Teniendo en cuenta este concepto de lealtad, siempre he creído que es posible experimentar la Presencia Divina en cualquier iglesia o templo consagrado a Dios, porque todos los diferentes caminos conducen a Él. Cuando viajo en representación de la organización fundada por Guruji, mi única «afición» consiste en visitar diversos templos e iglesias dedicadas al Único Ser que amo —Dios—, para comulgar con Él, contemplarle y ofrecerle mi respeto en todos los devotos que en ese lugar han dedicado sus vidas al Señor de acuerdo con el camino que eligieron. Espero que los miembros de *Self-Realization Fellowship* mostremos siempre nuestra adhesión al ideal de la tolerancia. La intolerancia contraría los principios de Dios; la luz divina no puede brillar a través de las personas que se vuelven intolerantes. Todos los grandes amantes de Dios han abierto incondicionalmente sus brazos a todas las religiones y a sus fieles; sin embargo, cada uno de ellos siguió una sola religión: aquella que constituía su propio camino. Ama todos los senderos religiosos, pero no seas voluble: sé inquebrantablemente leal a uno sólo. Ésta debe ser nuestra firme actitud si queremos conocer a Dios.

Al experimentar a Dios se derriban las barreras que dividen a las religiones

El espíritu de Dios es verdaderamente omnipresente. Yo recibí la enorme bendición de experimentar su divina presencia cuando meditaba ante una enorme estatua de Buda que se encuentra en un santuario de Nara, en Japón. Recuerdo también una experiencia singular y bastante graciosa que tuvo lugar en el gran Templo de Shwedagon, en Birmania. En muchos templos hindúes y budistas no sólo puede encontrarse un amplio altar central dedicado a la adoración, sino también varios santuarios pequeños, tal como en las iglesias católicas existen nichos y capillas adyacentes consagrados a diferentes santos. Yo había estado meditando profunda y prolongadamente, inmersa en el amor divino, en un rincón de uno de esos santuarios del Templo de Shwedagon. Un monje budista y algunas otras personas se encontraban cerca. Cuando me levanté para marcharme, el monje, radiante de bondad y buena voluntad, me ofreció espontáneamente ¡un puro! Tal vez era lo único que tenía a su alcance en ese momento. Lo rechacé cortésmente, pero en mi interior estaba conmovida y aprecié su gesto de amistad y el reconocimiento que me dispensó al considerarme otro devoto como él.

En el Templo de Tarakeswar, durante mi primera visita a la India, fui sanada de una enfermedad por medio de la presencia del Ser Divino. Se trató de una curación inmediata, no de una mejora gradual que se hubiese producido a lo largo de varios días. Había yo olvidado que este templo es famoso por las curaciones que en él tienen lugar, al igual que sucede con el santuario de Lourdes, en Francia. Pero esa tarde, tras regresar al *ashram* y mientras leía la autobiografía de Guruji, recordé la sanación que un miembro de su familia había recibido en ese mismo templo[1].

En Puri, tuve el privilegio de ser una de las primeras occidentales que haya pisado jamás el sagrado Templo de Jagannath. Normalmente, sólo se permitía la entrada a los hindúes, de la misma forma que en Occidente sólo un mormón practicante puede entrar a los templos sagrados mormones cuando en éstos se celebran sus ritos religiosos. El objeto de esta práctica es que sólo estén presentes los devotos sinceros y no los simples curiosos. A veces, olvidamos que hemos adoptado ciertas conductas relacionadas con los ritos de nuestras religiones occidentales, y no estamos dispuestos a conceder a los demás el mismo privilegio ni a respetar sus costumbres. Sólo un mes antes de nuestra visita a Jagannath, un europeo había tratado de entrar a ese templo y se produjo un grave incidente, pues la concurrencia se sintió profundamente ofendida por aquella intrusión. Sin embargo, gracias a la intercesión del ahora difunto Shankaracharya del Gowardhan Math de Puri[2], se nos permitió el acceso a mis acompa-

---

[1] Véase *Autobiografía de un yogui*, capítulo 13.
[2] Sri Jagadguru Shankaracharya Bharati Krishna Tirtha, jefe eclesiás-

ñantes y a mí. Y en ese templo percibí en forma arrolladora la presencia de Dios.

Tiempo después, cuando visitamos los lugares sagrados relacionados con la vida de Cristo en Tierra Santa, y cuando viajamos por Europa y visitamos en Italia los santuarios dedicados a San Francisco, fui bendecida de nuevo con experiencias maravillosamente inspiradoras.

Menciono estos acontecimientos sólo para poner de manifiesto la universalidad de Dios y el hecho de que experimentar personalmente su presencia derriba las barreras de los malos entendidos y de los prejuicios que se han erigido en torno a la religión.

Yoga: la percepción directa de Dios

Las diferentes religiones enseñan diversas doctrinas e instruyen a sus seguidores en esos dogmas, y considero que tal forma de proceder es correcta. No obstante, recuerdo a menudo que el Maestro me decía: «Debemos ser muy tolerantes, pero también debemos enseñar nuestro dogma —y éste fue el único contexto en el que él alguna vez utilizó esa expresión en relación a su obra—, debemos instruir a nuestros miembros en el dogma de la práctica de *Kriya Yoga*». Pensé «¡Oh, qué maravilloso!», porque entendí su significado, es decir: «Me interesa retener a los devotos de *Self-Realization Fellowship* solamente con un lazo: el de su propia percepción directa de Dios, tal como se experimenta mediante la práctica de *Kriya*». Nosotros no afirmamos que *Kriya Yoga* sea la *única* técnica para alcanzar la realización espiritual, pero nuestro Gurú descubrió que éste es el

tico de la mayor parte de la India hindú. Véase su fotografía a continuación de la página 288.

mejor método mediante el cual el devoto puede lograr una experiencia directa de Dios en su interior.

El verdadero propósito de todas las religiones es ayudar a que el ser humano vuelva a relacionarse con su Hacedor. No es suficiente el mero hecho de adoptar un cierto conjunto de ideas o principios religiosos. Esta actitud es provechosa, pero debemos ir más allá. Las iglesias de todas las religiones tienen una misión primordial que cumplir: ayudar a los devotos a lograr la comunión directa con Dios. Yo creo que, tal como afirmó el Maestro, llegará un día en que todas las iglesias harán cada vez mayor hincapié en la meditación, la cual aporta la verdadera experiencia de Dios. Sólo eso salvará a la humanidad y, ciertamente, al mundo. Y dado que *Self-Realization Fellowship* enseña cómo obtener esa comunión directa, también creo que, como el Maestro afirmara en muchas ocasiones, ésta es la religión de la nueva era.

La comunión con Dios constituye el testimonio probatorio de que la misma y única presencia divina se encuentra en el fondo de todas las religiones verdaderas. Cuando experimentamos realmente a Dios, las diferencias superficiales de los dogmas pierden su significado. Los devotos de cualquier sendero religioso, al sumergirse en su interior cuando meditan, encuentran al mismo Dios. Por lo tanto, la comunión con Dios es la clave para lograr la tolerancia y la comprensión entre los seguidores de las diversas religiones.

Sobre todo, la comunión con Dios es una necesidad vital y personal para cada uno de nosotros, que somos sus hijos, pues —en última instancia— nuestra felicidad y bienestar dependen de esa unión. En las enseñanzas de *Self-Realization Fellowship*, Gurudeva nos enseña cómo lograr esa experiencia de Dios, a través de la meditación y la devoción. Repasaré brevemente algunos de los puntos que ayudan al devoto a alcanzar el Objetivo de la meditación.

Claves para lograr una meditación más profunda

En primer lugar, cuando llegue el momento de meditar, haz que el mundo se retire de ti. Olvídate de todo. Cualesquiera que sean tus problemas, déjalos en la puerta de la capilla o de tu lugar de meditación; haz esto de manera consciente; apártalos de ti mentalmente. Siente que, en verdad, te has apoderado de todos ellos y los has expulsado de tu conciencia. Entrénate para que, de esta forma, puedas desalojar enseguida de tu mente no sólo todas las cargas de las responsabilidades terrenales, sino también toda atracción hacia la comodidad corporal y todo apego a la obstinación. Es vital que te disciplines de este modo, a fin de que, con el simple uso de tu fuerza de voluntad, puedas desechar de tu mente toda preocupación mundana y decir de corazón: «Nada, excepto Dios, existe ahora para mí».

Si en este preciso momento supieras que tu muerte es inminente, ¿qué harías? Yo lo sé, porque he tenido que afrontar ese momento crítico. Tan sólo cabría en ti un pensamiento: «¡Voy a perder mi vida!». Y sentirías una necesidad tan urgente de Dios que instantáneamente te darías cuenta de que nada es más importante. Lleva contigo a la meditación esa necesidad urgente de encontrar a Dios, comprendiendo que la muerte puede llegar en cualquier momento, como de hecho nos sucederá a todos algún día.

Cuando medites, aférrate al pensamiento de que Dios es la única realidad. Él es la única Existencia Eterna. Todo lo demás en el universo es irreal —una parte evanescente del gran velo de *maya* que cubre la Realidad.

El siguiente punto consiste en desarrollar la paciencia para perseverar en la meditación. Confórmate con dar pequeños pasos al principio; no te impacientes ni te tenses al meditar. Debe existir una actitud de entrega incondicional: «Señor, ardo en deseos de Ti. Me arrojo al encuentro de tu presencia. Pero haz lo que sea tu voluntad. Ven cuando lo desees. Seguiré buscándote, pase lo que pase». Ora de este modo y te sorprenderá la forma en que la divina conciencia —esa inteligencia divina, ese divino amor de Dios— responde a la llamada de tu alma. Pero no lo hará si te impacientas.

Cuando los devotos tienen dificultad para profundizar en la meditación, con frecuencia se debe a que están ansiosos por obtener una respuesta rápida. No busques resultados en la meditación, porque esa actitud genera ansiedad en ti y, como consecuencia, te inquietas y te pones tenso debido a que no obtienes la respuesta que esperas de Dios. Por el contrario, olvida los resultados y el tiempo; vuelca tu corazón en el Señor con persistencia. Llámale; clama y llora por Él. Si no sientes ese anhelo, repite mentalmente su nombre u ora así: «Revélame tu presencia, revélame tu presencia». Concéntrate cada vez más profundamente, sumergiendo la atención en tu interior. Él acudirá cuando lo desee, y eso es algo que debes entender. No puedes obligar a Dios a que venga; sólo puedes entregarte a Él: entonces responderá.

Si meditas con prisa o ansiedad, el objetivo mismo que persigues te eludirá. Por ejemplo, imagina que vas muy apresurado a una cita. Te encuentras nervioso y tenso y, de pronto, se te cae algo que rueda bajo el sofá. Lo buscas frenéticamente y con preocupación, pensando: «*Debo* encontrarlo. Tengo que irme; están esperándome». A pesar de que no paras de buscarlo, no hallas el objeto. Todos hemos pasado por esa experiencia. Finalmente, te controlas y te relajas; dejas de apresurarte, te concentras y ¡allí aparece! Luego, dices con sorpresa: «Busqué en ese lugar muchas veces y ¡no lo vi!». Lo mismo sucede con la meditación. Si la ansiedad, la impaciencia y la tensión nubla tu conciencia, te resultará imposible sentir la presencia de Dios en tu interior. Es preciso saber esperar en calma y en silencio. Esto lo expresó hermosamente Rabindranath Tagore con las siguientes palabras:

¿No has sentido quizá sus silenciosos pasos?
Él viene, viene, viene siempre.

«Sus silenciosos pasos»: para oírlos, el devoto debe permanecer en la quietud interior, con una actitud de espera plena de devoción y reverencia. Comenzará entonces a sentir el Gozo, el Amor y la Presencia Divina surgiendo desde su interior: «Él viene, viene, viene siempre».

El propósito de las dificultades de la vida

Las tareas que efectuamos a lo largo de todo el día no son más que actos de este gran drama de Dios. No son importantes, salvo en la medida en que podamos aprender de ellas a fin de continuar desarrollándonos espiritualmente. La vida es sólo eso. Las dificultades son parte del drama de la vida. Jamás te dejes abatir, ¡jamás! Es muy fácil estar enamorado de Dios cuando todo marcha gloriosamente conforme a nuestros deseos. La prueba consiste en si seremos capaces de aferrarnos tenazmente al gozo de la conciencia divina cuando todo lo que nos rodea trate de destrozarnos. Por este motivo, nuestro Guruji afirmó: «Aprende a permanecer incólume en medio del estrépito de mundos que se derrumban».

Cuando la situación se torna difícil es el momento de correr a los pies de Dios, de implorar desde tu interior, de pedir —dado que eres su hijo— que te ayude; y es la ocasión de invocarle para que entre al templo de tu conciencia. A menudo, cuando el devoto atraviesa por las pruebas más difíciles, siente con mayor intensidad y dulzura la presencia amorosa, comprensiva y confortadora de Dios. Y es en esos momentos cuando el devoto avanza espiritualmente a grandes pasos y permite que esas dificultades le conduzcan hacia Dios. Jamás olvides esta verdad; nunca temas ninguna prueba: afróntalas con valor, fe y devoción. Ésta es la forma de superar los tiempos difíciles.

Así pues, si te encuentras crucificado por las circunstancias adversas, si por ignorancia eres mal comprendido, si te enfrentas a una tarea sobrehumana, si te abruma la tentación, recuerda que todas estas situaciones no tienen el propósito de destruirte, sino únicamente de liberarte de tu ignorancia espiritual. Por eso, el devoto debe orar siempre por conseguir la actitud correcta, a fin de poder mantener en todo momento su atención en Dios como el objetivo de su vida. De esta forma, las pruebas de la vida no nos amargarán, ni nos hundirán en la desesperación, ni nos incitarán a tomar represalias. El corazón y la mente se volverán constantemente al Ser Único: «Mi Amado, mi Amado, mi Amado. Tú eres el Único que me comprende. Manifiéstate a mí».

La comprensión y empatía hacia todos nuestros semejantes

¿Qué derecho tenemos a esperar que el mundo nos comprenda, si nosotros mismos no lo entendemos? ¿Qué derecho tenemos a esperar que una persona nos entienda, cuando no podemos decir verdaderamente

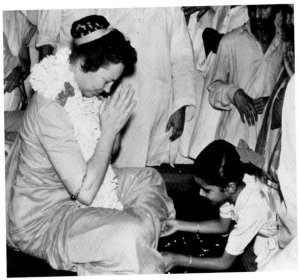

Calcuta (India), julio de 1961. Mataji saluda a una niña según la antigua usanza india de hacer un *pranam*, que significa: «Mi alma se inclina ante tu alma».

Recepción que le ofrecieron los miembros de
Yogoda Satsanga Society, Delhi (India), noviembre de 1972.

«Cualquiera que sea nuestra fe o nacionalidad, todos somos hermanos y tenemos un Padre en común. Piensa en los demás en estos términos: "Todos son parte de mí; todos son parte de Dios. Mi Dios se manifiesta en cada uno de ellos. Les serviré de la mejor forma posible"».

Paramahansa Yogananda sentado entre dos discípulos que más tarde serían sus sucesores espirituales: Rajarsi Janakananda y Sri Daya Mata; ermita de *Self-Realization Fellowship* en Encinitas (California), 1939.

Mataji habla en el Santuario del Lago de *Self-Realization Fellowship*, julio de 1965.

que comprendemos a los demás? Solamente entenderemos el mundo y a los demás cuando nos comprendamos a nosotros mismos; mas no es el cuerpo ni la mente lo que debemos comprender, sino la conciencia que mora en nuestro interior. Una vez que nos percibamos como almas, podremos dominar y guiar el cuerpo, controlar los sentidos, los estados de ánimo, las emociones y la inquietud mental. En ese estado, logramos comprender a todos nuestros semejantes y nos identificamos con ellos.

A medida que volvamos a despertar espiritualmente y procuremos expresar la divinidad que encierra nuestro ser, contemplaremos la divinidad que existe en el prójimo. Analízalo de esta forma: cuando nos encontramos sumamente felices y sentimos amor en nuestro corazón, podemos tomar con calma las burlas o las palabras hirientes de los demás, pues ya no somos susceptibles a ellas y no nos afectan. Cuando experimentamos la felicidad en el interior de nuestro verdadero Ser, *comprendemos* por qué los demás se comportan de determinada manera y estamos dispuestos a demostrar nuestra comprensión y compasión. Pero cuando nos sentimos enfadados, quisquillosos u ofendidos, se apodera de nosotros una actitud de hostilidad y resentimiento que nos vuelve extremadamente proclives a desmoronarnos ante cualquier palabra inadecuada que alguien nos dirija. Al sentir la armonía en nuestro interior, nos comportamos apropiadamente con el resto del mundo; la forma de conseguir esto es volver nuestros pasos hacia Dios.

Practica la humildad y el espíritu de renuncia; estas dos cualidades son absolutamente esenciales. Lo que se expresa en los votos religiosos es el propósito de realizar el esfuerzo para renunciar al egoísmo. La simplicidad (o pobreza) enseña la renuncia al deseo de posesiones materiales; la castidad, la renuncia a los apegos corporales; la obediencia y la lealtad, la renuncia a la obstinación egoísta. Tanto el devoto laico con responsabilidades familiares como el renunciante pueden cumplir con estos votos si llevan a cabo todos sus actos con desapego. Con el tiempo, la práctica de esos principios libera al alma, es decir, nos libera de los apegos mentales y materiales que han esclavizado al cuerpo y nos han mantenido separados de Dios.

Las enseñanzas de Gurudeva nos conducen a la esencia misma de la Verdad: Dios. No necesitamos internarnos en las selvas de los dogmas y de las teorías. Él nos ha proporcionado la quintaesencia de la Religión Eterna: el camino hacia la comunión directa con Dios.

Cómo armonizar la vida espiritual con los logros externos

Tomado de una charla dada a los residentes monásticos en la Sede Internacional de Self-Realization Fellowship, Los Ángeles (California)

Gurudeva [Paramahansa Yogananda] solía decirnos que debíamos tratar de que la meditación de cada día fuera más profunda que la del día anterior. Si realizas un sincero esfuerzo por meditar más intensamente, por llamar a la Madre Divina con toda el ansia, todo el vehemente anhelo y toda la sed de tu alma, sabrás con seguridad que estás progresando en el sendero espiritual.

La vida es fugaz; es como una burbuja que un día estalla mientras la arrastra una impetuosa cascada. Y a pesar de que la minúscula burbuja se rompa, no se pierde; sólo cambia de apariencia. De igual manera, nuestra vida tampoco se pierde, pese a que un día deberá abandonar su peculiar forma carnal. Al meditar, es provechoso reflexionar sobre la inseguridad de este envoltorio mortal, de manera que podamos darnos cuenta de la naturaleza ilusoria de nuestras experiencias terrenales. Dios es la única Realidad; todo lo demás forma parte de su sueño cósmico. Medita en esa Realidad, toma plena conciencia de la necesidad de identificarte con esa Realidad, para que puedas comprender que no eres un ser perecedero, sino una parte inmortal del Amado Divino.

[Después de un período de meditación, Daya Mataji reanuda su charla].

He entrado en un profundo estado de quietud o paz. Como Guruji solía decirnos, la paz es la primera demostración de la presencia de Dios. Cuando estábamos con el Maestro, él nos enseñaba a esforzarnos para lograr ese estado de tranquilidad interior, mediante la práctica —con una atención siempre creciente— de las técnicas de meditación de *Self-Realization Fellowship*. Con frecuencia, ilustraba la importancia de este punto con el siguiente ejemplo: si después de ordeñar una vaca y llenar con leche una cubeta, acarreamos ésta con descuido y derramamos su contenido en el camino a casa, encontraremos que no tuvo sentido obtener esa leche porque la hemos desperdiciado. Lo mismo es válido para la meditación: una vez que hayamos conseguido la tranquilidad interior, es importante llevar esa cubeta de paz con mucho cuidado y atención a lo largo del día, y beber copiosamente de ella, para que podamos beneficiarnos de los logros obtenidos en la meditación.

Dios nos colocó en la Tierra, en medio de interminables pruebas, desengaños y preocupaciones, acompañados de muy pocas alegrías y con placeres de muy breve duración. Así es el mundo ilusorio que Él ha creado. Pero también nos proporcionó una vía de escape, una forma de recordar que somos reflejos individualizados de su Ser: esa salida se encuentra en la quietud que todos albergamos en nuestro interior, pero cuya existencia conocen muy pocas personas.

Todas las escrituras sagradas han enseñado al ser humano la importancia de la meditación, la oración o la comunión con Dios, pero sólo unos pocos buscadores han dedicado el tiempo y el esfuerzo necesarios para experimentarlas. El Maestro solía decirnos que el sendero divino de *Self-Realization Fellowship* puede llevar al devoto tan lejos como éste desee. La palabra clave que encierra el secreto del éxito es *deseo*, que tiene el mismo significado que *anhelo*. En la misma medida en que ambiciones a Dios, Él te responderá. La cuestión fundamental es cultivar constantemente esas ansias. Cada buscador, al dar su primer paso en el camino espiritual, sintió un anhelo, un deseo vehemente de conocer a Dios y de experimentar el gozo y el amor divino. Depende de ti alimentar esa aspiración ardiente, y no permitir que se marchite ni se desvanezca.

Adoptemos lo mejor de cada cultura

Guruji nos enseñó que, en cierto grado, cada persona y cada nación están desequilibradas. Dios es, a la vez, energía activa y quietud trascendental; el hombre, que fue hecho a su imagen y semejanza, debe asimismo expresar tanto la actividad constructiva como el estado inactivo de absorción en el Espíritu. El problema consiste en equilibrar ambos estados. De los diferentes temperamentos expresados por las diversas nacionalidades, debemos adoptar las mejores cualidades y, al mezclarlas apropiadamente, crear una única hermandad entre todos los hijos de Dios que pueblan las naciones del mundo.

Cuando nos centramos en las buenas cualidades con que cuenta cada país, nos liberamos de las limitaciones impuestas por la nacionalidad y nos damos cuenta de que somos hijos universales de Dios. Sólo se puede alcanzar este logro de forma individual; estamos en este mundo para esforzarnos por establecer ese equilibrio en nuestras vidas, y el problema que nos incumbe a todos es cómo lograrlo.

La misión de Guruji fue universal. La India le vio crecer, pero él perteneció a todo el mundo. Cuando el Maestro llegó a Occidente, su gurú, Swami Sri Yukteswar, le dijo: «Babaji te envía a Occidente; tienes ahora todas las puertas abiertas. Adopta lo mejor de Occidente y aférrate sólo a lo mejor de la India». Sri Yukteswarji quiso decir que el ideal consiste en elevarse por encima de todas las limitaciones inherentes a la nacionalidad y adherirse a esas divinas virtudes que Dios ha infundido a todos sus hijos en el mundo entero. Sólo aquello que pertenece al Señor es real.

Cuando fallezcamos, no distinguiremos si fuimos hindúes o estadounidenses; sólo sabremos que somos almas, eternos reflejos de Dios. Ésta es la verdad que Dios trata de implantar decididamente en el mundo... ¡y está haciendo todo lo posible por lograrlo! Y nosotros, los que vivimos en los *ashrams* de Guruji en Estados Unidos y en la India, sostenemos este principio: no somos estadounidenses ni indios, sino hijos de Dios. El mensaje de Guruji se está difundiendo en todos los continentes para despertar ese amor, esa conciencia de una sola nacionalidad: Dios.

El Maestro vino a Occidente para ayudar a sus habitantes a darse cuenta de la importancia de equilibrar sus actividades con la quietud interior; por otro lado, su mensaje para la India y Oriente consiste en hacer que comprendan la trascendencia de complementar la vida espiritual con mayores logros materiales. Todos debemos aprender a combinar en nuestras vidas la actividad (el servicio constructivo) y la inactividad (la calma interior y la comunión con Dios). Alcanzamos este equilibrio gracias a los períodos de meditación diaria, en los cuales obtenemos la «leche» de la paz en el templo del silencio y la «leche» de la percepción de Dios en el templo de la meditación. Insensato es el devoto que al llevar a cabo sus obligaciones durante el día desperdicia la «leche» de la percepción espiritual que ha logrado.

Percibe a Dios mientras llevas a cabo tus actividades

El Maestro nos enseñó a vivir más en nuestro interior, a morar en mayor medida en el pensamiento de Dios, a practicar la presencia de Dios todo el tiempo. En ningún momento debemos dejar de conversar silenciosamente con Dios; no existe excusa que pueda justificar esta omisión. No hay medio ambiente ni actividad alguna que puedan mantenernos alejados de Dios. Si no percibimos su Divina Presencia, no debemos echarle la culpa a nada o a nadie más que a nosotros mismos. Cuando olvidamos a Dios y culpamos de eso a nuestras actividades, no estamos afrontando la verdad. El error reside en nuestras excusas.

A lo largo del día, disponemos de infinidad de ocasiones para interiorizar nuestra mente, aunque no sea más que por un instante, y conversar con Dios. Llevar a cabo las actividades del Señor se convierte así en una experiencia verdaderamente gozosa.

Existe en la India una ciencia denominada *Karma Yoga*, basada en el sendero de la acción correcta, que consiste en emprender toda actividad en la vida por amor a Dios. Cuando una madre ama a su hijo, o el hijo ama a sus padres, o un esposo ama a su esposa, cualquier acción que se realice por el ser amado se lleva a cabo con un inmenso gozo. ¿Cómo podemos atrevernos a no encontrar ese mismo gozo cuando servimos a nuestro Amado Divino, nuestra Madre Divina o nuestro divino Gurú, o cuando hacemos algo por ellos? Amada alma, ésa es la actitud que hace falta y, por consiguiente, debemos cultivarla para que, cuando estemos en plena actividad, el hecho de recoger una brizna de paja del suelo de la cocina aporte un gozo tan grande como los momentos dedicados a la meditación[1] —tal como he podido comprobar en mi propia vida y en la de muchas otras personas que son devotas amantes de Dios.

Dios desea que logremos desempeñar todas nuestras actividades con el pensamiento puesto en Él, de forma tal que no exista diferencia entre las horas que dedicamos a las labores materiales y las horas que dedicamos a esa labor espiritual que denominamos meditación. Ambas actividades se transforman en una sola.

Recuerdo una ocasión en que Guruji estaba de pie en el corredor que conduce al piso superior y me daba un gran número de instrucciones respecto de lo que deseaba que yo hiciera. Luego, para concluir, dijo:

—Y no olvides meditar.

—Maestro, pero ¿cómo puedo lograrlo? —repliqué—. ¿Cómo puedo mantener la mente en Dios?

Yo esperaba que una corriente de profunda y milagrosa sabiduría fluyera de sus labios, pero todo lo que me respondió fue:

—Sí, comprendo. Yo también le preguntaba eso a mi Maestro, y él me contestaba lo mismo que ahora te voy a decir: debes perseverar; persiste en tus ansias de conocer a Dios, persiste en tu anhelo.

En cierta oportunidad, Guruji comentó: «Cuando vine por primera vez a Estados Unidos, día y noche

---

[1] Este comentario alude a la vida del Hermano Lorenzo, un místico cristiano del siglo diecisiete y hermano laico del monasterio de los Carmelitas de París, que es autor de un libro clásico sobre la vida espiritual titulado *La práctica de la presencia de Dios*. Véase también la página 358.

permanecía ocupado con interminables actividades. Un día, en mi meditación, oré de la siguiente forma: "Señor, me mantienes tan ocupado llevando a cabo tu misión en este país que no he tenido tiempo para meditar, aun cuando siempre siento el anhelo de hacerlo"».

Dios le respondió: «Cuando no meditas, ¿no es verdad que me extrañas y deseas meditar? Cuando meditaste, pensabas en Mí, y cuando no meditaste, me extrañabas. Por lo tanto, estabas siempre pensando en Mí».

El Maestro dijo que entonces descendió sobre su conciencia una gran paz, una inmensa sensación de alivio. Su respuesta a Dios fue: «Es verdad; si bien no he podido meditar tanto como deseaba, dicho anhelo permanece en mí y, por ese motivo, mi mente ha estado contigo de todas formas».

El camino hacia el equilibrio interior

«Ahora bien —nos advirtió el Maestro—, no utilicen esta anécdota como excusa para dejar de meditar». ¿Te das cuenta de este defecto de la naturaleza humana?: constantemente alega excusas, constantemente trata de presentar razones que expliquen nuestra conducta; en esa actitud reside el engaño. Pero el Maestro nos enseñó a analizarnos críticamente, lo cual no significa que debamos sumirnos en el abatimiento, sino comenzar a conocernos verdaderamente. Si practicas el autoanálisis, te volverás más sincero con respecto a ti mismo y no tratarás de excusar tus defectos, ante Dios o el Gurú, echándole la culpa a las circunstancias externas o a cualquier otra persona que no seas tú.

«Conócete a ti mismo» significa exactamente eso. Comienza a verte como los demás te ven, y como Dios y el Gurú te ven; no como te gusta pensar que eres.

Si contemplas tu vida, observarás las incontables

ocasiones que pudiste haber aprovechado pensando en Dios, practicando su presencia, aun en medio de tus obligaciones o en momentos de esparcimiento.

Se necesita autodisciplina para cultivar la paz y la felicidad, y para conocer a Dios. La autodisciplina es lo que falta en la vida del hombre común. Esta cualidad resulta absolutamente esencial para el devoto, puesto que le ayuda a vencer su pequeño «yo», de manera que la copa de su vida, vaciada ya de ego, pueda colmarse totalmente con las aguas de la sabiduría, el amor, la verdad y la dicha de Dios.

Reserva un día, una vez a la semana, para practicar con intensa concentración la presencia de Dios, de modo que puedas llenarte de su divina conciencia y permanecer en esa quietud interior que se presenta como fruto de las numerosas horas de meditación. De la misma forma en que el Maestro nos exhortó a dedicar un día a la semana para observar un período más prolongado de meditación, yo te animo a hacer lo mismo. Mediante esta práctica, lograrás mayor fortaleza y comenzarás a ser más consciente de esa bendita y gozosa Presencia en tu interior. Encontrarás renovada energía y entusiasmo con los cuales llevar a cabo todos los deberes que Dios te ha encomendado.

Éste es el camino hacia el equilibrio, amada alma; mis palabras se basan en muchos años de experiencia. Ninguno de los presentes tiene responsabilidades mayores que las mías; no obstante, yo las cumplo mientras practico la presencia de Dios. Todos pueden hacer lo mismo.

Lo que el mundo necesita es comulgar con Dios

El mundo trata de convertirte en un esclavo de los sentidos. Cuando permitimos que el mundo se apropie de nuestra conciencia, tal vez obtengamos algún placer temporal de las experiencias sensoriales, pero también recibiremos todo aquello que forma parte de la conciencia mundana: susceptibilidad, celos, ira y negación. No es posible tirar de la cola del gato sin arrastrar hacia tu mano al gato entero; y lo mismo ocurre con la vida mundana: hace descender la mente hacia esas actividades que nos sumen en el descontento y la infelicidad. La meditación dirige el reflector de los sentidos en dirección opuesta y concentra la luz de la atención en Dios, de modo que nos eleva espiritualmente y nos llena de amor sublime, paz y gozo. La meditación nos transporta más allá de la percepción del cuerpo hacia una expansión de la conciencia. Comenzamos así a comprender que no somos estos diminutos seres humanos de carne y hueso, egocéntricos y faltos de generosidad, sino que nos reconocemos como divinos hijos de Dios, descendientes de la Madre Divina, cuya imagen llevamos en nuestro interior. No permitamos jamás que esa imagen se desfigure a causa de la estrechez mental, la mezquindad, el odio, los celos o el desagradable chismorreo.

Gracias a que la actitud de todos los residentes monásticos es tan sincera, reina una armonía espiritual muy especial en nuestros *ashrams*, que todo el mundo percibe cuando los visita. Las vibraciones divinas de nuestro bendito Gurú y de sus ideales impregnan sus *ashrams*; y todos contribuyen a ese estado mediante el empeño persistente en la meditación y mediante el esfuerzo por expandirse más allá del «yo, yo, yo», de manera que cada cual incluya siempre a los demás al pensar en el servicio, la gentileza, el amor y la buena voluntad.

El mundo necesita este tipo de almas y se engrandece gracias a ellas. Guruji nos decía con frecuencia que, independientemente de lo que pasara en el mundo o de las penurias que hubiera que atravesar, deberíamos mantener nuestra mente fija en Dios. Si deseas conocer a Dios, la mente debe permanecer centrada en Él en todo momento. Persevera en tu esfuerzo para lograrlo, y comprobarás que alcanzas el éxito. Debes alimentar ese deseo, ese anhelo, con la meditación; nútrelo con la práctica de la presencia de Dios; aliméntalo susurrándole constantemente al Señor: «Te amo, te amo». Incluso en los momentos en los que predomine la aridez en tu corazón, continúa tratando de sentir amor hacia Él. Esta actitud debe convertirse en tu estilo de vida, no sólo por unos minutos o unas horas al día, ni tan siquiera por unos años, sino durante todos y cada uno de los instantes del resto de tus días. Comprobarás entonces que al final del camino el Divino Amado está esperándote.

Cada día de tu vida puede ser un día de gozo, alegría, valor, fortaleza y amor, si incesantemente te comunicas con Dios en el lenguaje de tu corazón.

Karma Yoga: el equilibrio entre la actividad y la meditación

Sede Internacional de Self-Realization Fellowship,
Los Ángeles (California)

La práctica de los principios del *Karma Yoga* aporta equilibrio a nuestras vidas. No hay manera de encontrar la paz mental mientras llevas a cabo tus deberes a menos que los ejecutes como un *karma yogui*, lo cual implica dejar los frutos de tus acciones en manos de Dios.

Gurudeva Paramahansa Yogananda solía decir: «Piensa siempre que todo lo que haces es para Dios». En esta exhortación, «pensar» denota que realmente crees que tus acciones son para Dios. Cada acto debe dedicarse al Señor. Gracias al entrenamiento espiritual que Guruji impartía, esa actitud permanece aún conmigo, lo cual no significa que resulte sencillo mantenerla en todo momento. Pero siento, en verdad, que procuro complacerle en cada una de mis acciones. Éste es el comportamiento apropiado.

Dios vela por ti

Cuando surge algún problema, la mayoría de las personas le echa la culpa a los demás. El trabajador descontento piensa: «El jefe está tratando de acabar conmigo; por eso me encomienda las tareas más pesadas». O bien: «Le desagrado; por eso me sobrecarga de trabajo». No mires la vida de esa forma. Es mucho más saludable afrontar nuestros problemas si pensamos que llegan a nosotros aportando algún beneficio intrínseco o, al menos, una experiencia aleccionadora: ¿Cómo he de comportarme? ¿Qué se espera que haga en esta situación? ¿Cuál debería ser mi actitud en tales circunstancias?

Si realmente crees que existe un Poder Divino en este mundo, confía entonces en que ese mismo Poder tiene la capacidad de dirigir tu vida. Sin importar lo que me suceda, estoy plenamente convencida de que nadie puede hacerme nada —o que ninguna circunstancia puede afectar mi vida— si Dios no lo permite primero, pues Él se halla a cargo de mi existencia.

Debemos tener una fe ciega en que el Señor cuida de todo. Yo considero la vida así: Dios me trajo a este mundo, y nadie, salvo Dios, me sacará de aquí. Él ha estado velando por mí permanentemente, desde el mismo instante en que me creó.

Una vez que esta manera de pensar se establezca en tu mente, será mucho más sencillo creer que, a cada momento —«al comer, al trabajar, al soñar, al dormir, al servir, al meditar, al cantar o al amar divinamente»[1]—, Dios es el Único Ser con quien tú tienes que ver. Ése es el pensamiento que el devoto debe hacer prevalecer en su conciencia. Dicho de otro modo: comienza a cultivar una relación más directa entre tú y Dios.

«Piensa siempre que todo lo que haces es para Dios». Yo he practicado este consejo; y estoy segura de que, durante el resto de mis días, se me presentarán más oportunidades de demostrar su verdad, porque nadie puede decir, hasta que su vida se extinga, que se

---

[1] Daya Mata cita aquí parte del poema «¡Dios! ¡Dios! ¡Dios!», contenido en el libro *Songs of the Soul*, de Paramahansa Yogananda. (*Nota del editor*).

ha elevado por encima de todos los desafíos. Pero la manera de lograrlo reside en aceptar que Dios envía todo lo que se te presenta en la vida y que, sea lo que sea —aunque parezca imposible—, debes afrontarlo. Es importante no tratar de huir de ninguna prueba o desafío, porque mediante esa experiencia Dios está ofreciéndote una oportunidad para elevar tu estatura espiritual.

La unión con Dios a través de la actividad desprovista de egoísmo

En los últimos años de su vida, el Maestro me indicó: «Ahora debes convertirte en *karma yogui*». Yo estaba terriblemente disgustada; ¡jamás me había atraído esa idea! El *Karma Yoga* era el último camino que habría yo seguido[2]. Pero dado que el Maestro así me lo había pedido, y yo confiaba plenamente en él, lo acepté. Y me dispuse a aprender acerca de ese sendero, tanto como pude.

Expresado en las palabras de Guruji: «El camino del *Karma Yoga* es el que une al alma con Dios mediante la actividad desprovista de egoísmo». Ahora bien: ¿acaso no nos indican estas palabras cómo deberíamos equilibrar nuestras vidas?

El Maestro afirmó: «Cuando realizas actividades para ti mismo, tu conciencia permanece unida a tu limitado ego. Pero cuando trabajas para Dios, te identificas con Él. Sólo si dedicamos todos los frutos de nuestras acciones a Dios, puede lograrse la perfección me-

---

[2] Quienes hayan leído el libro *Only Love*, escrito por Daya Mataji, habrán comprendido que el deseo de toda su vida era el de conocer a Dios en su aspecto de amor: la percepción primordial del *bhakti yogui*. Bajo la guía de su Gurú, ella supo que se puede alcanzar a Dios a través de cada una de las disciplinas del Yoga: el amor, el servicio (la actividad correcta), el discernimiento y la meditación. *(Nota del editor).*

diante el *Karma Yoga*». Lleva a cabo tus actividades lo mejor que puedas, sin preocuparte demasiado de los resultados. Déjalos en las manos de Dios. Si te esfuerzas al máximo por actuar correctamente, los frutos de tus acciones están destinados a ser satisfactorios.

¿Qué significa llevar a cabo todas nuestras acciones sin buscar ni desear sus resultados? Ilustraré este punto con un ejemplo: imaginemos a un hombre ambicioso que siembra la semilla de una flor y la cuida amorosamente. Después de muchos meses de atentos cuidados, en el momento exacto en que la planta comienza a florecer, los insectos la destruyen. El hombre se disgusta o se desalienta, y hasta puede dejar de ocuparse de su jardín. En cambio, el hombre espiritual cuidará su planta con más amor y dedicación que el hombre posesivo; pero si los insectos la destruyen, dirá: «Señor, yo la cultivé para Ti; voy a sembrar otra». No se perturba; su actitud es la de intentarlo una y otra vez, cuantas veces sea necesario. ¿Por qué? Porque no emprende el trabajo para su propia satisfacción y porque encuentra gozo en hacerlo para Dios. De este modo, no importa cuántas plantas mueran, él continuará sembrando y cuidando otras nuevas.

«Hay una cuestión que es importante recordar —decía el Maestro—: ¿Por qué las personas habrían de pensar que tienen derecho a las cosas de este mundo? Ni siquiera saben por qué están aquí, de qué forma llegaron a la Tierra, ni cuándo van a abandonarla». Tampoco sabemos a dónde iremos cuando nos marchemos de aquí. Dependemos por completo de Dios. Entonces, ¿por qué esperar hasta el fin de la vida para darnos cuenta de ello? Comienza a pensar en Él y a buscarle ahora mismo.

Supongamos que les pido a los que están aquí reunidos que barran mañana los jardines que rodean este edificio. A la mitad les parecerá tediosa la idea de barrer, barrer y barrer. Pero cuando el Maestro nos solicitaba hacer esos quehaceres, nos enseñaba a pensar en el Poder que nos permite movernos. Si éste nos fuera arrebatado, seríamos incapaces de utilizar nuestras manos o pies, o incluso pensar. Puesto que dependemos de Dios por completo, el Maestro nos enseñó a llevar a cabo todas las tareas inmersos en esta conciencia: «Mis manos y pies, mis pensamientos y palabras, fueron creados para servirte». Él inculcó esa actitud en nosotros. Procura ponerla en práctica cuando desempeñes tus labores. No converses innecesariamente; practica, en cambio, la presencia de Dios mientras llevas a cabo tus deberes —es una experiencia maravillosa.

El Maestro solía decir: «Ofrécele todo a Dios. Entrégale, incluso, la responsabilidad de tus acciones». Sin embargo, esto no significa que puedas cometer una torpeza y, luego, afirmar: «Pues bien, ¡Dios es el responsable!». Ésta es una interpretación errónea del consejo del Maestro. Dios nos dotó de sentido común y desea que lo utilicemos, de forma tal que toda acción que emprendamos se base en la razón y el discernimiento.

«Él desea que le hagas responsable, porque Él es el verdadero Hacedor de todo. Has intentado despojarle tanto de los frutos de tus acciones como de la responsabilidad de su ejecución». Por este motivo, cuando pregunté al Maestro cómo llevar adelante la inmensa cantidad de obligaciones que me asignaba, me respondió con dos máximas; y no ha pasado un solo día sin que yo las recuerde y trate de comprender más profundamente su significado.

La primera fue: «Señor, Tú eres el Hacedor, no yo». Cuando vivimos en esta convicción, sentimos que nues-

tras cargas —por ejemplo, administrar esta organización— son más ligeras. Nos damos cuenta de que, simplemente, estamos desempeñando el papel que nos corresponde en la obra del Señor.

La segunda máxima fue: «Señor, hágase tu voluntad, no la mía». Siempre le digo: «Lo que yo deseo no
es importante. ¿Qué deseas *Tú*? Y si en algún momento sigo mis propias ambiciones, Señor, no lo permitas;
hazme desistir de ello. Sólo quiero hacer tu voluntad».
No te apegues tanto a tus propias ideas y anhelos que
pretendas obligar a Dios a pedirte que hagas lo que *tú*
quieres hacer. Existe un peligro espiritual en este tipo
de actitud.

Guruji añadió: «Repites "yo, yo, yo", mañana, tarde y noche, pero ¿quién eres tú? ¿No sabes que sólo
existe Dios? No eres otra cosa que su expresión». Me
parece que éste es un bello pensamiento. Sólo Dios existe, y todos nosotros somos únicamente su manifestación. Seamos expresiones sinceras, auténticas, veraces y
humildes. Seamos expresiones de Dios dulces, fragan-
tes, comprensivas, voluntariosas, devotas, dedicadas,
inteligentes y serviciales. Estas cualidades lo abarcan
todo; y constituyen un gran ideal, ¿verdad?

Libérate de la sensación de agobio

«Adopta una actitud neutral con respecto a la vida
—continuó el Maestro—. En lugar de generar más deseos y enredarte en este sueño cósmico, simplemente
di: "Señor, Tú me pusiste en este cuerpo. Eres Tú quien
sueña mi existencia. Todo lo que poseo y lo que soy te
pertenece"». Éste es otro pensamiento hermoso. Cuando las circunstancias se tornen incontrolables, piensa
sencillamente: «Bien, Señor, Tú me confiaste esta responsabilidad. La cumpliré de la mejor manera posible,

pero debes guiarme. Y mientras desempeñe estas actividades, Señor, no permitas que me olvide de Ti. Haz que me aferre a Ti». Cuantas más dificultades experimentemos, más deberíamos apegarnos a Dios. No permitas que los problemas te separen de Dios, como les ocurre a tantas personas. Toma con fuerza su mano. Olvida todo lo demás y aférrate a Él.

Guruji siguió diciendo: «Qué maravilloso es vivir de esa forma y pensar: "Señor, vivo sólo para Ti; y trabajo sólo para Ti"». Con esta actitud, la carga de tus responsabilidades se aligera, y ya no sientes que el mundo entero descansa sobre tus hombros. Sabes que está sobre los hombros del Señor, y que tú sólo haces lo posible por ayudarle.

Si el Señor lo deseara, nos podría reemplazar a todos nosotros por personas mucho mejores y más capacitadas. Con frecuencia pienso que, si considera que cualquiera de nosotros no desempeña bien sus labores, Él tiene el poder de reemplazarnos por alguien mucho más eficiente y dotado de mayor talento; sin embargo, el Señor nos ha concedido esta bendita oportunidad de crecer espiritualmente mediante el cumplimiento de las responsabilidades y deberes que Él nos asigna. Somos nosotros quienes deberíamos estar agradecidos y tendríamos que expresar a Dios nuestra gratitud por permitirnos trabajar para Él.

En cierta ocasión, cuando sentía yo la presión de tantas responsabilidades, el Maestro se dirigió a mí con estas palabras: «Jamás le des a la Madre Divina la impresión de que estás haciéndole un favor». Esa afirmación me causó un profundo efecto, y jamás la he olvidado. A veces, el error reside en nuestra actitud: «¡Trabajo tanto para Ti! Estoy tan ocupado que no dispongo de tiempo ¡ni para pronunciar una palabra!». En cambio, a diario digo: «Señor, te doy gracias. No importa cuáles sean mis dolores o mis problemas, te doy gracias».

No quiero quedar atrapada en la ignorancia espiritual, sino que deseo salir de ella. Anhelo ser libre. Cuando logramos vislumbrar aunque sea un poco de libertad y gozo divinos, no podemos sino desear más. Esto no significa que debas abandonar este mundo, sino liberarte del engaño que te limita a tu pequeña jaula de carne y hueso, y a tus pensamientos estrechos y banales. Prefiero tener pensamientos vastos y excelsos. El Maestro afirmó: «Si al menos una vez pudieras probar el sabor de la libertad divina, tu corazón y tu mente se deslizarían velozmente hacia el Infinito y desearías experimentar ese gozo y esa dicha en todo momento». Ésta es una gran verdad.

Cuanto más medites y te aferres a la conciencia de Dios, menos importancia darás a las circunstancias externas. Las dificultades existirán siempre. Es tan difícil acabar con ellas como tratar de mantener estirada la cola de un cerdo (como suele decirse en la India), pues ésta siempre volverá a enroscarse. Apenas resuelves un problema, otro asoma su fea cabeza; te libras de ése, e inmediatamente aparece otro al que también deberás enfrentarte. Este proceso forma parte de la vida y no podemos evitarlo. Es preciso que aprendamos a hacer lo que el Maestro solía señalar: «Cuando no me gusta este mundo, me introduzco en el otro». Muy a menudo pienso en sus palabras. Cuando este mundo te agote —y eso nos ocurre a todos de vez en cuando—, no tienes más que retirar la mente de él. No necesitas abandonar tus deberes: puedes apartarte mentalmente de ellos por un breve lapso, recargarte y volver luego a desempeñarlos.

No tiene importancia cuáles sean nuestros problemas; podemos vencerlos y aprender la lección de cada experiencia. Por lo tanto, no nos dejemos invadir nunca por el abatimiento o el desaliento. Admito que, por momentos, desees «tirar la toalla». Pero recóbrate siempre y afirma: «No importa. Cuando el Señor decida que yo pueda tener un respiro, Él me lo concederá».

«Todo lo que hago —comentaba Guruji— lo hago sólo por Dios. Si sigues este principio, jamás serás presa del karma, y, de este modo, te convertirás en un verdadero *karma yogui*».

Todos preferiríamos encontrar un remedio sencillo que pudiera equilibrar nuestras vidas, como por ejemplo: «Toma dos cucharaditas de esto y una cucharada de aquello, y todo mejorará». Pero la vida no funciona así. Cada persona tiene que descubrir en su propia conciencia el modo de lograr un equilibrio perfecto entre el trabajo y la meditación.

La importancia de la meditación

Los devotos que prescinden de la meditación perderán gradualmente el deseo de llegar a Dios. Ésta es la razón por la que te recuerdo insistentemente que no puedes encontrarle sin la meditación; y sin ella, no podrás hallar la felicidad en el sendero espiritual. El servicio, por sí solo, no es suficiente.

Toma la determinación de reservar un espacio de tiempo específico para la práctica de la meditación. Te darás cuenta de que así es mucho más fácil mantener un equilibrio en tu vida. Si meditas y haces extensiva a todas tus actividades la paz que surge de la meditación, finalmente llegarás a un estado en el cual experimentarás durante todo el día una continua comunión con Dios. Tanto en la meditación como en tus labores, tu percepción divina fluirá ininterrumpidamente. Pero no llegarás a ese estado a menos que, además de prestar servicio, medites profundamente y sin dejar que la mente se distraiga o el sueño se apodere de ti.

Si alguien tiene el problema de quedarse dormido al meditar, no debe permitir que esa tendencia continúe; porque una vez que se adueñe de él y se convierta en hábito, bien puede decir: «¡Hasta nunca, Dios!». Dicho hábito puede arraigarse tan profundamente en la conciencia que resultará difícil de vencer. Es preciso tomar la firme decisión de corregir esa debilidad desde el principio. Y para que tal resolución se lleve a cabo con éxito, se necesita fuerza de voluntad y determinación.

Es muy beneficioso hacer ejercicio antes de meditar, para llenar los pulmones de aire puro y, en consecuencia, vitalizar todo el organismo con oxígeno. Y cuando medites, hazlo profundamente. Si no te es posible, es evidente que tu atención no está aún lo bastante concentrada y fija en tu práctica de las técnicas de meditación. Si te sorprendes cabeceando, corrige tu postura y haz que tu mente vuelva a la práctica de la ancestral técnica de concentración enseñada por Guruji.

Hoy en día, cuando practico esta técnica, casi de inmediato mi mente y respiración se calman. Me es difícil expresar cuánto valoro esa técnica. Cuando se tienen múltiples responsabilidades, el sólo hecho de recoger la mente y descansar brevemente en esa paz interior ayuda a restablecer el equilibrio necesario. Por ese motivo, esta técnica es maravillosa: calma y relaja, ayuda a mantener el equilibrio y a evitar la tensión. Conforme continúes practicándola, los períodos de gran quietud se volverán más prolongados. Si el mundo entero practicara esta técnica, habría menos problemas.

Al comienzo, te será difícil establecer el hábito de

la meditación diaria. Pero no podrás llegar a ninguna parte en el terreno de la espiritualidad, si tus esfuerzos y tu práctica de las técnicas son irregulares. Por esa razón, Guruji solía decir que es importante que los devotos formen grupos de meditación. Muchos no meditan aún con profundidad porque carecen de una voluntad suficientemente poderosa: no pueden sentarse inmóviles durante un período lo bastante largo para obtener resultados. Se requiere de tiempo para cultivar los hábitos adecuados de meditación, porque es posible que no hayas emprendido una actividad semejante en toda tu vida. La meditación colectiva fortalece a cada uno de los que participan en ella. Cristo dijo: «Porque donde están dos o tres reunidos en mi nombre, allí estoy yo en medio de ellos»[3]. El gurú de Paramahansaji, Swami Sri Yukteswarji, al recalcar el mismo principio, le dio el siguiente consejo: «Rodéate de "guardaespaldas" espirituales». No sabes cuánta ayuda mutua se recibe cuando se medita en compañía de otros devotos. La vibración que se genera respalda y alienta a todos y cada uno de los participantes.

Trabaja con gozo y entusiasmo creativo

Practica la presencia de Dios. Recuerdo haber entrado muchas veces en las habitaciones del Maestro, agitada o consternada por algún motivo, y él me detenía diciéndome: «¿Por qué no mantienes la mente enfocada aquí?», mientras señalaba el *Kutastha* o centro crístico. Le oí con mucha frecuencia brindarnos este consejo; él nos enseñó a practicarlo permanentemente para que pudiéramos desarrollar el hábito de permitir que nuestra conciencia reposara en el centro crístico du-

---

[3] *San Mateo* 18:20.

rante los pequeños períodos de tiempo en que nuestra atención se encuentra libre. Gracias a ese entrenamiento me doy cuenta de que ahora mi mente está siempre enfocada ahí. El punto situado entre las cejas es el centro de la concentración, la voluntad y el pensamiento creativo.

Una de las exhortaciones de Guruji era: «Al iniciar tus labores, *piensa en Dios*». Ahora bien, eso no significa abrigar sólo un pensamiento superficial y efímero de Dios. Siéntate durante unos instantes, concéntrate y ora: «Señor, en este día, permíteme estar contigo. Quiero saber hasta qué punto puedo tenerte presente en mis pensamientos y en mi trabajo». Luego, sumérgete con gozo y entusiasmo en el desempeño de tus actividades, ya que las estás realizando para Él. Al mediodía, dedica unos instantes para pensar profundamente en Dios, y luego regresa a tu trabajo.

En ocasiones, pensamos en Dios de un modo demasiado superficial, y expresamos con escaso entusiasmo: «¡Oh Señor!, pienso en Ti. Bendíceme, pero ¡ahora debo marcharme!». En lugar de ello, ora con fervor: «Te amo, Dios. Sólo te quiero a Ti. Tengo todos estos deberes que cumplir, pero Tú sabes que no tienen sentido para mí, salvo por el hecho de que procuro hacer tu voluntad. No deseo otra cosa que no seas Tú. Sólo deseo complacerte. Si me pides que limpie pisos, lo haré con gusto. Estoy aquí para hacer lo que Tú me pidas. En esto reside mi gozo». Es posible desarrollar esta forma de pensar y encontrar regocijo en ella, sin que por ello tu mente se entorpezca. Por el contrario, te volverás extremadamente creativo, porque esta actitud llenará tus pensamientos con la energía y la sabiduría de Dios. De hecho, se trata del más creativo estado de conciencia. Intenta experimentarlo.

«Aprende a llevar una vida de mayor recogimiento interior»

Con frecuencia, el Maestro solía afirmar: «Aprende a llevar una vida de mayor recogimiento interior». Procura retirar la mente en tu interior, a fin de vivir pensando más en Dios y poder volver automáticamente tus pensamientos hacia Él cuando hayas concluido las actividades del día. Cuanto más recojas tu conciencia, tanto más comprobarás que esta conducta te abre las puertas a un nuevo mundo, mucho más interesante que el universo externo en que vivimos. Como solía decir Guruji: «Ahí es donde Dios y los ángeles residen».

Sin embargo, no podrás conocer ese mundo a menos que medites más profundamente. Viviremos en la superficie de la existencia, salvo que nos acerquemos más a Dios. Sólo entonces comprenderemos el significado de la vida y lo que somos. El Maestro decía: «La meditación de cada día debe ser más profunda que la del día anterior». Pregúntate si estás siguiendo este consejo. «Más profunda» significa que cuando medites tu mente se concentre más y anhele con mayor fervor experimentar el estado divino de unión con Dios. Éste es el estado natural de tu alma, tu verdadero ser.

La actitud correcta con respecto a nuestras actividades

Ashram de Self-Realization Fellowship en Encinitas (California)

Al reflexionar sobre el largo período de mi vida que he pasado en los *ashrams* de mi gurú, Paramahansa Yogananda, puedo apreciar que ha estado colmado de gran actividad desde el mismo día en que ingresé en Mount Washington, hace ya muchos años. Y puedo decir, en verdad, que el trabajo intenso ha sido increíblemente beneficioso para fortalecerme y para elevar mi conciencia en Dios. Por supuesto, también fue esencial la meditación; pero mi actitud ha sido siempre la que el Maestro nos inculcó: la meditación no sólo consiste en sentarse inmóvil, con los pensamientos concentrados en nuestro interior y enfocados en Dios. Debemos aprender a conducirnos y a entrenar la mente de forma tal que dediquemos todas las actividades a Dios, a fin de que podamos vivir siempre conscientes de su presencia. Al adoptar esta actitud, la realización de los deberes cotidianos se convierte en una forma de meditación.

He oído a muchas personas decir: «Medito diariamente durante horas», o bien, «He practicado cientos de *Kriyas*»[1], pero al mirarlas a los ojos no veo ni un ápice de crecimiento espiritual. Para ellas, la espiritualidad signi-

---

[1] Se hace referencia aquí a la práctica del *Kriya Yoga,* una antigua técnica para comulgar con Dios que fue transmitida al mundo moderno por la sucesión de Gurús de *Self-Realization Fellowship.*

fica sólo recogimiento y pasar el tiempo en el santuario del silencio. Una vez que han practicado sus *Kriyas*, ya no prestan atención a la forma en que se han de conducir después de meditar. Éste no fue el consejo del Maestro. Si se practica correctamente, *Kriya* nos permite lograr la quietud física y espiritual necesaria para comulgar con la Divinidad durante la meditación. Luego, en medio de la actividad, debemos hacer el esfuerzo de permanecer en ese estado de comunión, del cual podremos obtener guía e inspiración para moldear nuestro comportamiento y nuestras acciones. Buscar a Dios no consiste sólo en practicar técnicas de meditación: es un estilo de vida.

El trabajo intenso: una valiosa disciplina espiritual

El trabajo es una valiosa disciplina espiritual que purifica nuestra conciencia, ya que debemos desarrollar la actitud adecuada para llevar a cabo nuestras obligaciones correctamente. En ocasiones, los principiantes en el sendero espiritual piensan que no tienen que preocuparse demasiado por realizar bien sus tareas, pues se supone que los buscadores de Dios no deben apegarse a los objetos materiales. Francamente, ésta es una excusa que trata de justificar la pereza física y mental. Cuántas veces, a lo largo de los años, el Maestro nos repetía a los discípulos (todavía puedo oír su voz): «Hagas lo que hagas, ¡hazlo bien!». Era tan estricto en este sentido que a menudo insistía en que efectuáramos de nuevo alguna labor, si consideraba que la habíamos realizado sin el suficiente esmero.

Esto no significa que el Maestro estuviera apegado a los frutos o resultados del esfuerzo. Por el contrario, estaba enseñándonos a ejecutar con excelencia cualquier tarea que emprendiésemos, ya que ésa es la manera en que se pone de manifiesto la innata perfección del alma.

Observa la ley y el orden que Dios muestra en su gigantesco universo: todo funciona con precisión. Él es el arquetipo de la eficiencia; y nosotros, que hemos sido concebidos a su imagen, debemos tratar de expresar esa misma cualidad en nuestra pequeña área de actividad.

Jamás temas al trabajo intenso. Las personas a las que les disgusta el trabajo tratan siempre de esquivarlo; y puedo afirmar, sin temor a equivocarme, que no avanzan en el sendero espiritual. A lo largo de los años, he constatado una y otra vez los efectos negativos de la actitud errada de los devotos que piensan: «Voy a efectuar un determinado esfuerzo ¡y nada más!», o bien, «Únicamente haré esto, porque aquello me disgusta». No es fácil conocer a Dios; nadie le puede encontrar tan sólo porque se forje ilusiones en este sentido. Obtener el Supremo Tesoro implica que dediquemos la vida entera a Él, tanto si nuestra existencia se desenvuelve en un *ashram* o en la vida familiar. Jesús se refirió a esta actitud cuando expresó: «Porque quien quiera salvar su vida, la perderá; pero quien pierda su vida por mí y por el Evangelio, la salvará»[2]. Aquel que piensa exclusivamente en su comodidad, con el temor de que si se excede en su trabajo quedará «totalmente deshecho», no encontrará a Dios. Pero quien se entregue sin reservas, quien ofrezca con pleno entusiasmo su vida al servicio de Dios y sus semejantes, encontrará su verdadera vida: la vida divina.

Cómo afrontar las presiones que se derivan de tareas aparentemente «imposibles»

Hablo con la voz de la experiencia, pues durante los años que he pasado en el *ashram* he tenido que afrontar lo que entonces me parecían grandes dificultades, al

[2] *San Marcos* 8:35.

igual que lo hicieran todos los discípulos que recibían el entrenamiento de Guruji. El Maestro era la bondad y el amor divino en persona, pero también era estricto en lo concerniente a nuestra disciplina espiritual. A veces, nos sentíamos desalentados porque llegábamos a pensar que jamás seríamos capaces de satisfacer sus expectativas y elevados criterios de excelencia. Mi disciplina se centraba fundamentalmente en desempeñar los deberes que él me había encomendado. Me asignaba tal volumen de tareas que, en ocasiones, yo sentía que iba a morir si intentaba cumplir con todas ellas. Bajo ese tipo de presión, existe la tendencia a pensar: «Bien, ¡muera yo entonces, si eso es lo que él desea!». (A la naturaleza humana le encanta dejarse arrastrar por sentimientos de autocompasión y llamar la atención haciéndose pasar por «mártir»). Sin embargo, al aceptar lo que él me pedía, aprendí una maravillosa lección: cuando las presiones derivadas del volumen o dificultad de tus responsabilidades se vuelvan tan insoportables que, con toda sinceridad, no veas el modo de afrontarlas, la mejor actitud que puedes adoptar consiste en orar con franqueza: «Señor, para mí no existe diferencia alguna con respecto a lo que coloques en mi camino. Acepto hacer cualquier cosa que Tú me pidas. Desterraré de mi conciencia todo pensamiento que me sugiera eludir el esfuerzo necesario y que pretenda satisfacer a mi pequeño ego. Si he de fracasar, eso está en tus manos; pero me esforzaré al máximo de mis posibilidades». Si te entregas interiormente de esta forma y haces en verdad cuanto esté a tu alcance, Dios responde. En incontables ocasiones, he sido testigo de que Él hace posible lo imposible.

El entrenamiento que nos daba nuestro Gurú

A cada uno de los que transitamos por el camino

espiritual se nos presentan experiencias personales específicas que nos ayudan a aprender cómo entregarnos incondicionalmente a Dios. Compartiré un ejemplo tomado de mi propia vida con Guruji. En el último período de su vida, él comenzó a prepararnos para ese momento en que habría de abandonar su cuerpo. Gurudeva y muchos de sus discípulos habíamos estado viviendo la mayor parte del tiempo en la Ermita de Encinitas, desde que él regresó de la India en 1936. Sin embargo, un día, en 1948, me dijo lo siguiente: «Deseo que regreses a Mount Washington y te hagas cargo de la administración de la sociedad».

Esta encomienda me resultó sumamente dolorosa. Primero, porque yo deseaba permanecer junto al Maestro; y, en segundo lugar, porque yo siempre me había resistido a la idea de convertirme en administradora de la organización. Yo sólo tenía un deseo en esta vida: ser *bhakti yogui*. Únicamente la devoción tenía sentido para mí: sólo amar a Dios y estar perennemente a los pies de mi Bienamado, adorándole con fervor. Mi ideal era permanecer siempre en un segundo plano mientras amaba a Dios y servía humildemente a mi Gurú. Sin embargo, en aquel momento, ese estilo de vida que yo había apreciado tanto estaba a punto de desaparecer. No expresé mis sentimientos al Maestro, pues yo sabía en lo profundo de mi ser que tenía que aceptar la lección que todos hemos de aprender en el sendero espiritual: que no hay que dejarse perturbar por los cambios externos, ya que son parte inevitable de la vida en este mundo de dualidad. Debemos mantener la ecuanimidad mental y permanecer interiormente anclados en lo único que es inmutable: Dios.

Preparé entonces el equipaje y me dirigí a Mount Washington para asumir mis nuevas responsabilidades.

El Maestro tenía numerosas ideas brillantes sobre el modo de organizar la obra con el fin de difundir mejor el mensaje del *Kriya Yoga* de los Gurús; y yo, también, me sentía plena de entusiasmo. Lo que no sabía era que me aguardaba una sorpresa. Poco después de que asumí esta tarea, Guruji se trasladó a su pequeño *ashram* del desierto y se llevó consigo a la mayoría de los principales discípulos con los que yo había estado contando. Él me dejó con tan sólo un pequeño número de personas, la mayoría de las cuales carecían por completo de entrenamiento.

Mi primera reacción fue decir: «¡Esto no es posible!». Después me resigné al hecho de que el Maestro sabía lo que hacía. Él pasaba en el desierto la mayor parte de su tiempo disponible: necesitaba ayuda con los escritos en los que estaba trabajando y, también, deseaba que aquellos discípulos que se había llevado allí recibieran su guía espiritual. Yo podía comprender esto, pues había pasado muchos años en su bendita presencia. Ahora les correspondía a otros estar con él. Así pues, me adapté a la situación.

Pero más tarde recibí otro revés. El Maestro regresó del desierto por un breve período y me llamó.

—Creo que deberíamos llevar a cabo una convención[3] el próximo año —me dijo—. Deseo que tú la organices.

Yo quedé estupefacta. «¡Esta vez ha ido demasiado lejos!», pensé.

—Maestro, no puedo hacerlo —le respondí—: me resulta físicamente imposible.

Desde mi perspectiva, existía un sinfín de razones

---

[3] Reunión de los miembros de *Self-Realization Fellowship* de todo el mundo en la que se imparte una serie de clases y se llevan a cabo meditaciones y otras actividades espirituales.

por las que él no debía pedirme que yo asumiera esa responsabilidad: yo nada sabía sobre cómo organizar una convención; no había personal suficiente ni adecuado para llevar a cabo el trabajo (él se lo había llevado todo al desierto); además, yo estaba completamente agobiada por las tremendas exigencias implicadas en la supervisión de las oficinas, que abarcaba todos los asuntos relativos a la correspondencia, a los centros y grupos de meditación, a las finanzas y al *ashram*.

El Maestro volvió al desierto esa noche, y noté que se encontraba muy descontento con mi actitud. Fui a mi habitación sumida en un mar de lágrimas, porque no podía soportar el hecho de haberle contrariado. Pero esa vez yo estaba decidida a no ceder, pues consideraba que mis razones se hallaban plenamente justificadas. Intenté meditar, intenté dormir, pero no pude: me sentía demasiado apesadumbrada. Comencé entonces a analizar mi actitud.

El problema de muchas personas reside en que son incapaces de detenerse a analizar su vida con objetividad; tratan de distraerse con objetos externos porque no desean estar a solas consigo, ni siquiera por unos cuantos minutos. A veces, este rechazo a enfrentar su propia naturaleza llega a tal extremo que las conduce a la enfermedad mental. El Maestro nos enseñó el arte de la sana introspección, y espero que la practiques. Aprende a examinar tus pensamientos y tu conducta cuando las cosas no marchen bien; seguramente, encontrarás la causa en tu propia naturaleza y no en las condiciones externas.

Así pues, cuando emprendí la introspección esa noche en mi cuarto y analicé objetivamente por qué me sentía tan afligida, tuve que admitir la verdad de la situación: yo no era *incapaz* de asumir la tarea solicitada por el Maestro, sino que *no tenía deseos* de llevarla a cabo. Ése era, en realidad, mi error. A mi entender, las ra-

En meditación, ante un retrato de Paramahansa Yogananda que se halla en la Sede Internacional de SRF, durante la conmemoración del vigésimoquinto aniversario de Mataji como presidenta de SRF/YYS, el 7 de marzo de 1980.

«La paz trascendental se encuentra en tu interior, y de ninguna manera fluye hacia ti proveniente de alguna esfera celestial del espacio. La meditación profunda produce un despertar del corazón y de la mente, que finalmente le permite al devoto alcanzar la fuente interior de la paz».

(Izquierda) Recepción organizada a su retorno a la Sede Internacional de SRF, en 1964, después de un prolongado viaje que efectuó con Ananda Mata y Uma Mata para servir a la obra de Paramahansa Yogananda en la India.

(Derecha) Sri Daya Mata dirige el canto de devoción durante un *satsanga* que tuvo lugar en el centro de *Self-Realization Fellowship* en la ciudad de México, febrero de 1972.

zones por las cuales yo no podía organizar la convención parecían justificadas; pero en ese momento me di cuenta de que sólo estaba tratando de encontrar excusas que pudieran respaldar mi falta de disposición para asumir una responsabilidad tan grande.

Apenas advertí el verdadero motivo que se ocultaba tras mi resistencia a la petición del Maestro, mi manera de pensar cambió: «Has ofrendado tu vida a Dios incondicionalmente —me dije—. No puedes decir a tu Gurú: "Aceptaré estas reglas, pero no aquéllas". Si muestras esa actitud, ¿cómo puedes pensar, entonces, que tu devoción es incondicional?».

Determiné que haría lo que él me había solicitado y, al instante, una gran paz inundó mi alma. Antes de quedarme dormida, decidí que, a la mañana siguiente, establecería contacto con el Maestro en su ermita del desierto y le prometería que haría todo lo posible para organizar la convención que él deseaba celebrar.

El Maestro estaba siempre en sintonía con nuestro estado de conciencia. Aunque se hallaba a 250 kilómetros de distancia, él conocía la lucha que tenía lugar en mi interior. A la mañana siguiente, lo primero que hizo fue llamarme por teléfono desde el desierto. Sin demora, le dije: «Maestro, le ruego que me disculpe por mi falta de voluntad. Mi actitud estaba equivocada. No sé cómo organizar una convención, y le confieso que ya me siento agobiada, pero le prometo esto: me esforzaré al máximo de mis posibilidades».

Aún hoy recuerdo la dulzura de su respuesta: «Eso es lo único que te pido».

La buena disposición: clave del crecimiento espiritual

Pues bien, la convención se celebró y fue un éxito; además, ¡mi mundo no se desplomó! Gracias a esa experiencia, aprendí que la buena disposición nos aporta como recompensa una gran fortaleza y considerables bendiciones. La falta de voluntad es un enorme escollo en el sendero espiritual; con mucha frecuencia, no progresamos debido a ese obstáculo. Examina tanto tu conducta como tu naturaleza y verás que ése es el motivo. Cuando el devoto ya no trata de encontrar una explicación lógica para justificar sus propios deseos, y se acerca a Dios con un corazón puro y una decisión sincera de aceptar la voluntad del Señor, en ese momento comienza a crecer espiritualmente. Su vida se vuelve sencilla, sin complicaciones. No sé de ningún santo que haya encontrado a Dios y cuya vida no refleje esta actitud de voluntariosa entrega.

Recuerdo que pensé acerca de esto cuando vi la película *Los diez mandamientos,* sobre todo durante la escena que muestra las tremendas penurias que Moisés debió soportar en el desierto. El narrador explica que, cuando Moisés fue conducido hacia el desierto, Dios le impuso severas pruebas, y le moldeó y formó como el instrumento que Él necesitaba para realizar su obra. Sólo entonces estuvo Moisés preparado para llevar a cabo la voluntad del Ser Divino. Aquel episodio me inspiró enormemente, porque sabía, por experiencia propia, que el alma ha de atravesar precisamente por ese tipo de experiencias para aprender a entregarse a Dios. No tengo palabras para agradecer la disciplina y el intenso trabajo que Guruji me asignó durante todos esos años, pues veo que, paralelamente a mi meditación, han moldeado mi ser como ninguna otra cosa en la Tierra lo habría hecho.

¿En que consiste la actividad correcta?

Así pues, jamás deberíamos pensar que el desarrollo espiritual se produce sólo durante nuestros períodos de meditación. Por supuesto, tenemos que dedicarle cierto tiempo a la meditación; pero tanto ésta como la actividad apropiada son necesarias, como enseña el *Bhagavad Guita*. ¿Cuál es la actividad correcta? Toda tarea que tengamos que desempeñar. Evidentemente, esto no significa alentar, por ejemplo, que nos pasemos todo el día jugando a la «rayuela» u otros juegos infantiles. La actividad apropiada —un principio básico que enseñan todas las religiones— significa servicio constructivo que se realiza con la mejor disposición. Poco importa si llevas a cabo tus deberes y ambiciones en el mundo o en un *ashram*; si los cumples con tanta perfección como puedas y los ofrendas a Dios —y si aprovechas cada oportunidad para servir a los demás brindándoles amor, bondad y aliento, así como ayuda material cuando corresponda—, estarás cumpliendo con el precepto de la actividad correcta.

No es suficiente con pasar nuestra vida dedicándonos a abrigar nobles pensamientos. Dios nos concedió la forma física porque el servicio es una parte esencial de nuestra evolución espiritual. Cuando ya no necesitemos ese tipo de actividad, no se nos requerirá reencarnar en este plano material.

Cultiva la buena disposición en tu trabajo y deja los resultados en manos de Dios. Muchas veces, algunos devotos preocupados por mí me han sugerido: «Tiene que disminuir su ritmo de actividad en bien de su salud; trata usted de realizar demasiadas tareas». Pero sé que, durante todos estos años, es Dios quien ha estado cuidando de este cuerpo. He vivido teniendo fe en ello. Mientras Él desee que este cuerpo se encuentre bien, Él le brindará su protección. Yo cumplo con la parte que me corresponde, pero, en última instancia, la salud de este cuerpo es su responsabilidad. Servirle en cualquier forma que Él desee es mi gozo y privilegio.

Esta actitud aporta un grado de libertad mental y espiritual tan inmenso que no puedo describirlo. Ciertamente, habrá momentos en que el cuerpo presente problemas. Pero, a la vez que le prestamos la debida atención, debemos continuar desempeñando nuestras actividades, sin quejarnos y haciendo cuanto esté dentro de nuestras posibilidades. Tal vez no rindamos tanto como cuando el cuerpo se siente mejor, pero lo único que Dios nos pide es que nos esforcemos al máximo de nuestra capacidad en cada momento.

Dios nunca nos dará una cruz que no podamos llevar

Así pues, nunca tengas miedo de las dificultades. Ten la seguridad de que Dios no permite que ningún ser humano sea sometido a una prueba o carga más pesada de la que pueda soportar. Contamos con la capacidad suficiente para cargar con las cruces que llegan a nuestra vida; el propósito de éstas no es castigarnos, sino fortalecernos. Cuando nos damos por vencidos y rehusamos seguir haciendo el intento, en realidad estamos rechazando la gracia de Dios.

La forma de superar la debilidad de nuestra naturaleza mortal consiste en enfrentarnos a los obstáculos cara a cara; de lo contrario, seremos siempre unos timoratos y permaneceremos continuamente preocupados y llorosos ante las dificultades que la vida coloque en nuestro camino. Los músculos de nuestros brazos se fortalecen sólo cuando los ejercitamos. De igual forma, tenemos que enfrentarnos a las situaciones problemáticas de la vida con los «músculos espirituales» de la actitud correcta, el valor, la fe en Dios y la buena disposición para llevar a cabo su voluntad. De este modo, cada contratiempo que se presente servirá para fortalecernos. Al meditar con devoción y cumplir jovialmente con nuestros deberes, nos será posible reclamar y manifestar la naturaleza divina y omnipotente de nuestra alma.

Libérate de la tensión

Sede Internacional de Self-Realization Fellowship,
Los Ángeles (California)

En la actualidad, muchas personas en el mundo viven en un estado de tensión e inseguridad. Esta situación puede atribuirse al hecho de que el ser humano no ha aprendido lo que enseñó Cristo: «Todos los que empuñen espada, a espada perecerán»[1]. Cuando el egocentrismo recurre a la «espada» de la conducta agresiva para lograr sus fines, el resultado inevitable de ese conflicto es la destrucción. Dicho de otra manera: mientras consideremos —tal como ha ocurrido durante siglos— que la vía hacia el éxito, la felicidad y la libertad consiste en abusar de los caprichos de nuestra naturaleza inferior y combatir a toda persona que se interponga en nuestro camino, jamás conoceremos la paz mental. Las actitudes y los sentimientos negativos —el egoísmo, el odio, la codicia, el prejuicio y el apego mundano— generan tensión en el interior de las personas y, a escala mundial, ocasionan las guerras. He aquí algunas ideas prácticas para evitar la tensión, que pueden beneficiarnos a todos.

Métodos prácticos para reducir la tensión

«Mantén la mente calmada mediante la práctica de la meditación». Cuando permanecemos en un estado de tensión, nos volvemos irritables; nuestros pensamientos

[1] *San Mateo* 26:52.

se suceden con excesiva rapidez, y perdemos la natural relación armoniosa que existe entre la mente y el cuerpo. Sabemos que todas nuestras respuestas físicas se originan en la mente; por lo tanto, en primer lugar, debemos controlarla a fin de superar las tensiones. Cuando aprendemos a hacerlo, nuestro cuerpo se tranquiliza. Ésta es una de las razones por las cuales, hoy en día, se ha despertado un gran interés en todo el mundo por la meditación. El valor de la técnica de *Hong-So*[2] enseñada por nuestro Gurudeva Paramahansa Yogananda reside en su sorprendente efectividad para calmar la mente. Te recomiendo practicarla con frecuencia; yo jamás dejo de hacerlo. Cada vez que tengo un momento libre en mi habitación, o cuando estoy esperando a alguien, practico esta técnica; al hacerlo así, es posible alcanzar un maravilloso estado de paz interior.

«Enfoca tu atención en un solo pensamiento a la vez». Cuando acuden demasiados pensamientos a la mente, las presiones comienzan a acumularse en nuestro interior. Crea el hábito de pensar con calma; centra tu atención en un solo pensamiento a la vez.

«No interrumpas a los demás mientras hablan; permíteles concluir lo que estén diciendo». Existe en nosotros una tendencia a interrumpir a los demás cuando nos sentimos bajo presión. Aprende a esperar a que los demás concluyan lo que tengan que decir antes de responderles. Pero, por otra parte, debemos ampliar este consejo: *«No permitas que la otra persona prolongue su charla indefinidamente».* La persona que habla en exceso es insegura; ella siente que en todo momento debe explicar sus ideas y acciones a los demás; pero eso no es ne-

---

[2] Este nombre designa una antigua técnica yóguica de concentración y meditación que Paramahansa Yogananda enseña en las *Lecciones de Self-Realization Fellowship.*

cesario. Aprende a escuchar a los demás y no te preocupes tanto por hablar.

«Lee libros que requieran de una profunda concentración». No leas basura. Elige sólo uno o dos párrafos de un buen libro —por ejemplo, alguno de los de Guruji— y léelos lentamente. Cuando hayas concluido, pregúntate si los has entendido. Si no es así, lee de nuevo el pasaje hasta que sientas que has captado por completo su significado. Luego, prosigue con el siguiente pensamiento.

La importancia de alimentar y ejercitar el cuerpo apropiadamente

«Aprende a comer lentamente». Engullir es un claro indicio de tensión nerviosa. Los científicos afirman que deberíamos masticar más los alimentos, e incluso los líquidos. Además, Guruji desalentaba el hábito de hablar en la mesa porque no nos permite concentrarnos en lo que estamos ingiriendo e inhibe el adecuado funcionamiento de la energía vital, la cual es responsable de la digestión y asimilación de los alimentos. Por lo tanto, aprende a comer más lentamente y en silencio. Otra ventaja de este hábito es que si comes despacio y con concentración requerirás menos alimento. Cuando comes con rapidez y distraídamente, engulles los alimentos y llenas sin descanso tu boca de comida. Si esta inclinación llega al extremo, se convertirá en una forma de comer compulsiva. Y todo ello debido a la tensión.

«Haz ejercicio con regularidad». El Maestro abogaba con mucho entusiasmo por el ejercicio físico. Todas las noches, en el templo de Encinitas, sin importar cuán tarde fuese, Guruji nos llevaba al porche y allí efectuábamos nuestros Ejercicios Energéticos[3] con él. En oca-

---

[3] Se hace referencia a una serie de Ejercicios creados por Paramahansa

siones, hacía un frío intenso al aire libre, pero eso no le importaba en absoluto. Así creó en nosotros el hábito; hoy en día, aun cuando sean las once de la noche, en cuanto me desocupo, jamás olvido practicar estos ejercicios. Además, él nos recomendaba caminar o correr con frecuencia. No olvides combinar estas actividades con la respiración profunda que enseña Guruji. Estos consejos son importantes sobre todo para quienes llevan una vida sedentaria y, por lo tanto, no suministran suficiente oxígeno a los pulmones.

Guruji solía hacernos salir todas las tardes a jugar en la cancha de tenis. Dado que teníamos tantas obligaciones que cumplir, nos mostrábamos renuentes, ya que nos habíamos fijado ciertas metas y no deseábamos distraernos. Pero su disciplina era tal que, cuando llegaba el momento de la recreación, debíamos acudir allí, incluso si ello implicaba regresar más tarde a concluir nuestro trabajo.

Qué hacía Paramahansaji para recrearse

En cierta ocasión, una persona me preguntó: «¿Qué hacía el Maestro para recrearse? ¿Qué deportes practicaba?». Guruji alentaba el esparcimiento. Él consideraba que había tiempo para todo: para la meditación, el trabajo y la diversión, y a menudo citaba el siguiente dicho: «Quien sólo trabaja y no se divierte en persona aburrida se convierte».

El Maestro recomendaba formas simples y saludables de recreación y ejercicio. En Occidente, en particular, nos hemos alejado del gusto por las cosas sencillas

---

Yogananda con la finalidad de recargar el cuerpo con el omnipresente *prana*, o energía cósmica; estos Ejercicios se enseñan en las *Lecciones de Self-Realization Fellowship*.

de la vida, y constantemente buscamos nuevas emociones. La persona que actúa de esta manera nunca estará
satisfecha y acabará siempre aburrida o hastiada debido al exceso.

Lleva una vida simple. Aprende a apreciar y a disfrutar los placeres sencillos. Me siento feliz cuando ob-
servo que, hoy en día, mucha gente está retornando a
ese ideal. Hay personas que viven con tal grado de tensión e inquietud que son incapaces de contemplar y
apreciar las bellezas de la naturaleza —un árbol o un
atardecer.

A veces, Guruji nos llevaba a hacer pequeñas excursiones. Recuerdo una ocasión en particular; estábamos todos en el desierto con él, y repentinamente dijo:
«Disfrutemos de un día de campo». No hubo necesidad
de preparativos complicados ni de comidas elaboradas;
sólo llevamos una hogaza de pan, un poco de mante-
quilla y queso —nada de galletas dulces o refrescos—.
En el auto, Guruji siempre tenía una pequeña caja de
plástico para llevar el almuerzo, en la cual tenía pasas,
frutos secos, manzanas, zanahorias en rodajas y alimentos similares, que compartía con nosotros. ¡Qué ternura! Con sólo eso estuvimos listos para salir al campo.
A veces, avanzada la excursión, nos deteníamos en alguna parada del camino y él nos agasajaba invitándo-
nos a tomar un helado.

En otra oportunidad, nos dirigíamos en auto hacia
las montañas. Yo había esperado con ansia ese encuentro con la naturaleza, pero todo estaba atestado de gente y no pudimos encontrar ningún lugar apropiado para almorzar en el campo. Continuamos viajando en coche hasta que —ya entrada la tarde— nos encontramos
nuevamente al pie de la montaña, en la ciudad de Ban-
ning. Finalmente, estacionamos el vehículo frente al

edificio del Departamento de Agua y Electricidad —cuya entrada estaba cubierta de césped— y ¡allí tuvimos nuestra comida, dentro del coche! Sé que a muchas personas les habría aburrido semejante idea; pero a nosotros ¡nos resultó muy divertido! La simplicidad era parte de la naturaleza de Guruji; él nos enseñó a disfrutar de los placeres sencillos y nos mostró que nuestra felicidad no depende de lo que hacemos, sino de la actitud con la que lo hacemos.

Cuando llegué al *ashram* de Mount Washington, en 1931, yo era la devota más joven. Todas las tardes, cuando concluíamos nuestras obligaciones administrativas, Guruji solía llamarme —creo que más en mi provecho que en el suyo— y me decía: «Ven, vayamos a jugar». Teníamos un viejo equipo de bádminton, pero no la red; así que, solíamos atar una cuerda a lo ancho del corredor del tercer piso y luego lanzábamos la pelota de uno a otro lado de la cuerda. El Maestro era muy hábil para este juego; jamás podíamos ganarle. Él tenía un modo muy especial de jugar: aparentaba una total despreocupación y, luego, con una pícara sonrisa, asestaba repentinamente un fuerte golpe y, antes de que pudieras reaccionar, ¡la pelota te había rebasado y estaba fuera de tu alcance!

Posteriormente, llegaron otros jóvenes devotos. Nuestro hermano Dick[4] era muy buen jugador de tenis; el Maestro y él solían jugar en la cancha de Mount Washington. A veces, los discípulos más jóvenes nos incorporábamos a esos partidos. Guruji también era muy hábil para jugar al tenis; sus pies eran notablemente veloces.

[4] El señor C. Richard Wright, hermano mayor de Daya Mata, se menciona en la *Autobiografía de un yogui* como uno de los devotos que acompañó a Paramahansaji en su viaje a la India en 1935.

Alguien construyó una pequeña mesa de ping-pong, que no tenía las medidas reglamentarias, y también jugábamos al tenis de mesa.

Por supuesto, a Guruji le fascinaba nadar. Cuando estábamos en Encinitas, bajaba a la playa con los monjes y nadaba, incluso en invierno, sin importar cuánto frío hiciera. Siempre nos maravilló su resistencia, porque todos los demás se quedaban ateridos a causa de las bajas temperaturas; pero Guruji no prestaba atención al hecho de que el agua estuviese fría o no. Se zambullía y permanecía en el agua todo el tiempo que le apetecía... y a veces ese tiempo ¡parecía demasiado largo para quienes le acompañaban!

Otra diversión, que le recordaba su infancia en la India, era hacer volar cometas. Disfrutaba de este esparcimiento en el desierto y en Encinitas.

En el lago Hodges, cerca de Encinitas, Guruji tenía un pequeño bote de remos con capacidad para sólo tres personas. A él le encantaba simplemente sentarse en silencio, mientras uno de nosotros remaba alrededor del lago. A mí me gustaba remar. Mis familiares y yo solíamos hacerlo en Utah, en un lago de Salt Lake City, antes de que yo ingresara en el *ashram*. Creo que, posiblemente, Guruji me incluía en esas excursiones porque una vez yo se lo había comentado. En cierta ocasión, estuvimos en el bote durante horas, meditando. Al atardecer, se levantó un viento fuerte y el agua comenzó a embravecerse. Yo me preocupé, y cuando Guruji dijo: «Regresemos a tierra», tuve que luchar con todas mis fuerzas para llevar el bote hacia la orilla, porque la corriente nos empujaba, alejándonos de la ribera. Finalmente llegamos, pero ¡ésa fue la última vez que me llevó a remar!

Guruji no aprobaba los juegos de naipes ni nada

semejante. Pero, al igual que los niños, le fascinaban los juguetes mecánicos y el ingenio humano que los había creado. Por eso, con frecuencia, solía recibir en Navidad el regalo de algún nuevo juguete que se movía de acá para allá, o hacía algún gesto, o hablaba de manera graciosa. Él disfrutaba enormemente con aquello.

Además, amaba a los animales y, en cierta época, tuvimos aquí una cabra. Recuerdo un día en que Guruji estaba sentado en esta capilla, celebrando un oficio, allá por 1931 ó 1932. La puerta que conduce a las escaleras exteriores estaba abierta para permitir la entrada de aire fresco. Ese día, la cabra vagaba casualmente por las escaleras y ¡entró a la capilla! Avanzó vacilante por el pasillo, y el único comentario del Maestro fue: «Bien, ¡hoy ha venido a escucharnos!».

Otra de las principales formas de relajación que complacían a Guruji consistía en mirar las estrellas. En las noches claras, cuando brillaban las estrellas, le gustaba salir, sentarse muy callado y mirarlas. También tenía un telescopio que en ocasiones utilizaba. Él solía relacionar con Dios todo lo que hacía. La razón que me impulsa a contar todo esto es que es provechoso elegir formas de recreación en las que te encuentres en contacto con la naturaleza, que es una expresión de Dios; Él tiene una forma física: este mundo. Procuremos que todo lo que hagamos o podamos producir en la Tierra sirva para expresar aprecio por la naturaleza —la creación de Dios— y para adornarla con todo lo que es bello, bueno y sano.

Mantén la mente en Dios, tanto en los momentos de recogimiento como en los de actividad

La siguiente recomendación que nos ayudará a reducir la tensión en nuestra vida es una de mis preferidas: «*Relájate. No te sientas abatido por problemas insigni-ficantes*». Haz de esta frase tu lema. Cuando nos encontramos bajo presión, los pequeños incidentes se tornan gigantescos en nuestra mente. Pregúntate: «¿Por qué esto me molesta tanto? ¿Por qué no me relajo?». Y, a continuación, despreocúpate por completo. Debes hacerlo, por tu propio bien.

«*Reserva tiempo para el recogimiento interior, a fin de que puedas estar a solas con Dios y disponer de tiempo para reflexionar*». Todos tenemos la oportunidad de lograrlo si utilizamos con sabiduría nuestro tiempo. Tal vez sientas que necesitas dos o tres días, pero no es necesario. Todas las tardes, o durante el fin de semana, o un día por semana, o sólo medio día por semana —lo que tus responsabilidades permitan—, reserva tiempo para estar a solas. Haz un voto de silencio durante ese período y no hables; céntrate tan sólo en permanecer interiormente en la presencia de Dios. Realiza cualquier ajuste que sea necesario en tu programa de actividades. Al menos, observa un breve período cada día —y, si es posible, un período mayor una vez a la semana— para guardar silencio y mantener tu mente en Dios. Te asombrará la fortaleza interior que esta práctica te proporciona.

«*Mantén tu mente fija, en todo momento, en la estrella polar de la presencia de Dios*». Cada vez que acudíamos a Guruji con algún problema, sus únicas palabras eran: «Mantén tu mente aquí», y señalaba el centro de la conciencia crística. Algunos devotos deben de haber pensado: «¡Caramba! No está aportando nada para ayudarme». Pues sí lo estaba haciendo; pero debido a que era un consejo tan simple, no todos lo comprendían. Mantén la mente en Dios, porque Él es la respuesta definitiva a todos los problemas.

Sé receptivo a los consejos del Gurú

La última sugerencia es: «*En la medida de tu capacidad, trata siempre de seguir las huellas del Gurú*». Es sencillo llevar a cabo este consejo si cuentas con una conciencia desarrollada. En el momento en que tus emociones comiencen a agolparse y surja en ti el impulso de actuar incorrectamente, sólo debes pensar: «Gurudeva está observándome». Él solía decir: «No pienses que cuando este cuerpo haya partido, yo estaré lejos de ti. Por el contrario, estaré observándote silenciosamente». Yo sé que es verdad. Tal vez podamos ocultar algo a los demás, pero no a nuestro Gurú; por lo tanto, sé sincero con él. Cuando hayamos actuado incorrectamente, acudamos a él y digámosle: «Maestro, sé que he hecho mal; ayúdame». Él no pretende que seamos perfectos al cien por cien, pero sí espera de nosotros franqueza, sinceridad y veracidad; tiene el derecho de hacerlo, puesto que le hemos aceptado como nuestro gurú. Él exigió esta actitud a todos los que le rodeábamos, y solía afirmar: «No importa qué hayan hecho: no traten de ocultármelo». En la relación entre gurú y discípulo, tanto el corazón como la mente deben estar abiertos por completo; de lo contrario, limitarás tu capacidad de recibir ayuda del maestro. Ésa fue la relación que nosotros disfrutamos con Guruji. Debo admitir que, en consecuencia, recibíamos más reprimendas que si hubiéramos sido menos sinceros con él. Pero habíamos venido aquí para que se nos corrigiera y así poder perfeccionarnos; y para nosotros, sus consejos eran lo mejor del mundo.

Cada vez que descubras que estás poniéndote tenso, ten presente estas palabras: «Relájate, relájate. Has venido a conocer a Dios». Recuerda que, algún día, otras personas realizarán el trabajo que hoy estamos haciendo nosotros. No somos indispensables; pero esto no debe ser una excusa para descuidar tus responsabilidades. Sólo es un recordatorio de que debes despreocuparte y permitir que tu mente descanse en Dios. Y luego, en un estado de ánimo más ecuánime, reanuda tus deberes.

Algunas de mis más maravillosas experiencias con la Madre Divina sucedieron cuando me encontraba en medio de muchas dificultades y, de súbito, recordaba que no estaría en este mundo para siempre; interiormente, me relajaba y afirmaba: «No es mi responsabilidad. Me esforzaré al máximo por hacerlo bien mientras esté aquí, pero lo más importante es que Tú eres mi Amor». Cada vez que la mente se recoge en mi interior, siento una respuesta muy dulce del Ser Divino. Cuando dices «Te amo, Señor» y experimentas de inmediato que el gozo divino brota en tu alma, esa sensación proviene del esfuerzo diario por practicar la presencia de Dios. La búsqueda del Señor es muy sencilla, pero a veces la complicamos porque anteponemos todo lo demás y dejamos a Dios para el final.

En resumen, para liberarte de la tensión:

- Mantén la mente calmada mediante la práctica de la meditación.

- Enfoca tu atención en un sólo un pensamiento a la vez.

- No interrumpas a los demás mientras hablan. Permíteles concluir lo que estén diciendo.

- Lee libros que requieran de una profunda concentración.

- Aprende a comer lentamente y, a ser posible, en silencio.

- Haz ejercicio con regularidad.

- Relájate. No te sientas abatido por problemas insignificantes.

- Reserva tiempo para el recogimiento interior, a fin de que puedas estar a solas con Dios y disponer de tiempo para reflexionar.

- Mantén tu mente fija, en todo momento, en la estrella polar de la presencia de Dios.

- En la medida de tu capacidad, trata siempre de seguir las huellas del Gurú.

Un corazón ardiente

Sede Internacional de Self-Realization Fellowship,
Los Ángeles (California)

En las *Lecciones de Self-Realization Fellowship*, Guru-deva Paramahansa Yogananda afirmó: «El objeto de la práctica de la Técnica de concentración de SRF es lograr la pasividad consciente». Explicaré qué es la pasividad consciente, y por qué no existe contradicción entre ese estado y el ferviente anhelo necesario para conocer a Dios que se expresa en el siguiente canto de Guruji: «Mi corazón arde, y mi alma es una llama, sólo por Ti, por Ti, por Ti, sólo por Ti».

La pasividad es un estado de paz. La pasividad *consciente* representa un mayor y más profundo estado de calma en la meditación, del que tú (el alma) eres plenamente consciente. La pasividad no debe interpretarse como inconsciencia. Ninguna de las escrituras —y, por cierto, tampoco el yoga— contienen enseñanzas que aconsejen al devoto alcanzar un estado pasivo en el cual él no se encuentre consciente. Jamás perdemos la conciencia durante la meditación, pues no es ése el propósito ni el resultado de ninguna de las técnicas de meditación que enseña el yoga. En el estado de meditación profunda, la conciencia del devoto se expande y se vuelve inmensamente perceptiva.

Ahora bien, quizá concibas esta noción tan sólo con el intelecto; sin embargo, la única forma de comprenderla verdaderamente es por medio de tu propia experiencia en el estado meditativo. Pero ¿cómo alcanzarás ese estado de pasividad consciente en la meditación? Permíteme que te lo explique. Debes meditar con la mente relajada y no con un sentimiento de «¿Cuándo terminará?». No fijes un límite, como, por ejemplo, que le dedicarás únicamente cinco o diez minutos. Si meditas en el templo, en compañía de otros devotos, no te anticipes a los hechos con ansiedad ni especules «¿Cuándo comenzará el oficiante a orar? ¿Cuándo terminará la reunión?». Si estás solo en tu habitación, desecha los pensamientos de inquietud, tales como «No tengo ganas de meditar, pero debo hacerlo». Todas éstas son señales de tensión mental.

Cuando hagas uso de toda tu concentración y entusiasmo para meditar, y sientas el fervor divino que se expresa en «Mi corazón arde y mi alma es una llama», entrarás en el estado de pasividad consciente. Los pensamientos se aquietarán, pero permanecerás completamente consciente, envuelto en una maravillosa paz y en un sentimiento de amor y gozo inmensos. No obstante, estas percepciones no surgen en tu conciencia a partir de una fuente externa. Aunque la paz, el amor y el gozo se encuentran a nuestro alrededor, también se hallan en nuestro interior, en el alma. La meditación desaloja gradualmente los pensamientos, la conciencia exterior y las sensaciones que, hasta entonces, habían impedido que experimentases estos tesoros del alma.

No es que la paz descienda repentinamente sobre ti, sino que, en un instante, percibes tu verdadera naturaleza. ¡Es una experiencia sumamente emocionante! La paz trascendental se encuentra en tu interior, y de ninguna manera fluye hacia ti proveniente de alguna esfera celestial del espacio. La meditación profunda produce un despertar del corazón y de la mente, que finalmente le permite al devoto alcanzar la fuente interior de la paz. Para lograrlo, aplica lo que Guruji nos ha enseñado: las técnicas de concentración y meditación, así como la práctica de la presencia de Dios, o lo que se denomina «canto mental».

La medida de la profundidad de la meditación

Tanto en el transcurso de la meditación como al finalizarla, el devoto llega a un estado en que sus pensamientos se manifiestan con gran sencillez: «Señor, sólo sé que te amo». Cuando conversa mentalmente con el Amado Divino y experimenta ese amor en su corazón, sabe que, en verdad, se encuentra firmemente sujeto de la mano de Dios. Éste ha sido siempre el criterio por el cual me ha sido posible juzgar mis propias meditaciones y su profundidad. Tan sólo permanece una expresión sincera que brota del corazón, de la mente y del alma: «Nada tengo que pedir, Señor. Nada que exigir. Nada que decir, excepto "Te amo". Y no quiero ninguna otra cosa más que gozar de ese amor, atesorarlo, prenderlo a mi alma y embriagarme siempre de él. No existe nada en el mundo —ni el poder mental, ni el apetito de los sentidos— que pueda apartar mi pensamiento de esta declaración de mi amor por Ti».

La mayor tentación e ignorancia consiste en permitir que algún obstáculo se interponga en la consecución de ese objetivo. No lo lograremos abandonando nuestros deberes, los cuales, a decir verdad, nos han sido encomendados por Dios y por nuestro karma. Ese logro se presenta al aceptar con fortaleza, valor y fe todo aquello que debamos afrontar cada día, al mismo tiempo que mantenemos la mente fija en la estrella polar de la presencia de Dios. De esto trata la vida. Su único propósito es impulsarnos a superar la terrible ilusión de encontrarnos separados del Señor, nuestro Creador, y que recuperemos, mediante la sencilla práctica del amor, la devoción y la conversación silenciosa, el perdido legado divino que nos corresponde como hijos de Dios.

En el santuario de nuestra mente, Dios nos ha otorgado libertad de pensamiento y un remanso de intimidad. Nadie puede violar esa libertad ni ese espacio reservado donde puedes estar a solas. En dicho santuario interior, el Señor nos ha concedido a cada uno de nosotros la oportunidad sin límites de manifestarle nuestro amor y comulgar con Él. Nadie tiene por qué enterarse de la silenciosa adoración que le ofrendamos en nuestro interior: un dulce y sagrado intercambio de amor y gozo entre el alma y el Señor que la ha sustentado a lo largo de millones de encarnaciones y que continuará haciéndolo por toda la eternidad.

Una sencilla declaración de amor por Dios

Me parece trágico y penoso que los seres humanos nos hayamos alejado —e incluso rehuyamos— del Ser Único que nos sustenta. Si adoptamos un estilo de vida mundano, conoceremos los placeres temporales, pero jamás experimentaremos la felicidad eterna ni la paz mental —esa maravillosa sensación de bienestar, gozo, amor divino y comprensión que buscamos en todas nuestras actividades y relaciones— hasta que decidamos conocer a Dios y de qué modo formamos parte de Él.

La búsqueda de Dios es muy sencilla; sólo es preciso amarle. Éste es el componente esencial del que carecen millones de personas que profesan una religión y que tratan de colmar esa carencia con otros ingredientes. Ellas prefieren disfrutar de profundos discursos filosóficos acerca de Dios, o participar en debates sobre Él y sus diversos aspectos y manifestaciones, o bien se interesan por los poderes divinos, en los cuales permanecen absortos. Pero ¿quién piensa, alguna vez, en una sencilla declaración de amor por Él?

Es fácil conocer a Dios siguiendo los métodos que el Maestro nos enseñó y que él mismo ejemplificó en su vida diaria. Estamos extremadamente ocupados amando todo lo que Dios ha creado —el mundo y sus costumbres, la carne que un día se corromperá, el ego que no cesa de repetir: «Yo estoy dolido, yo detesto, yo, yo, yo»—, pero ¿quién ofrece su amor al Señor? El Maestro nos enseñó a amarle. Establece el hábito de decirle a Dios que le amas. ¿Cuántos lo hacen diariamente, aunque sea una sola vez al día? ¿Cuántos lo hacen muchas veces al día? Esto es lo que se llama «practicar la presencia de Dios». Ningún santo, de ninguna religión, ha encontrado jamás a Dios sin esta práctica.

Constantemente afirmamos: «Amo esto. Amo aquello». Utilizamos la palabra «amor» a la ligera y la vulgarizamos. Con gran frecuencia se la emplea en lugar de «sensualidad». Sin embargo, en esencia, amor y sensualidad no guardan relación entre sí en absoluto. No existe en el mundo mayor poder o fuerza que la del amor. Sin este divino éxtasis que fluye desde la Fuente Única hacia cada corazón, no podríamos amar nada ni a nadie. Recibimos este amor libremente de Dios, si bien no reconocemos que proviene de Él. Y cuando llega el momento de prodigar amor, lo hacemos de manera insensata: lo damos al mundo y se lo negamos a Él. Alma amada, ésta es la razón del sufrimiento humano. Y seguiremos padeciendo hasta que comencemos a abrir nuestros corazones a Dios y a tenerle presente.

Relaciona todas tus experiencias con el Ser Divino

¡Cuánto más dulce y hermosa se vuelve la vida si al utilizar los sentidos los relacionamos en todo momento con Dios! Puedo dirigir la mirada a los demás y decir: «Amigos, los amo». Puedo dirigir la mirada a los pájaros y a los árboles, y decir: «Los amo». Sin embargo, yo sé que «eres Tú a quien realmente amo, mi Señor. Tú me has dado ojos para ver la belleza en todas las cosas y en todos los seres que has creado. Tú me has concedido oídos para captar la bondad. Me has dotado de una boca, no para pronunciar vulgaridades, sino para esparcir un poco de luz en este mundo y para alentar a los demás con mis palabras mientras transito por esta brevísima estación de la vida.

»También me has dado una mente, Señor, para poder razonar y discernir; y por eso me atrevo a preguntarte cualquier cosa. Nunca me siento cohibida, ni incómoda, ni blasfema, puesto que Tú eres mi Amado. Conoces la sencillez de mi alma y entiendes mi anhelo de comprensión y sabiduría. Vengo a Ti totalmente despojada de todo, mi Amado. Tú me ves con todas mis buenas cualidades y con todos los defectos de los que todavía no he sido capaz de desprenderme. No me castigas por las flaquezas que cubren la pureza de mi alma, sino que me ayudas. No trato de ocultarte mis imperfecciones, Señor. Me acerco a Ti con humildad, con devoción, con sencillez, con la confianza de un niño, pidiéndote que me ayudes. Y continuaré pidiendo hasta que me respondas. Jamás me daré por vencida».

Reflexiona en todo aquello con lo que Dios nos ha dotado y que nos distingue de un árbol o de los animales. ¿Acaso no es una insultante forma de ingratitud el no utilizar correctamente nuestro Ser interior que ha sido creado a su divina imagen? Cuando me encuentro sumamente atareada, cavilando sobre los problemas que esta sociedad *(Self-Realization Fellowship/Yogoda Satsanga Society)* tiene en cada parte del mundo, cuando realizo mis ejercicios al aire libre, o cuando camino por los jardines entre los árboles y las flores —no importa lo que esté haciendo—, me resulta muy sencillo aquietar los pensamientos por un instante y afirmar en mi interior: «Te amo, Dios. Tan sólo sé que te amo. Y te pido que siempre me des suficiente fortaleza, comprensión, valor y compasión para servir a mis semejantes, para amarlos como yo quiero ser amada, para amarlos mientras siento tu amor que desborda mi conciencia».

El hábito de hablar interiormente con Dios y amarle no sólo deberían cultivarlo quienes viven en monasterios, sino también las personas que viven en el mundo. Y es posible hacerlo: tan sólo requiere un poco de esfuerzo. Todos los hábitos que has adquirido hasta ahora son acciones que ejecutabas con regularidad, ya sea física o mentalmente, hasta que se convirtieron para ti en una segunda naturaleza. No obstante, tuviste que comenzar en algún momento determinado a crear dichos hábitos. Así pues, ahora es el momento de iniciar esa clase de acciones y pensamientos que fomentan el hábito de conversar en silencio con Dios. No se requiere de prolongadas y esplendorosas oraciones; basta un silencioso llamado del corazón, una simple y dulce expresión: «Mi Dios, mi Amor, ¿a quién más podría recurrir yo para recibir el amor que siento en mi corazón cada vez que acudo a Ti? Nadie sería capaz de satisfacerme como Tú lo haces. En verdad, Señor, cumples tu promesa con quienes acatan tu mandamiento: "Abandona todo lo demás y sígueme"».

Di a Dios que le amas

Sencillamente dile a Dios con tus propias palabras —de forma callada, sin que nadie te oiga— que le amas. Díselo mientras estás practicando la meditación silenciosa. Díselo mientras transitas por las bulliciosas calles o cuando te hallas sentado en tu escritorio: «Te amo, Dios mío. Te amo, Señor». Que éste sea tu último pensamiento por la noche antes de entregarte al sueño. Comienza esta misma noche. ¡Es tan hermoso! No existe mayor gozo. Cuando empieces a dormirte y el alma comience a sumergirse en el estado de reposo, deja que la mente entone calladamente, con suavidad y dulzura, este canto: «Mi Señor, mi Señor, mi amor, mi amor, mi Dios». Y siente lo que le dices.

Al despertar por la mañana, que tu primer pensamiento sea: «Buenos días, Señor. Un día más. Permíteme que hoy pueda yo realizar un mayor esfuerzo en pos de esa perfección que es mi verdadera naturaleza. Ayúdame a prodigar comprensión, a estar más calmado y a responder con palabras agradables a cualquier descortesía con la que alguien pudiera dirigirse a mí; que en el día de hoy pueda yo manifestarte en mi vida». Cuando te sientas triste y cuando estés alegre, cuando el cuerpo no se encuentre bien y cuando esté pletórico de vigor, cuando las cosas vayan mal y cuando vayan bien, en todos esos momentos, deja que fluya en tu mente —de modo constante y silencioso— un único pensamiento: «Dios mío, te amo». Afírmalo de todo corazón.

Cuando pronuncies el nombre de Dios, jamás lo hagas en vano. La irreverencia constituye un grave error, aun cuando mucha gente la considere como un signo de inteligencia y refinamiento; el hecho de que todo el mundo la practique no la convierte en aceptable. Cada vez que digas el nombre de Dios, hazlo con concentración, devoción y sentimiento profundos. En más de una oportunidad he relatado el éxtasis en Dios experimentado por Gurudeva en 1948, ocasión en la que repetidamente pronunció sólo una palabra. Él no decía «Dios, Dios», porque incluso esta expresión implica un concepto de distancia respecto de la Divinidad. Mediante la palabra que utilizó —¡cuán intensamente conmovió mi alma!—, logré darme cuenta de que él se encontraba en la presencia misma del Ser Divino. Él repetía únicamente: «Tú, Tú, Tú». ¡Qué emoción nos hizo sentir esa sola palabra! Él estaba ante la presencia de Dios, y le hablaba directamente al Amado Divino de toda la humanidad.

Mantén tu mente en ese mismo plano elevado de devoción. Guruji nos enseñó a vivir al mismo tiempo en dos reinos. A veces, en presencia de Guruji, nos encontrábamos completamente absortos en el Gozo Divino, y, luego, de repente, nos hacía descender al nivel de los asuntos mundanos. Con esa práctica, él nos enseñaba que, mientras nuestras mentes están fijas en Dios y nuestras almas descansan en Él, debemos ser capaces de manejar con eficacia los problemas cotidianos. Éste es el estado más elevado de conciencia: la mente se encuentra en las nubes, pero los pies están firmemente apoyados en la tierra, en los asuntos prácticos. Así quiere Dios que vivamos, porque ésa también es su naturaleza. Él es el Padre y Creador del universo, y es muy práctico. De no ser así, tal vez nos habría creado, pero habría olvidado proporcionarnos el agua y el alimento para saciar la sed y el hambre. O quizá no habría establecido las leyes cósmicas que rigen el trayecto ordenado de los planetas y el curso de las estrellas: en tal caso, hace mucho tiempo que se habría producido una colisión entre ellos, y la Tierra hubiera quedado reducida a nada. Así pues, podemos decir que los pies de Dios se apoyan firmemente en el suelo. Sin embargo, Él está siempre embriagado con su divino amor, con su divina dicha. Hemos sido creados a su imagen y Él espera que también nosotros manifestemos ese estado de conciencia.

Profundiza tu amor por Dios

Recopilación de charlas dadas en la Sede Internacional de Self-Realization Fellowship, Los Ángeles (California)

La búsqueda de Dios comienza con el deseo de conocerle. Debemos tener un enorme anhelo de percibir la verdad y de establecer una relación con Él. Para ello, la primera cualidad que necesitamos desarrollar es un deseo vehemente, profundo y sincero de Dios y de su amor.

Es posible que al principio no sientas todavía amor por Él, pero puedes cultivar el deseo de conocerle si reflexionas acerca de cuánto le necesitas. Se ha dicho con frecuencia que el sufrimiento es el mejor maestro. Hasta cierto punto, es verdad que el ser humano vuelve su atención hacia Dios cuando se siente defraudado por sus semejantes o por lo que el mundo le ofrece. Si bien no albergo desilusión con respecto a las personas, porque las amo a todas, creo que nací con la noción arraigada de que ni el mundo ni ningún ser humano podría brindarme lo que yo ambicionaba.

Cada uno de nosotros busca la perfección; nadie ansía algo que sea inferior al amor perfecto, a las relaciones perfectas con los demás. Cuando yo era niña, cobijaba la idea de que esa perfección no era una característica que pudiera encontrarse en el mundo. Me di cuenta de que no tenía derecho a esperar de mis semejantes esa cualidad, puesto que yo misma era imperfecta. ¿Cómo osaría exigir a los demás algo que yo misma era incapaz de ofrecer? De este razonamiento surgió un deseo: «Comenzaré mi búsqueda de Dios». Sólo Él —y nadie más— puede satisfacer por entero nuestro anhelo y necesidad de comprensión y amor perfectos. Cuando nos damos cuenta de que únicamente Dios puede satisfacer nuestras necesidades más profundas, comienza a desarrollarse el deseo de conocerle.

Uno de los primeros pensamientos que me impresionaron al leer las escrituras fue: «Buscad primero el Reino de Dios y su justicia, y todas esas cosas se os darán por añadidura»[1]. Esa verdad giraba sin cesar en mi mente. A menudo, encontramos en las escrituras muchos pensamientos bellos, que nos inspiran momentáneamente; sin embargo, luego los solemos olvidar, sin aplicarlos realmente en nuestras vidas. No obstante, las escrituras constituyen un manual colmado de principios que, si vivimos conforme a ellos, generan resultados demostrables con la misma exactitud que las leyes matemáticas.

Decidí aplicar esa cita bíblica en mi vida. Deseaba saber si era cierta o si se trataba tan sólo de una gloriosa afirmación pronunciada por algún elevado ser humano que no había tenido que enfrentarse realmente a los desafíos propios de la vida cotidiana. Me mantuve fiel a ese precepto: busca primero a Dios. Luego, según enseña la escritura, lo demás marchará satisfactoriamente y todo me será dado por añadidura. Cada vez que yo experimentaba alguna tentación o distracción, me mantenía firme en esa idea: busca a *Dios*. Y comprobé, para mi propia satisfacción, que las verdades que los Grandes Maestros enseñaron y vivieron pueden transformar también nuestras propias vidas, ya que

[1] *San Mateo* 6:33.

ellos debieron afrontar las mismas batallas, penalidades y frustraciones que el resto de la humanidad.

Quien capte esta verdad, buscará un camino para acercarse a Dios. El método que yo he seguido —al igual que otros muchos discípulos de Guruji— consiste simplemente, en primer lugar, en anhelar a Dios, y luego, en cultivar una relación personal con Él mediante la devoción.

Para tener una relación íntima con Dios, hay que llegar a conocerle. Si te pidieran que amases a alguien que no conoces, te resultaría muy difícil hacerlo, aun cuando te hablasen de las excelentes cualidades de esa persona. Pero si tuvieras la oportunidad de relacionarte con dicha persona y pasar algún tiempo en su compañía, comenzarías a conocerla, a gustar de su trato y, luego, a amarla. Ése es el camino que se debe seguir para cultivar el amor a Dios.

La pregunta es: ¿Cómo llegar a conocer a Dios? Y es aquí donde la meditación viene en tu ayuda. Todas las escrituras sagradas aconsejan que quien busque a Dios, quien desee conocerle, debe observar períodos de silencio para comulgar con Él. En *Self-Realization Fellowship*, para lograr este objetivo, empleamos técnicas de meditación, así como también cantos y oraciones. Es absolutamente necesario seguir algún método. No se puede conocer a Dios con la mera lectura de un libro que trate del gozo o del amor divinos. Si bien las lecturas espirituales sirven para inspirar el fervor y la fe, no pueden proporcionarnos el resultado final, como tampoco lo puede conseguir el escuchar simplemente una conferencia acerca de Dios. Debes sentarte en silencio y meditar profundamente —aunque sólo sea durante unos pocos minutos cada día—, apartando la mente de todo lo demás y concentrándola solamente en Dios.

Mediante esta práctica llegarás gradualmente a conocer a Dios y, al conocerle, no podrás menos que amarle.

El propósito e importancia de la meditación colectiva

Nuestra devoción se fortalece al unirnos con otras personas que también buscan asiduamente a Dios. Ése fue el ideal que impulsó a Guruji a fundar grupos y centros de meditación en todo el mundo. Él solía decir: «No me interesa construir grandes edificios de piedra en los que Dios esté ausente. Debemos tener muchos templos pequeños a los que asistan devotos que posean verdadera devoción hacia Dios y que anhelen buscarle en forma colectiva». Los grupos de devotos han de reunirse para comulgar con Él, y cada individuo debe comportarse como amigo espiritual del otro, mostrándose interesado en servir también al grupo en su conjunto.

Recuerdo cierta ocasión, hace varios años, en que Guruji viajó al este de Estados Unidos para impartir clases e iniciación en *Kriya Yoga*. Durante ese período, tuvimos aquí en Mount Washington a una persona encargada de dirigir los oficios religiosos que era muy inexpresiva, monótona y aburrida. No me aportaba ninguna inspiración, por lo que decidí dejar de ir a la capilla. Pensaba que sería más provechoso permanecer meditando en mi habitación.

Cuando Guruji retornó de su viaje, me llamó para decirme:

—Tengo entendido que no estás asistiendo a la meditación.

—Pero, Maestro —respondí—, estoy meditando.

Nos encanta encontrar explicaciones, ¿verdad? Siempre tenemos a mano excusas que parecen lógicas.

—Pero ¿no vas ya a la *capilla*?

—No —repliqué—, porque medito mejor en mi habitación, con mayor profundidad. El oficiante que se nos ha asignado me causa tedio.

—Asiste de todas formas —fue su respuesta—. Debes acudir no para que el oficiante te inspire, sino para recoger la mente en tu interior. No dependas de ninguna otra persona; estás allí por una razón: para comulgar con Dios.

Jamás olvidé ese consejo. Fue una magnífica y maravillosa lección que me ha acompañado desde entonces.

Siempre que te reúnas con otras personas para meditar, olvídate de los demás. Acude sólo para comulgar con Dios. No hay duda de que, cuando nuestra voluntad es débil, nos fortalece el hecho de unirnos a un grupo que tiene intereses semejantes. Si estás en tu casa y hay problemas que resolver o has tenido un día difícil, posiblemente pienses: «No meditaré esta noche; sólo descansaré. Hoy ha sido un día agotador». De ese modo pospones la meditación, una y otra vez, porque cada día hallas una razón aparentemente legítima para hacerlo. Veo que alguien asiente con la cabeza. Así que ¡todos comprenden lo que digo!

Cuando algo trate de disuadirte, afirma: «No, debo unirme al grupo para meditar». Pero asiste por la razón correcta; es decir, porque deseas realizar un esfuerzo espiritual para perfeccionarte. No acudas para impresionar o reformar a los demás. En ese medio ambiente meditativo, se produce un intercambio: los demás integrantes del grupo te dan fortaleza y tú, a su vez, fortaleces a los demás.

Cultiva una relación personal con Dios

No pienses que debes abandonar el mundo y pasar

a formar parte de un *ashram* a fin de encontrar a Dios. Independientemente de la magnitud de tus actividades, siempre puedes encontrar tiempo para cultivar una relación amorosa y personal con Él. Con todas las responsabilidades que implica la supervisión de los asuntos de la sociedad fundada por Guruji, no sólo en este país sino en la India y en otras partes del mundo, estoy tan ocupada como el más atareado de los devotos. Pero Dios es primero. Yo no permito que nada interfiera con Él. Lo que se necesita es un gran anhelo de Dios y la fuerza de voluntad que nos permita reservar tiempo para Él en la meditación diaria.

La meditación jamás debe transformarse en una mera rutina o en una actividad tediosa. En mis viajes, he peregrinado por templos, mezquitas e iglesias, y en todo el mundo he visto devotos que recitaban sus oraciones totalmente distraídos. Recuerdo haber visitado los lugares sagrados de Jerusalén, donde Jesucristo caminó y comulgó con Dios, y allí advertí que el sacerdote que dirigía el oficio oraba de forma mecánica y se hallaba más interesado en su auditorio que en Aquel a quien dirigía su oración. Mis sentimientos me decían interiormente: «¡No, no, no! ¡Estás aquí para comulgar con Cristo!». De igual manera, en algunos templos de la India, vi a sacerdotes que realizaban sus *pujas* y que, mientras dirigían sus palabras a Dios, permanecían todo el tiempo mirando afanosamente a los asistentes. Aquel a quien dirigían sus oraciones no los escuchaba, porque ¡no estaban pensando en Él! El grave defecto de la religión moderna reside en que, debido a que se preocupa demasiado de lo que ocurre exteriormente, ha olvidado al Único Ser en torno al cual debería girar su atención. Guruji nos enseñó que, al sentarnos a meditar, sólo tenemos que ver con Dios. Conversa con Dios al

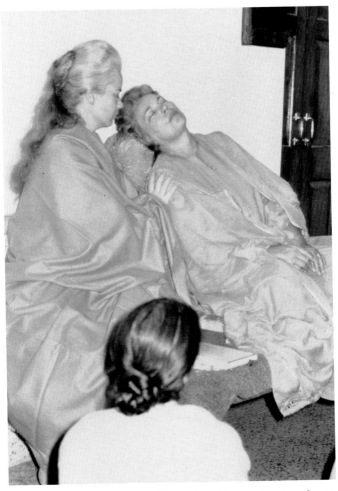

En profundo estado de *samadhi*, en el cual la conciencia se ha retirado de la percepción del cuerpo durante una experiencia extática interior de comunión con Dios; Ranchi (India), 1967.

«Ninguna experiencia humana puede compararse al amor perfecto y la dicha que inundan la conciencia cuando en verdad nos entregamos a Dios. Ése es el estado de satisfacción más sublime que el alma pueda conocer».

Después de un *satsanga* de Navidad en el
Auditorio Cívico de Pasadena (California), 1978.

«La mejor forma de reformar a la gente es mediante el ejemplo de nuestra propia conducta; no se trata de pensar que somos mejores ni de hacer alarde de nuestros esfuerzos espirituales, sino de expresar la bondad, la consideración, el amor y la comprensión que comienzan a desarrollarse dentro de nosotros a medida que se profundiza nuestro despertar espiritual. Eso es lo que conmueve a las personas [...]».

menos durante cinco minutos, sin permitir que ninguna distracción te interrumpa, y descubrirás que tu relación con Él se torna, gradualmente, más real.

Una forma de desarrollar una devoción concentrada consiste en cantar mentalmente, una y otra vez, el nombre de Dios o algún breve pensamiento u oración dedicada a Él. Esto es lo que en la India se denomina *Japa Yoga* y que Occidente conoce como una forma de «practicar la presencia de Dios».

También es útil expresar un ferviente anhelo de Dios por medio de algún canto dirigido a Él —como, por ejemplo, cualquiera de los incluidos en los *Cantos cósmicos* de Guruji—. Existen también muchas bellas canciones de amor que podemos dedicarle a Dios, aun cuando no hayan sido escritas para Él. Una de las que le gustaban a Guruji es *Amor indio*. Es muy emocionante ofrecer esos sentimientos y deseos, no a un amante humano, sino a Dios.

Además, lee las biografías de las grandes almas como, por ejemplo, la vida de Guruji, quien siempre se hallaba inmerso en el amor a Dios.

Una gran ayuda para despertar la devoción consiste en pensar en alguien a quien ames profundamente y cuyo amor te haya aportado una gran inspiración. Guruji pensaba en el amor hermoso, noble y puro que sentía por su madre, pues él la veneraba. Conforme recuerdes el amor que sientes por esa persona —tu madre, por ejemplo—, dirige tu mente a la Madre Divina, y ofrécele tu sentimientos: «Oh, Madre Divina, sé que eres Tú quien vino a mí en la forma de mi madre». Puede tratarse de uno de los progenitores, o del esposo, la esposa, un hijo o un amigo. Enfoca la atención en una dulce cualidad de esa persona y, cuando brote el amor en tu corazón, concéntrate de inmediato en Dios. En esos momentos, piensa: «Esta persona no podría amarme si Tú no la hubieras impregnado de amor». Todo el amor proviene de Dios. Cuando reflexiones de este modo, gradualmente comenzarás a cultivar amor por el Ser Amado que sustenta a quienes tú amas.

Siempre que alguien te preste su ayuda, reconoce en dicho gesto la mano de Dios que te otorga esa gracia. Cuando alguien diga algo amable acerca de ti, oye la voz de Dios que resuena en el fondo de esas palabras. Cuando algo bueno o hermoso engalane tu existencia, considera que viene de Dios. Asocia con Dios todo lo que suceda en tu vida. Piensa de esa forma y, un día, repentinamente, descubrirás: «¡Oh!, es sólo Él con quien tengo que ver». Dios es el común denominador de las vidas de todos los seres humanos. Él es quien impulsa todas nuestras acciones; nuestro mayor benefactor y quien más desea nuestro bienestar. ¿Puede haber un mayor incentivo para amarle y recibir su amor a cambio?

El canto como forma
de meditación

Sede Internacional de Self-Realization Fellowship,
Los Ángeles (California)

Permítaseme expresar algunas palabras acerca del propósito del canto devocional, tal como nos lo enseñó Paramahansa Yogananda. En su libro *Cosmic Chants*[1], él explica:

> El sonido o vibración constituye la fuerza más poderosa del universo. La música es un arte divino que ha de utilizarse no sólo para proporcionar placer sino como un camino hacia la percepción de Dios. Las vibraciones que surgen del canto devocional conducen a la sintonía con la Vibración Cósmica o la Palabra. «En el principio existía la Palabra y la Palabra estaba junto a Dios, y la palabra era Dios»[2]. [...] Las palabras saturadas de sinceridad, convicción, fe e intuición son semejantes a bombas vibratorias enormemente explosivas que tienen la virtud de destruir las rocas de las dificultades y de crear el cambio deseado. [...] Quien entone estos cantos espiritualizados (los *Cantos cósmicos*) con auténtica devoción, alcanzará la comunión con Dios y el gozo extático y, a través de ellos, la curación del cuerpo, de la mente y del alma.

[1] Libro de cantos devocionales escrito por Paramahansa Yogananda y publicado por *Self-Realization Fellowship*.

[2] *San Juan* 1:1.

Para aprender los cantos, elige sólo uno en cada ocasión. Naturalmente, al principio deberás concentrarte en las notas y en su correcta ejecución en el armonio[3]. Pero cuando hayas aprendido bien ese canto, tu atención debe enfocarse en las palabras que pronuncias. Repite el canto una y otra vez, con una concentración creciente, hasta que tu conciencia se impregne por completo del significado de las palabras. Mediante esta práctica, llegarás a ese estado en el cual eres uno con el canto. Ningún pensamiento que pudiera distraerte logrará penetrar en tu conciencia; no existirá ninguna otra cosa para ti, salvo el concepto de Dios que estés invocando.

Por ejemplo, consideremos el canto que acabamos de entonar, *Pies de loto azul*[4]:

> Absorta está la abeja de mi mente
> en los pies de loto azul de mi Madre Divina.
> ¡Madre Divina, mi Madre Divina!
> ¡Madre Divina, mi Madre Divina!

Al nombrar repetidamente a la Madre Divina, invocamos su amorosa presencia. El secreto consiste en continuar cantando hasta que sientas esa percepción dichosa. Sabrás, entonces, que has bebido el néctar de la flor de ese canto. El canto que se ejecuta de este modo se convierte en una forma de meditación.

En numerosas oportunidades tuvimos la bendición de sentarnos alrededor de Gurudeva mientras él componía un nuevo canto o traducía al inglés un canto indio

---

[3] Órgano de lengüeta en el que se insufla aire manualmente; es muy utilizado en la India y resulta particularmente idóneo para acompañar los *bhajans* (cantos devocionales).

[4] Canto dedicado a Dios en su aspecto de Madre Divina, tomado del libro *Cosmic Chants*.

tradicional. En esos momentos, todos cantábamos con él mientras entonaba esa canción una y otra vez —a veces, incluso muy avanzada la noche—, hasta que el canto nos transportaba más allá de las palabras y de la música y nos regocijábamos con inmensa devoción en el maravilloso sentimiento de la cercanía de Dios. Este género de experiencias es el objetivo del canto.

No puedo dejar de hacer énfasis en la importancia de entonar los cantos con una actitud devocional. Cuando cantábamos con el Maestro, con frecuencia nos recordaba: «Canta con todo tu corazón. Olvida que estoy tocando el armonio; olvida que estoy aquí. Permanece absorto en el significado del canto. Piensa en el Ser al que diriges el canto». A veces, cuando él cantaba a la Madre Divina, mi conciencia se extasiaba por completo de amor por Ella. Con solo pensar en Ella, parecía como si un océano en mi interior se agitara con las marejadas de su infinita y amorosa presencia.

Cuando profundizamos de modo creciente y sin cesar en la esencia de un solo pensamiento o percepción espiritual, todo lo demás se desvanece en un segundo plano. Recuerdo una ocasión en la que nos hallábamos meditando con Gurudeva y Rajarsi[5] en Encinitas. Nuestro bendito Maestro cantaba a la Madre Divina desde lo más profundo de su corazón. Su amor por Ella y su gozo nos elevaron a un estado de arrobamiento. Mi mente estaba tan absorta en el ardiente deseo por la Madre Divina y su amor que entré en un estado extático muy profundo. El Maestro detuvo el canto; me tocó la fren-

---

[5] Rajarsi Janakananda, un muy querido y avanzado discípulo de Paramahansa Yogananda, fue el primer sucesor espiritual de nuestro Gurú en calidad de presidente de *Self-Realization Fellowship*. Ocupó ese puesto hasta su muerte, acaecida en 1955, tras la cual Sri Daya Mata fue designada presidenta.

te, se volvió a Rajarsi y le dijo muy dulcemente: «Mira, ella me ha robado el éxtasis»[6].

¡Qué gloriosa experiencia! Para alcanzar ese divino gozo interior, al cantar o meditar tenemos que olvidarnos de todo lo demás. La presencia de Dios se siente únicamente cuando nos desligamos por completo de todas las preocupaciones mentales. Así pues, cada vez que invoques el nombre de la Madre Divina, trata de que no sean sólo palabras. Absórbete por completo en Ella. Mediante tu concentración y devoción, haz de Ella una realidad viviente en tu conciencia. La Madre Divina es real para quienes piensan que es real; pero está distante —y es un mero nombre o un vago concepto mental— para aquellos que la invocan mecánicamente.

Uno de los cantos[7] dice lo siguiente: «¿Llegará el día, Madre, en que al pronunciar tu amado nombre mis ojos se llenen de lágrimas?». Jamás olvidaré la emoción que inundó mi ser la primera vez que oí al Maestro cantar estas estrofas. Y aquella misma emoción vuelve a mí cada vez que me concentro en esas palabras. Así debería ocurrirte a ti. Cada día, debes repetirte este pensamiento y sentir el divino anhelo que encierran estas palabras que manan desde las profundidades de tu alma.

Se dice en las escrituras sagradas hindúes que el solo hecho de pronunciar el nombre de Dios confiere la salvación. Cuando leí esto por primera vez, no entendí cómo podía ser posible. Pero luego aprendí que sí es

---

[6] El devoto que está en sintonía interior con una personalidad divina, puede absorber la vibración espiritual de ese santo. Este principio lo expresó Jesús cuando, en medio de una multitud, una mujer tocó con devoción la orla de su manto: «Pero Jesús dijo: "Alguien me ha tocado, porque he sentido que una fuerza ha salido de mí"» (*San Lucas* 8:46).

[7] «¿Llegará el día, Madre?», del libro *Cosmic Chants*.

posible, cuando en esa oración mental se vuelcan todos los anhelos y deseos de nuestra alma: «¡Señor mío! Sólo te amo a Ti, únicamente te quiero a Ti, no anhelo nada más que a Ti. Haz de mi vida lo que Tú desees». Cuando dependes por completo de Dios —es decir, cuando abrigas una devoción, una fe y una entrega profundas—, Él responde, con toda certeza.

Así pues, alma amada, medita asidua y sinceramente. Con todo el amor de tu alma, ofrece al Ser Divino esos cantos que han sido espiritualizados por Gurudeva. Y ora pidiendo devoción: ora para que tu corazón, tu mente y tu alma ardan con tal añoranza y fervor divinos que tu vida se convierta en un inmenso anhelo de Dios. De este modo, tus pasos estarán firmemente afianzados en el sendero espiritual.

Aprende a aceptarte tal como eres

Sede Internacional de Self-Realization Fellowship,
Los Ángeles (California)

La introspección y el autoanálisis son esenciales en el mejoramiento personal. La primera *sloka* del *Bhagavad Guita* dice: «Reunidos todos, prestos para la lucha, ¿qué hicieron mis hijos [mis buenas y malas tendencias]?»[1]. Dicho de otra forma, examinaré mis pensamientos y acciones de este día: ¿Me conducen hacia mi objetivo? ¿Cómo me he comportado? ¿He sido cruel? ¿He mentido o engañado? ¿He sido egoísta, codicioso o poco amable? Así es como debemos llevar a cabo la introspección.

La introspección es una práctica muy constructiva, mientras no la emplees para pensar obsesivamente en tus debilidades hasta el punto de sumirte en una depresión o en sentimientos de culpabilidad tan intensos que comiences a odiarte. Esto supondría un abuso y un empleo erróneo del autoanálisis. El hecho de concentrarte en tus defectos impide lo que pretendes lograr, porque cuanto más te identifiques con ellos, más pode-

---

[1] Daya Mata utiliza aquí la interpretación efectuada por Paramahansa Yogananda en la que afirmó que los guerreros que se mencionan en el *Bhagavad Guita* representan las beligerantes tendencias hacia el bien y el mal que se encuentran presentes en cada ser humano. *(Nota del editor).*

rosos se volverán. Tú no eres tus imperfecciones; tú eres el alma siempre perfecta. El propósito de la introspección consiste en ayudarte a reconocer desapasionadamente las deficiencias de la personalidad que ensombrecen tu divinidad innata, a fin de que puedas superarlas. Si tienes una debilidad o un problema de conducta, no necesitas contárselo a todo el mundo. Pero *haz* algo por corregirlo. Analízate con sinceridad y trata de perfeccionar lo que consideres poco agradable en ti. Ésta es la forma correcta de practicar la introspección.

No te preocupes de los pecados que creas haber cometido en el pasado, pues ahora no son parte de tu ser. Éste es un principio sobre el que Gurudeva Paramahansa Yogananda hacía gran hincapié. Corrígete y, luego, todo aquello que hayas hecho mal ya no te pertenecerá; así pues, olvídalo. Cristo les dijo a muchas personas que Dios las había perdonado, pero a cada una le advirtió: «No peques más», es decir, no repitas el error. Aférrate al pensamiento de que tu pasado ha sido perdonado y aprende a quererte más. El hecho de gustarte, tal como eres, nada tiene que ver con el ego; sólo significa aceptarte tal como Dios te acepta.

No hay acción indebida —sin importar cuál sea— que Dios no nos perdone, si realmente nos apartamos del comportamiento erróneo. Nada hay que hayas hecho que todos los aquí reunidos no hayamos realizado también en alguna vida. Y no sólo eso; además, no existe acción tuya que no haya sido concebida primeramente por Dios o, de lo contrario, no podrías haberla ejecutado. Jamás debemos temer que Él nos vea tal como somos. Él ya conoce cada uno de nuestros defectos y cada error que hemos cometido en todas nuestras numerosas vidas. Sin embargo, Él no nos ha abandonado;

por el contrario, nos ama incondicionalmente, y ese amor que nos prodiga jamás cambiará.

Algunas personas se consideran indignas, y continuamente se concentran en ello. Sus mentes no están enfocadas en la meditación profunda ni en el amor a Dios, sino que sólo piensan en lo indignas que son. Éste es un terrible escollo. Todos somos dignos de mérito por ser hijos de Dios. Tenemos el derecho, el privilegio y la oportunidad de buscarle. Así pues, ¡hazlo! No pienses constantemente: «Soy despreciable». Esa noción es perjudicial porque te hace desperdiciar demasiado tiempo deleitándote en la autocompasión. Además, se trata de una excusa inconsciente para no efectuar un mayor esfuerzo por buscar a Dios con más ahínco: «Soy tan indigno; Él no podría quererme, porque no soy una buena persona». Estos argumentos son falsos, ya que inconscientemente te dices: «Y, además, no siento en verdad el profundo deseo de encontrar a Dios; así pues, me resulta conveniente atribuirle la culpa a mis defectos para justificar de ese modo mi falta de esfuerzo».

Cualesquiera que sean mis deficiencias, sólo sé que lo que intento perfeccionar en esta vida es el amor a Dios. Al concentrarme en tratar de pensar positivamente y en llevar a cabo, cada día de mi vida, acciones constructivas al máximo de mi capacidad, no dispongo de tiempo para pensar en mis imperfecciones, ni para detenerme a pensar si soy o no apta para buscar a Dios. Sencillamente, ¡le busco!

Aprende a aceptarte y a gustarte, teniendo en cuenta aquello en lo que estás tratando de convertirte. Acepta cada día como se presente. Alguien ha dicho: «Cada día es como una flamante hoja en blanco lista para escribir en ella». Tienes la maravillosa oportunidad de escribir diariamente tu vida de nuevo. Procura que esté colmada de pensamientos provechosos, bellos y creativos que contribuyan a tu propio bienestar espiritual y al de los demás.

Cuanto más concentres tu mente en Dios y cuanto menos pienses en ti mismo y en tus defectos, mayor será tu sintonía con Dios y con nuestro Gurú. Cuando piensas en ti de forma negativa, cultivas y alientas tu debilidad espiritual; por lo tanto, no lo hagas: desaloja tales pensamientos de tu mente. El pasado no te pertenece; sólo el presente y el futuro son tuyos. Escribe nuevos pensamientos y nuevas acciones positivas en las páginas que aún quedan de tu vida. Es importante que recuerdes esto.

La entrega: confianza en el poder ilimitado de Dios

Sede Internacional de Self-Realization Fellowship,
Los Ángeles (California)

En una u otra ocasión, todos hemos llegado a ese punto en que los problemas nos parecen tan abrumadores que nos sentimos incapaces de afrontarlos. Pensamos: «He alcanzado mi límite físico, mental y emocional. He puesto en práctica todas las soluciones que vinieron a mi mente. ¿Qué otra cosa podría hacer ahora?». Muchas personas buscan la ayuda de un médico o de un psicólogo, lo cual parece bastante lógico. Pero llega un momento en que los profesionales de la salud tampoco pueden ayudarnos. ¿Qué hacer, entonces?

Creo firmemente en el poder de entregarse a la voluntad divina y de dejar nuestras vidas por completo en las manos de Dios. Él puede salvarnos de toda crisis, a pesar de los pronósticos funestos de cualquier ser humano. Yo he padecido muchas enfermedades, pero jamás me he apartado del Poder Divino, pues sé que Él me sostiene. Una y otra vez, el Señor me ha demostrado su ayuda.

Para beneficiarnos del poder ilimitado de Dios, es preciso desarrollar más confianza y fe en Él. Gurudeva me dijo en cierta ocasión: «Interiormente, aférrate siempre a la siguiente plegaria: "Señor, hágase tu voluntad, no la mía"». Con gran frecuencia, las personas temen entregarse a Dios, porque realmente no confían en Él. No están seguras de que lo que Él les ofrezca vaya a ser lo que ellas desean. Y por lo tanto, aunque afirmen «Hágase tu voluntad», no lo dicen sinceramente —y ahí es donde reside su error.

Mientras consideremos que con nuestras solas fuerzas somos capaces de manejar nuestras vidas, no estableceremos contacto con Dios. Antes de que podamos recibir la gracia del Ser Divino, debemos abandonar la ilusión de que el pequeño ego es suficiente. Cuántas personas se extravían porque piensan: «Yo puedo hacerlo solo». ¡No, no podemos! No nos es posible ni siquiera respirar, o levantar el dedo meñique, por nosotros mismos. En todo momento dependemos por entero del Señor, pues Él nos sostiene a cada instante.

Cuanto más confiemos en Él y menos en los remedios tangibles, mejor nos sentiremos. A lo largo de los años, he sido testigo en numerosas ocasiones de cómo la eficacia de esta fe en Dios se pone de manifiesto en las vidas de muchos de los discípulos de Gurudeva Paramahansa Yogananda. Esto no implica que debamos ignorar el consejo de los médicos o el valor de los tratamientos que ofrecen. Pero a la vez que se llevan a cabo las recomendaciones de un profesional, deberíamos darnos cuenta de que el poder de Dios que mora en la mente es la verdadera fuente de la curación; los métodos externos tan solo estimulan la mente para que libere algo de esa energía divina.

La mente es un instrumento de capacidad ilimitada para recibir el poder de Dios. Deseo hacer énfasis en esta afirmación, al igual que Guruji lo hizo ante quienes le rodeábamos. El cuerpo —esta magnífica forma física que porta el ser humano— es producto de su propia conciencia. Cada uno de nosotros es único porque ha utilizado de modo diferenciado su mente. Todos los males de la humanidad provienen del uso incorrecto de la mente; hoy en día, los científicos comienzan a comprender cada vez más esta verdad. Conforme cultivemos las actitudes y pensamientos apropiados, y practiquemos las técnicas para comulgar con Dios que el Maestro nos ha enseñado, se incrementará progresivamente nuestra capacidad para expresar esa perfecta Conciencia Divina, cuyo reflejo se encuentra oculto dentro de nosotros como el Ser interior o alma.

Retiremos los obstáculos que nos separan de Dios

Hoy en día, los psicólogos estarían ciertamente de acuerdo en lo que hace muchos años Guruji dijera, en el sentido de que la preocupación, la tensión nerviosa y el temor crónicos, así como otras emociones negativas —tales como la culpabilidad, el odio, los celos y la amargura—, bloquean los canales a través de los cuales fluye la sabiduría y la curación desde los niveles más profundos de la conciencia. Las personas se vuelven tan tensas y ansiosas al luchar contra sus problemas que acaban traumatizadas. Así pues, cuando hemos intentado todo lo posible para resolver nuestro problema y nada parece mejorar, el curso de acción más sabio es simplemente éste: *relajarse*. Abandona el intento de encontrar una solución que esté basada tan sólo en el empleo de los limitados recursos humanos de la mente racional, los cuales te han llevado a esa situación actual de frustración y tensión. Entrega el problema al Ser Divino con una absoluta fe y confianza en Él. En otras palabras: «Deslígate de la dificultad y permite que Dios se haga cargo de ella».

¿No es éste el principio que las escrituras de todas las religiones nos han enseñado? Haz el esfuerzo de entregar por completo tu corazón, tu mente y tu vida a Dios. Esta actitud comenzará a eliminar los obstáculos mentales que te inducen a creer que estás separado de Él. De esta forma, comprobarás que su divino poder fluye hacia tu vida con mayor abundancia. Los pensadores creativos, los inventores, la gente que ejecuta hazañas extraordinarias en momentos de emergencia y los santos que comulgan con Dios —todas las personas exitosas— han aprendido, en diversos grados, a extraer el contenido de ese divino «embalse» interior, que es la fuente única de la inspiración y del poder creativos.

Los psicólogos afirmarían que estas cualidades residen en la mente «inconsciente»[1]. Tal vez no empleen la palabra «Dios», pues la ciencia contempla todo desde el punto de vista de las leyes naturales. Pero no es posible separar a Dios de sus leyes. Sin importar qué terminología se utilice, toda persona que investigue con la profundidad necesaria descubrirá la semejanza entre los principios científicos que gobiernan el universo —lo cual incluye el cuerpo y la mente del ser humano— y las verdades a las que se han referido, a lo largo de los siglos, los profetas conocedores de Dios. Toda ciencia que niegue la existencia de estas leyes espirituales no ha comprendido aún totalmente lo que está estudiando. En verdad, no existe conflicto alguno entre el maestro espiritual que afirma «Ten fe en Dios» y el psicólogo que recomienda «Haz uso de los recursos interiores de la mente inconsciente». Al establecer contacto con los niveles más profundos de la mente, comenzamos a percibir a Dios[2].

---

[1] Paramahansa Yogananda se refirió a las mentes subconsciente y supraconsciente en lugar de utilizar el término «inconsciente». Él afirmó: «No existe una verdadera *inconsciencia*; es posible que la conciencia duerma o repose, pero jamás puede estar inconsciente. Durante el sueño, la conciencia descansa; es decir, se encuentra inactiva. El alma jamás está inconsciente».

[2] «El Reino de Dios ya está dentro de vosotros» (*San Lucas* 17:21).

La tendencia de nuestra época, sobre todo en Occidente, ha sido tratar de separar de Dios al universo y sus criaturas. Hoy en día, sin embargo, comprobamos que mucha gente intenta huir de la rutina del pensamiento materialista y busca de nuevo las profundas experiencias metafísicas de los místicos de la antigüedad. Por desgracia, con frecuencia suponen erróneamente que por el mero hecho de apartarse de aquellas engañosas y viejas rutinas no caerán en otras nuevas... pero caen. Por ejemplo, hay quienes han tratado de explorar esos territorios interiores mediante el uso de las drogas; pero éstas sólo confunden la mente e impiden distinguir lo real de lo irreal. Algunas personas se fascinan con la hipnosis, la canalización en estado de trance u otros métodos tendentes a lograr pasivamente ciertos estados alterados de conciencia. Todos estos métodos entrañan graves riesgos y sólo conducen a quienes los practican a adoptar un nuevo conjunto de rutinas mentales. La única forma de evitar las obsesiones de este mundo consiste en aferrarse a Dios. De este modo, no tendrás dificultades emocionales, pues Él será tu firme apoyo.

La mente es un maravilloso mundo cuyos poderes deberían investigarse mediante los métodos apropiados. El verdadero buscador espiritual sigue el camino recto —la meditación enseñada por quien conoce a Dios— y jamás pierde contacto con la realidad, el sentido común o las eternas leyes de la verdad.

La relajación y la meditación: claves para hacer uso de las fuentes interiores de fortaleza

Tanto si la definimos como «acceder al poder de la mente inconsciente» o «establecer contacto con Dios», la meditación es la forma más elevada de conseguir la fortaleza necesaria para superar los obstáculos de la vida. Todos deberíamos organizar nuestro programa de actividades a fin de disponer diariamente de tiempo suficiente para liberar la mente de las preocupaciones, las responsabilidades y las perturbaciones externas, de modo que podamos dedicarnos a pensar en Dios mediante la práctica de la meditación.

Una de las primeras necesidades que se presentan en la meditación es la de aprender a relajar el cuerpo y la mente. Ahora bien, no estoy sugiriendo que sea preciso acostarse para estar relajado y poder practicar luego la meditación, porque probablemente lo primero que sucedería es que te quedaras dormido y, quizá, pensases: «Bien, ¡Daya Mata me aconsejó que me acostara y tomase una siesta!». Es propio de la naturaleza humana hacer flexibles las verdades que se nos enseñan, a fin de adaptarlas a nuestras inclinaciones. El Maestro nos contó que, cuando comenzó a enseñar en este país, sugería a sus alumnos que no comieran tocino. Algunos de ellos razonaron: «Nos indicó que no comiéramos tocino, pero nada dijo de no probar el jamón». Entonces, el Maestro puntualizó que se abstuvieran de ingerir tocino y jamón; pero ellos razonaron: «Bien, ¡no mencionó en absoluto las chuletas de cerdo!». Ésa es la forma en que opera el ego. Debemos preguntarnos siempre: «¿Estoy comportándome como un hipócrita?». Estamos tan predispuestos a regirnos por lo que *nosotros* deseamos hacer que buscamos «lagunas» en las instrucciones del Gurú. Seguir la esencia de sus enseñanzas, y no sólo el sentido literal de sus palabras, equivale a desarrollar la sabiduría y el sentido común.

Así pues, recuerda: la relajación no significa ¡irse a dormir! En lugar de acostarte para meditar, siéntate erguido —con la columna vertebral recta— en una silla o, sobre un cojín, con las piernas cruzadas. Cierra los ojos para reducir las distracciones; eleva suavemente la mirada hacia el centro crístico[3]; tensa y relaja el cuerpo varias veces, mientras inhalas y exhalas profundamente; olvida toda preocupación mental y física. Mantén la postura erguida y, al mismo tiempo, relaja en forma consciente toda tensión indebida de los músculos. Trata de permanecer tan flácido como un fideo húmedo que colgase del firme eje de la columna vertebral.

No pienses en tu problema; de lo contrario, permanecerás estancado en ese nivel de conciencia. Practica *Kriya Yoga* y las demás técnicas, y entrega por completo el corazón, la mente y la vida a Dios. Cuando nos relajamos y calmamos la mente por medio de la meditación, comenzamos a acercarnos a los niveles superiores de conciencia, esa bóveda eterna en la que reside todo lo que hemos aprendido en esta vida y en nuestras incontables encarnaciones anteriores. Cuando logramos conectar con la supraconciencia —la visión intuitiva y omnisciente del alma[4]—, la sabiduría comienza a impregnar nuestra percepción y encontramos la solución del problema o la guía apropiada.

---

[3] Paramahansa Yogananda explicó que la posición de los ojos guarda una estrecha relación con los estados de conciencia: la mirada que se dirige hacia abajo se corresponde con la subconciencia (y tiende a generar ese estado); la mirada al frente indica el estado consciente y activo de la conciencia externa; y la mirada que se enfoca hacia arriba ayuda a elevar la mente al estado supraconsciente.

[4] Según el profesor Jules-Bois de La Sorbona, la supraconcienca «es el opuesto exacto de la mente subconsciente que Freud concibió; abarca las facultades que hacen que el hombre sea un ser humano y no sólo un animal superior». El científico francés explicó que el despertar de la conciencia superior «no debe confundirse con el método psicoterapéutico de Coué ni con la hipnosis. La existencia de la mente supraconsciente ha sido reconocida filosóficamente desde hace mucho tiempo; se trata, en realidad, de la Super-Alma a la que Emerson se refirió; sin embargo, sólo recientemente la ciencia la ha reconocido».

Algunas personas esperan que Dios aparezca entre las nubes y les diga: «Hijo mío: primero haz esto, y luego aquello, y así resolverás tu dilema». Esta idea es ridícula; Él no va a venir a nosotros de ese modo, y no deberíamos desear que lo hiciese. La fe no significa hacer a un lado la razón, el sentido común y la fuerza de voluntad. Por el contrario, significa que debemos utilizar todas las aptitudes que Dios nos concedió para armonizarlas con su voluntad. Pues como dijera el Maestro: «Señor, yo razonaré, yo querré y yo actuaré; pero guía Tú mi razón, mi voluntad y mi actividad hacia lo que debo hacer».

Dios desea que utilicemos los poderes divinos que residen en cada uno de nosotros, pues así es como crecemos espiritualmente. Cuando contemplo de modo retrospectivo mi vida y recuerdo mis primeros años en el sendero espiritual, siento agradecimiento por cada ardua lucha que debí afrontar, pues todas ellas han hecho brotar en mí una fortaleza, una determinación y una total entrega a Dios y a su voluntad, que no hubiese podido desarrollar de ninguna otra forma.

A menudo, si estamos enfermos o atravesamos por alguna crisis, nos sentimos indefensos y queremos darnos por vencidos. Pero ¿no sabes que enfrentar y superar problemas es la esencia de la vida? Ése es el motivo por el cual nos hallamos aquí; no para lamentarnos y desesperarnos, sino para aceptar lo que se nos presenta y utilizarlo como un medio para lograr una relación más estrecha con Dios. Cuando la adversidad aseste un golpe, no pienses que se debe a que Dios te ha desamparado. ¡Qué insensatez! Si en esos momentos de prueba recurres a Él con la confianza de un niño, le encontrarás a tu lado, tal vez en forma mucho más tangible que durante los momentos favorables de la vida.

El poder de la actitud positiva y de las afirmaciones

Independientemente de lo que ocurra, repara siempre en el aspecto positivo: «No importa; esta situación mejorará pronto». Por la gracia de Dios, la esperanza es algo que jamás me falta. Nunca acepto el desaliento. Pero debí esforzarme para desarrollar esta cualidad, y todos deberían hacer lo mismo. Algunas personas tienen la tendencia de mirar siempre hacia el lado sombrío de los acontecimientos. Su reacción ante cualquier señal o circunstancia es invariablemente la negación, o el temor, o el pesimismo. Analiza tu conducta diariamente, y si adviertes que te encuentras pensando o actuando de ese modo, recuerda que estás manifestando una actitud inapropiada que destruye la paz, la felicidad y la voluntad constructiva. Sí, es verdad que existe el mal en este mundo; en el reino de la dualidad no puede haber luz sin oscuridad, gozo sin pesar, salud sin enfermedad o vida sin muerte. Pero concentrarse constantemente en el aspecto negativo es un insulto al alma y a Dios. ¡Jamás te rindas al desaliento!

Crea una atmósfera de pensamientos positivos a tu alrededor. Con relación a la mente, se ha dicho que las actitudes son más importantes que los hechos; y ésta es una gran verdad. Si buscamos a conciencia lo mejor de cada situación, esa positiva disposición de ánimo y ese entusiasmo obrarán como un maravilloso estimulante para la mente, los sentimientos y el cuerpo entero. La actitud correcta constituye una enorme ayuda para eliminar los obstáculos mentales y emocionales que nos apartan de los recursos divinos que yacen en nuestro interior.

Guruji nos ofreció un perfecto ejemplo de esta forma de pensar positivamente. Él tuvo que afrontar indecibles luchas para erigir la obra de *Self-Realization Fe-*

llowship y *Yogoda Satsanga Society of India*, pero jamás le vimos abatido o quejumbroso. Y tampoco hubiera permitido que nosotros nos dejáramos invadir por el desaliento. Él nos indicó que debíamos orar así: «Madre Divina, enséñame a permanecer incólume en medio del estrépito de mundos que se derrumban». En otras palabras: «Pase lo que pase en mi vida, jamás admitiré la derrota, porque Tú estás conmigo. Tú me has dado la vida y Tú me sustentas».

Desarrolla esa tenaz fuerza de voluntad. En medio de toda crisis, afirma con gran convicción: «Señor, *puedo* triunfar, porque Tú estás en mí». Luego, pon tu voluntad en movimiento en busca de una solución. Advertirás que el Poder Divino te ayuda en formas misteriosas. Mientras llevas a cabo tu máximo esfuerzo, mantén tu mente en armonía con la Fuente interior de fortaleza y guía mediante la siguiente afirmación: «Señor, hágase tu voluntad, no la mía». He aquí el secreto.

Las afirmaciones, tal como enseñó el Maestro, constituyen una forma excelente de aprovechar el poder de la mente[5]. Cuando estés preocupado o abrigues temores, por ejemplo, afirma con cada respiración: «Tú estás en mí; yo estoy en Ti». Tendrás la certeza de hallarte en su presencia. En la India, a la ciencia de repetir continuamente un pensamiento espiritual se la denomina *Japa Yoga*; en Occidente, se la llama «practicar la presencia de Dios». Las afirmaciones que se repiten con fuerza de voluntad y concentración se dirigen a la mente subconsciente y supraconsciente, las cuales responden creando las condiciones que expresamos en nuestra afirmación. Es así como nos transformamos. No estamos obligados a seguir en nuestro estado actual; no es preciso que nos convirta-

---

[5] Véase *Afirmaciones científicas para la curación*, de Paramahansa Yogananda, publicado por *Self-Realization Fellowship*.

mos en «muebles psicológicos», como diría Guruji. Un mueble jamás cambia. Si éste permaneciera en su forma original —la de un árbol vivo—, seguiría creciendo y produciendo; pero cuando su madera se moldea con la forma de una silla o una mesa, deja de desarrollarse; sencillamente, se hace vieja, se deteriora y se desintegra.

A fin de crecer espiritualmente, debemos tratar —de manera constante— de reformarnos. La espiritualidad no es algo que se nos pueda injertar desde el exterior, ni es una «aureola» que podamos crear y colocar sobre nuestras cabezas; la espiritualidad proviene del esfuerzo continuo, cotidiano y paciente, así como de un sencillo sentimiento de entrega al Ser Divino. La luz de Dios no descenderá repentinamente sobre nosotros para convertirnos en santos de manera instantánea. ¡No! Se requiere hacer un esfuerzo diario para transformarnos y entregar el corazón, la mente y el alma a Dios, tanto en la meditación como en la actividad.

La satisfacción suprema se alcanza mediante la entrega

Podemos también aceptar el hecho de que pertenecemos a Dios y, por lo tanto, debemos cesar de escapar de Él, pues no hay forma de huir del Señor. El Maestro citaba con frecuencia el poema *The Hound of Heaven*[6] *[El sabueso celestial]*: «Día y noche escapé de Él; por los arcos del tiempo, escapé de Él; en los laberintos de mi mente, escapé de Él...». Pero, finalmente, el Sabueso Divino alcanzó al alma que huía, y tomándola con fuerza le dijo: «Tú ahuyentaste el Amor de ti; tú me ahuyentaste». Mientras no permitamos que Dios nos atrape, no conoceremos lo que en verdad es la seguridad, la plenitud o el amor.

---

[6] De Francis Thompson.

Me he dado cuenta de que el despertar espiritual más profundo se presenta en mí cuando me entrego a Dios; y tú también comprobarás que es así. Mientras busquemos alguna experiencia emocionante en la meditación, algún «milagro» tangible o una demostración fenoménica, Dios no responderá. Recurre interiormente a Él y afirma: «Señor, te entrego mi corazón. No me importa lo que hagas conmigo. Vengas a mí o no, sólo sé que te amo». Eso es amor divino. Ninguna experiencia humana puede compararse al amor perfecto y la dicha que inundan la conciencia cuando en verdad nos entregamos a Dios. Ése es el estado de satisfacción más sublime que el alma pueda conocer.

Dios no tiene favoritos en este mundo; Él nos ama a cada uno de nosotros tanto como a sus más grandes santos. Pero ellos reciben más por la sencilla razón de que ofrecen más y son, por lo tanto, más receptivos.

Jamás temas a Dios, sean cuales sean los errores que hayas cometido en el pasado. Muchas personas se ahorcan con las poderosas cuerdas de la culpa, el temor y la duda, y recurren a la ayuda profesional para conversar de sus complejos y deshacerse de ellos. Si nuestra fe es suficiente, podemos cultivar con gran facilidad esa comunicación con Dios. Él es el verdadero Padre y Confesor a quien deberíamos llevar nuestros problemas. Él nos conoce tal como somos; es imposible esconderle lo más mínimo. Con todo, él nos ama incondicionalmente porque somos sus hijos. Cuando sientas la carga de los negativos traumas emocionales, entrégaselos a Dios con profunda fe, diciéndole: «Padre, malo o bueno, soy tu hijo. Ayúdame a comprender más mi verdadero Ser interior y fortaléceme para que sea yo capaz de manifestar la perfección innata de mi alma».

Ese sentimiento de confianza y entrega a Dios da

como resultado una relación tan dulce con Él que las palabras no son capaces de describirla. Sólo puedo decir que esa relación le confiere sentido a todo lo que existe en la vida. Qué inmenso gozo nos invade cuando cada mañana, al despertar y dirigir la mirada hacia nuestro interior, podemos decir: «Madre Divina, ¿qué deseo hoy? Sólo anhelo hacer tu voluntad. ¡Guíame!». Cuando te ocupas de tus deberes con esa actitud, sientes que la fortaleza y el amor inundan tu vida desde esa Fuente interior. Tu único deseo es: «Señor, permite que mi corazón sea un canal por el que fluya tu amor; mas no para atraer a la gente hacia mí, sino hacia Ti, a quien adoro; pues en todas partes veo cuánta gente necesita tu amor».

Hemos nacido para vivir en el mundo de este modo. Dondequiera que Dios te haya colocado, haz todo lo que esté a tu alcance para manifestar una actitud positiva y fortaleza mental interior, así como un sentimiento de fe, confianza y entrega a sus pies. Conocer a Dios es muy simple; sólo relájate y permite que Él entre en tu vida. Éste es el único propósito del sendero espiritual. Acepta cada experiencia que se presente, considerando que proviene del Señor, y trata de aprender la lección correspondiente. De lo contrario, seguirás cometiendo los mismos errores y equivocaciones, día tras día, año tras año, hasta el final de tu vida, y jamás te darás cuenta del inmenso tesoro de satisfacción divina que reside en tu interior.

Deja de ser la misma y vieja «antigualla psicológica»; perfecciona tu vida por medio del poder divino que mora en tu interior. En esta verdad se halla nuestra liberación de todas las limitaciones que nos impone el cuerpo, la mente y este mundo de engaño. En esta verdad, todos encontraremos la suprema victoria.

La muerte: misterioso portal hacia un mundo mejor

Sede Internacional de Self-Realization Fellowship,
Los Ángeles (California)

Una persona ha preguntado: «¿Cuál es la opinión de *Self-Realization Fellowship* acerca del "derecho a morir"?».

Gurudeva Paramahansa Yogananda nos enseñó que no le corresponde a *Self-Realization Fellowship* debatir sobre estos complejos temas sociales, porque no se puede dar una respuesta categórica a este tipo de preguntas, cuya contestación específica depende mucho de las circunstancias particulares. En última instancia, Dios es el único a quien le asiste el derecho de quitarnos la vida. Él nos trajo a este mundo, y sólo Él tiene el derecho de retirarnos de aquí. Por otro lado, estoy segura de que el Maestro consideraba que no es apropiado prolongar la vida en forma artificial cuando no existe esperanza de recuperación y el cuerpo se sustenta sólo mediante aparatos médicos. Así pues, en cada caso, las personas que tienen la responsabilidad legal de tomar una decisión deberán determinar cuál estiman que sería la más adecuada. Nuestro deber consiste en ayudar a las personas a comprender los principios morales y espirituales, y mostrarles cómo penetrar en su interior para encontrar, en el marco de su relación personal con Dios, las respuestas a cada pregunta. Ésta es la forma de saber qué es apropiado o inapropiado en cualquier situación.

El sufrimiento de la gente es un hecho trágico, y ese dolor es el que suscita preguntas sobre el «derecho a morir»: «¿Por qué debe sufrir durante tanto tiempo y de manera tan atroz una persona que tiene pocas o nulas oportunidades de recuperación, si la muerte podría poner fin a esa agonía?». Sin embargo, nosotros no conocemos las elevadas lecciones que un alma puede estar aprendiendo durante una enfermedad prolongada; este factor no siempre se comprende. Nuestra fe en la compasión y la justicia de Dios deben permanecer inquebrantables, sobre todo en esos momentos en que la vida parece tan injusta. Debemos orar por la persona afectada y ayudarla a encontrar fortaleza y valor.

Pero entiéndase bien: no estoy abogando en favor del sufrimiento. Sin embargo, acepto los dictados del Señor, ¡pues eso es todo lo que podemos hacer! Estoy convencida, más allá de cualquier duda, de que todo cuanto Él hace es correcto. Su amor y compasión son incondicionales. Pero, con nuestro limitado entendimiento, a veces no comprendemos sus designios, especialmente cuando afrontamos el sufrimiento y la muerte[1].

No debemos temer a la muerte

Con frecuencia, Guruji nos decía: «¿Por qué temer a la muerte? En tanto estés vivo, no estás muerto; y cuando estés muerto, todo habrá terminado. Entonces, ¿por qué temerla?». Este razonamiento solía impresionarme poderosamente.

---

[1] «Porque no son mis pensamientos vuestros pensamientos, ni vuestros caminos son mis caminos —oráculo de Yahvé—. Porque cuanto aventajan los cielos a la tierra, así aventajan mis caminos a los vuestros y mis pensamientos a los vuestros» (*Isaías* 55:8-9).

El Maestro afirmaba: «La muerte es el misterioso portal que toda alma cruza para entrar en un mundo mejor». Todos los seres humanos deben pasar por esa experiencia y, de hecho, ya la han vivido incontables veces durante eones, encarnación tras encarnación. No es un suceso al que debamos temer. En esta vida cargamos con un envoltorio de carne y hueso muy agotador; pero, finalmente, el ángel de la muerte llegará y nos ordenará abandonar ese pesado fardo para retornar a nuestro hogar infinito, donde nos liberaremos de las molestias del sufrimiento, la enfermedad y los problemas.

Yo tuve esa experiencia, y puedo asegurar que se trata de un estado de conciencia maravilloso. Normalmente, no desearía hablar acerca de bendiciones divinas como las que recibí, pues las considero muy personales. Pero compartiré lo que me ocurrió, de manera especial porque tiene relación con nuestro Maestro.

Durante toda su vida, Guruji solía entrar a menudo en *samadhi* [unión consciente con Dios en meditación], pero en 1948 comenzó a pasar largos períodos en ese estado. Gradualmente se alejó de las tareas administrativas de su sociedad mundial y trataba, por todos los medios posibles, de persuadir a una renuente Daya Mata a que asumiera en mayor grado esa responsabilidad. Una tarde, en la Ermita de Encinitas (donde el Maestro y algunos de sus discípulos vivíamos en aquel tiempo), me llamó para decirme: «Deseo que regreses a Mount Washington para hacerte cargo del *ashram* y de la administración de la sociedad».

Después de haber pasado tantos años al lado de Guruji, la sola idea de verle con menor frecuencia me resultaba muy dolorosa. Sin embargo, comprendía que las enseñanzas que él me había proporcionado durante aquellos años no estaban orientadas sólo hacia mi beneficio personal, sino también a capacitarme para que yo pudiera llevar a cabo esas responsabilidades. Eché mano de todo mi valor y respondí: «Muy bien, Maestro; me esforzaré al máximo de mis posibilidades». ¡Creo que no tuve ni un día para preparar la mudanza!

Mi retorno a Mount Washington me proporcionó más tiempo para meditar después de concluir mis deberes cotidianos. (Cuando colaborábamos personalmente con Guruji, solíamos permanecer constantemente activos desde la mañana hasta muy entrada la noche. Con frecuencia, él dictaba sus manuscritos y la correspondencia hasta altas horas de la madrugada). Así pues, dediqué las tardes a comulgar larga y profundamente con Dios.

Por esta época, Guruji se trasladó a su pequeño *ashram* del desierto, llevando consigo a varios de sus discípulos. Yo permanecí en Mount Washington. Era viernes, y la tarde anterior había tenido una espléndida meditación de seis horas. Mi conciencia se hallaba extasiada con el amor a la Madre Divina, y la bienaventuranza de su respuesta había sido embriagadora. Durante todo el viernes, permanecí colmada con el pensamiento absorto en Ella; mi corazón cantaba con un gozo inmenso. (Oro con toda mi alma para que cada uno de los devotos se esfuerce por lograr ese estado, que se presenta con facilidad cuando se adopta el hábito de practicar interiormente la presencia de Dios).

Alrededor de las nueve o diez de la noche, cuando concluí mis deberes en el *ashram*, me dirigí a mi habitación para entregarme por completo a ese gozo interior. Repentinamente, me acometió un tremendo dolor en un costado. «¡Santo cielo! —pensé—. ¿Qué es esto?». Jamás había sentido un dolor tan punzante y abrasador. Creí que cedería si descansaba un momento, y me recosté en la cama. Al hacerlo, me sumí en un estado semiconsciente en el cual sentía cierta molestia física, pero aún percibía la gozosa presencia de la Madre Divina. Permanecí en ese estado durante toda la noche.

Cuando a la mañana siguiente no acudí a desayunar, una de las monjas fue a mi habitación para saber si me encontraba bien, y se dio cuenta de que yo estaba enferma. Sin demora, llamó al médico. Cuando finalmente llegó y me examinó, dijo que debían llevarme urgentemente al hospital para someterme a una intervención quirúrgica de emergencia. Yo respondí: «No, no iré a menos que el Maestro dé su consentimiento». Tenía la convicción de que si mis acciones contaban con la bendición del Maestro, todo marcharía bien. A lo largo de los años, yo había experimentado su protección en tantas ocasiones que no podía dudar de ella.

Ahora bien, Guruji se encontraba a 250 kilómetros de distancia, y el apartado *ashram* del desierto carecía de teléfono. No fue sino hasta el domingo por la mañana cuando finalmente llegó el mensaje al retiro, por mediación de un chófer de una empresa de taxis a quien se pidió que lo llevara. En el momento de recibir el aviso, el Maestro se hallaba caminando por los jardines y, cuando supo que Faye (como se me conocía en aquel tiempo) estaba muy enferma y que el médico había dicho que debía ser trasladada de inmediato al hospital, se detuvo y reflexionó un instante. Luego, en voz baja y sumido profundamente en sus pensamientos, se volvió al monje que se encontraba con él y le dijo: «¿Sabes? Ha llegado el momento de su muerte». Entonces, envió a Mount Washington la siguiente respuesta: «Digan a Faye que vaya al hospital. Mis bendiciones la acompañan».

Una experiencia del mundo que se encuentra más allá de la muerte

Con gran urgencia, me llevaron al hospital en ambulancia y, de inmediato, me condujeron al quirófano. Durante todo ese tiempo, yo me encontraba aún en un estado de dicha interior —el estado de gozo que me embargaba desde la prolongada meditación del jueves por la noche—. Aunque me administraron anestesia general, permanecí totalmente consciente de lo que hacían los médicos y de todo lo que ocurría en el quirófano. También percibí de manera intuitiva que no habían diagnosticado acertadamente mi afección. Cuando el cirujano realizó la incisión, sentí algo —que no fue dolor— en el costado derecho. Supe que él había cometido un error, pero yo era incapaz de articular una sola palabra para advertírselo. Entonces, oí que un médico se dirigió a otro exclamando: «¡Oh, oh!», pues se había dado cuenta de que la incisión se encontraba en un lugar equivocado y se estaba efectuando una operación basada en un diagnóstico erróneo.

Repentinamente, experimenté algo maravilloso. Una tranquilizante luz dorada llenó todo el recinto; y el hermoso ojo espiritual[2], que tantas veces había yo contemplado en mi vida a lo largo de los años, se hizo visible en mi frente y se expandió cada vez más hasta que pareció llenar la totalidad del espacio. Oí el grandioso sonido de *Om*, que me envolvía y bañaba por completo mi ser. ¡Qué inmenso gozo sentí al fundirse mi alma con el amor de la Madre Divina!

---

[2] Se refiere al ojo único de la intuición y de la percepción omnipresente, situado en el centro crístico (*ajna chakra*), a nivel del entrecejo; es la entrada hacia los estados superiores de conciencia divina. El devoto que medita profundamente contempla el ojo espiritual como un anillo de luz dorada que encierra una esfera color azul opalescente, en cuyo centro brilla una estrella blanca pentagonal.

Ahora bien, debo decir que es verdad que cuando llega el momento del tránsito al otro mundo, nuestra vida entera —tal como otras personas han afirmado— se proyecta ante nosotros con gran rapidez. Desaparece la noción del tiempo. En realidad, el tiempo no existe; es un concepto relativo. Tal como el Maestro explicó, la conciencia de Dios carece de pasado, presente y futuro; todo ocurre simultáneamente. Si, por ejemplo, hubiera tabiques divisores en este gran recinto, tan sólo podrías ver un sector a la vez. Sin embargo, si pudieras observar la sala desde arriba, tu percepción no estaría limitada por las divisiones, sino que percibirías la totalidad del recinto. De la misma forma, en la conciencia divina todo se ve como parte de un Eterno Presente.

En este estado contemplaba toda mi vida, desde la niñez, como si estuviese ocurriendo en el momento presente. Sucedió, entonces, algo muy hermoso. Una Voz, que procedía del sonido de *Om*, me dijo suavemente: «Ha llegado el momento de tu muerte. ¿Estás dispuesta a aceptarla?».

En esa grandiosa luz del ojo espiritual, vi el mundo que me esperaba, el cual estaba colmado de un gozo inmenso y de una inefable comunión con el Ser Divino. En comparación con aquél, nuestro mundo físico parecía muy tosco, lleno de oscuridad y cargado con el lastre de la pesada materia: normalmente, no lo consideramos así porque estamos acostumbrados a nuestro plano de existencia; pero si hubieras de decidir, por ejemplo, entre diamantes y guijarros, tu elección sería obvia. Así pensaba yo cuando respondí a la Voz: «¡Sí, Madre Divina! No se adentra uno tanto en el otro mundo para luego desear regresar. ¿Por qué habría de aferrarme a este plano físico tan burdo, cuando tengo ante mí esta inmensa dicha divina?».

Después, la Voz me dijo con gran dulzura: «Mas ¿si Yo te pidiera que te quedaras por Mí?». ¡Oh! No puedo expresar el efecto que esas palabras me causaron. ¡Un estremecimiento de emoción y gozo puro! «¿Me pides *a mí* que permanezca aquí por Ti? Sí, Madre Divina. ¡Permíteme servirte!». Luego, de un modo tan tranquilizador que no puedo expresar con palabras la sensación de serenidad que invadió toda mi conciencia, la Voz añadió: «Muy bien, hija mía; ahora, duerme». Perdí la conciencia, y la operación prosiguió.

Uno o dos días después, el médico me dijo: «Pues bien, señorita, pensé que no lo lograríamos. ¡Nos dio usted un tremendo susto! —Luego, comentó—: Cuando se sienta más repuesta, me gustaría conversar con usted». Dos días más tarde me dio la siguiente explicación: «Creíamos que tenía apendicitis, y practicamos la incisión con esa idea. Pero luego descubrimos que era otro el problema». No voy a entrar en detalles, pero se trataba de una afección mucho más grave que la apendicitis.

El médico continuó: «Cuénteme algo de su vida. ¿Qué religión practica?». Después de que le respondí su pregunta, dijo: «Debo confesarle que nos causó usted una profunda impresión a todos los que estábamos presentes. Durante toda la operación, usted repitió sin cesar, una y otra vez, con gran apasionamiento: "Mi Dios, mi Dios; amado Dios, amado Dios". Estábamos sumamente asombrados y conmovidos»[3]. Jamás le confié lo

---

[3] En 1983, Sri Daya Mata relató: «Tiempo después, el médico conoció a nuestro Gurú, quien le produjo una gran impresión. Hace aproximadamente un año le vi por casualidad en un edificio público de Pasadena. Él me comentó: "Jamás la he olvidado, ni tampoco a su maestro. Aquella experiencia causó en mí un gran impacto que ha persistido durante todos estos años"». (*Nota del editor*).

que había tenido lugar en mi conciencia; sólo sonreí en mi interior. Cuando se tiene una profunda experiencia espiritual, es preferible no comentarla; de lo contrario, algo de ella se pierde. Si relato ahora este suceso se debe sólo a que siento que el Maestro desea que lo haga.

En los años transcurridos desde 1948, he revivido mentalmente esta experiencia en numerosas ocasiones. Su recuerdo está tan fresco en mi mente como el día en que ocurrió: renueva mi alma con gran gozo y colma mi mente de paz, pues me sume en el pensamiento de que estoy aquí sólo por la Madre Divina, tratando únicamente de cumplir su voluntad.

Hubo de pasar mucho tiempo hasta que yo le contara esta experiencia a alguien. Una tarde, tres o cuatro días antes de su *mahasamadhi*, Guruji me pidió que le acompañara a pasear en auto. (A veces salía en coche para tener un breve descanso de las muchas exigencias que requerían su atención). Estaba impartiéndome ciertas instrucciones sobre el trabajo, en las que expresaba sus deseos para el futuro. Durante el paseo, le relaté lo que me había sucedido en el hospital. Él escuchó, y me pidió que lo repitiera. Después de un rato, dijo: «Había llegado tu momento de partir. En muchas ocasiones Satanás ha tratado de llevarse tu vida. Pero ten presente lo siguiente: el Señor te ha confiado una gran responsabilidad y te ha concedido libertad espiritual. Nada podrá detenerte. Mantén esa actitud espiritual hasta el fin de tu vida y alcanzarás la salvación».

La promesa de Guruji me infundió confianza y aliento, porque él conocía mi profunda resistencia interior a aceptar cualquier puesto de liderazgo en su obra. Ocupar un puesto importante carecía de significado para mí: yo no había venido al *ashram* con ese objetivo, sino para encontrar a Dios. La autoridad y los cargos no aportan la comunión con Dios, y mi mente tan sólo se sentía inclinada hacia la Meta Divina.

Siente el gozo de aceptar la voluntad de Dios

He relatado este suceso porque deseo que sepas que jamás debemos temer a la muerte; ¡pero eso no significa que debamos invitarla! Lo que quiero decir —pues fue la enseñanza más valiosa que aprendí de esta experiencia— es que debemos sentirnos gozosos de entregarnos a la voluntad de Dios. En la actualidad, el mundo se encuentra inmerso en un gran caos, porque la gente no trata de armonizarse con la voluntad divina. Deberíamos realizar un mayor esfuerzo y practicar el ideal de la entrega, orando interiormente: «Hágase tu voluntad, ¡oh Señor!, y no la mía». Y trata de *sentir* lo que estás diciéndole; háblale con profunda sinceridad.

Quienes ansían el poder personal cometen un grave error, pues es mucho más valioso lo que se obtiene mediante el esfuerzo por estar en sintonía interior con Dios a través de la devoción, de la meditación y pensando constantemente: «Señor, Tú eres el Hacedor, no yo». Ésta es la forma en que deberíamos vivir nuestras vidas. Dile: «Señor, Tú eres todo; y puesto que yo soy parte de Ti, soy parte de todo, aunque sólo en la medida en que tenga conciencia de Ti. Por mí mismo, nada soy». Esta manera de pensar aporta un enorme gozo. En mi opinión, el fundamento mismo de la vida espiritual es la humildad. Sin ella, el recipiente de nuestra conciencia queda tan lleno de «yo, yo, yo» que no dejamos espacio para «Tú, Tú, Tú».

Para encontrar a Dios se requiere autodisciplina y esfuerzo. No obstante, todo ser humano posee la fortaleza para triunfar; el único obstáculo se encuentra en la actitud mental. Tal como Guruji afirmó, una y otra vez, cada uno de nosotros puede conocer a Dios en esta vida, si hace el esfuerzo necesario. Y le conoceremos en la medida en que procuremos estar en sintonía con la voluntad que Él nos tiene reservada.

La vida en este plano de existencia llegará a su fin para todo ser humano, y cada uno de nosotros deberá preguntarse: «¿Qué he obtenido? ¿En qué forma aproveché esta vida? ¿He desperdiciado mi tiempo en actividades inútiles? "No te duermas, alma santa, ¡despierta! Sin meditación, sin concentración, cuán vano es tu ocioso hablar"[4]». Debemos vivir nuestra existencia de manera tal que, en el momento de la muerte, no nos asalte ningún pensamiento de temor o pesadumbre, sino que avancemos gozosamente hacia los más elevados dominios del Espíritu.

[4] Tomado del canto *Wake, Yet Wake, O My Saint*, que aparece en el libro *Cosmic Chants* de Paramahansa Yogananda.

Resuelve tus problemas mediante la guía interior

Recopilación de charlas dadas en la Sede Internacional de Self-Realization Fellowship, Los Ángeles (California)

Muy a menudo, Gurudeva Paramahansa Yogananda citaba el siguiente proverbio: «A quien se ayuda, Dios le ayuda». Nada nos gustaría más —ante la necesidad de tomar una decisión— que alguna fuerza divina nos dijera con precisión qué debemos hacer. Eso lo haría todo muy fácil, ya que no tendríamos que desplegar esfuerzo alguno si, en cada momento, supiésemos que estamos recibiendo la orientación directa de Dios. Pero el Señor no pretendió que tomar una decisión fuese un procedimiento tan simple, por la siguiente razón: somos parte de Dios, pero no lo sabemos; y jamás lo sabremos si nos limitamos únicamente a depositar el peso de nuestras dificultades sobre Él y a rogarle, «Dime lo que debo hacer», como si fuéramos simples marionetas y Él fuese el titiritero. ¡De ninguna forma! Él espera que utilicemos el raciocinio que nos concedió, *a la vez* que invocamos su guía.

Jesús nos mostró cuál es la oración fundamental: «Señor, hágase tu voluntad». Ahora bien, muchas personas la interpretan en el sentido de que no han de emplear en absoluto su voluntad ni su raciocinio, sino que sólo deben sentarse a meditar y a esperar que Dios actúe de algún modo a través de ellas. Pensar de esta forma es un error. Fuimos creados a su imagen; Él dotó al ser humano de una inteligencia que no encontramos en ninguna otra criatura, y espera que la utilicemos. Por eso, Guruji nos enseñó a orar así: «Señor, yo razonaré, yo querré, yo actuaré, pero guía Tú mi razón, mi voluntad y mi actividad, hacia lo que debo hacer».

Nosotros practicamos religiosamente esta verdad en el *ashram*. En nuestras reuniones de trabajo, meditamos durante algunos minutos y, luego, ofrendamos esa oración. Sólo después de orar así, comenzamos a tratar los diversos asuntos y a tomar decisiones.

Así pues, no te sientes cómodamente a esperar que Dios inicie las acciones necesarias. Mediante el uso del raciocinio, la voluntad y la acción, busca el que parezca ser el mejor camino. Trabaja concienzudamente, utilizando tu voluntad e inteligencia, al tiempo que oras sin cesar: «Señor, guíame; permíteme cumplir con tu voluntad. Hágase únicamente tu voluntad». Al adoptar esta actitud, mantendrás tu mente receptiva a su divina guía. Entonces descubrirás que, repentinamente, puedes ver con claridad: «No; ahora debo ir en esta otra dirección»; Dios te mostrará el camino. Mas, al pedir su ayuda, recuerda que tu mente jamás debe permanecer cerrada; por el contrario, has de mantenerla abierta y receptiva. Es así como Dios ayuda a quien se ayuda. Este procedimiento aporta resultados positivos, pero la iniciativa y el esfuerzo deben provenir de nosotros.

Para servir a Dios y hacer su voluntad, no es preciso que vivas en un *ashram*. Cada uno de nosotros se encuentra, en este momento, donde Dios y sus acciones pasadas lo han situado. Si no te satisface tu estado actual, medita e invoca la guía divina. Al hacerlo, sin embargo, aplica el raciocinio que Dios te concedió y analiza las opciones que se te presentan con relación a tu vida y tu futuro.

Escucha en tu interior la Voz Divina

La Voz Divina que susurra en nuestro interior nos ayuda a resolver todo problema. La voz de la conciencia es un instrumento de orientación divina con que Dios dotó a cada ser humano. Pero muchas personas no la oyen porque durante una o incontables vidas han rehusado prestarle atención. En consecuencia, esa voz se volvió silenciosa o extremamente débil. Sin embargo, a medida que el individuo comienza a desarrollar la conducta apropiada en su vida, el susurro interior empieza a fortalecerse de nuevo.

Más allá de la conciencia semi-intuitiva se encuentra la intuición pura, es decir, la percepción directa de la verdad por parte del alma: la infalible Voz Divina. Todos nosotros contamos con esta intuición omnisciente, que es el sexto sentido que se suma a los cinco sentidos físicos. Gracias a estos últimos, nos relacionamos con el mundo: tocamos, oímos, olemos, gustamos y vemos. Sin embargo, en muchas personas, el sexto sentido (la percepción intuitiva) no llega a desarrollarse, debido a que no se usa. Si alguien, desde la niñez, hubiera permanecido con los ojos vendados y, años más tarde, se quitase la venda, tendría una percepción visual aparentemente plana del mundo circundante. Si inmovilizáramos un brazo, éste no se desarrollaría adecuadamente debido a la falta de uso. Por ese mismo motivo, en muchas personas la intuición permanece inactiva.

No obstante, existe una forma de desarrollar la intuición. Este sexto sentido no podrá funcionar de manera adecuada hasta que aquietemos el cuerpo y la mente. Por lo tanto, el primer paso para desarrollarlo consiste en meditar, a fin de alcanzar un estado de cal-

ma interior. Cuanto más profundamente medites y luego apliques tu mente en la solución de algún problema, más se expresará tu poder intuitivo para resolverlo. Dicho poder se desarrolla de manera gradual, nunca de forma repentina, del mismo modo en que los músculos o los miembros se fortalecen paulatinamente —y no de la noche a la mañana— gracias al ejercicio.

Para ser intuitivo, se debe aprender, como afirmó Guruji, a estar «calmadamente activo y activamente calmado; a ser un príncipe de la paz que dirige el reino de la actividad sentado en el trono del equilibrio». Cuando una persona se encuentra excitada, inquieta o emocionalmente alterada, no puede sentir ni expresar la intuición; por el contrario, su mente se confunde y toma decisiones erróneas. Por este motivo, es importante que todas las personas —no sólo quienes buscan a Dios— aprendan a permanecer en calma mediante la práctica de la meditación. Las técnicas de concentración y meditación que impartió Guruji son de un valor incalculable para este fin.

A medida que permanezcas más tiempo en el estado de calma, comenzarás a sentir que no eres solamente un ser físico y percibirás una quietud interior que proviene del alma —tu verdadero ser—. Esa quietud constituye el cimiento de la intuición.

La intuición puede desarrollarse en las personas que son profundamente contemplativas, es decir, aquellas que han alcanzado, a través de la meditación, ese estado de absoluta serenidad en el corazón y la mente. Es preciso que no nos dejemos avasallar por la emoción o limitar por el intelecto. La intuición es una mezcla de la mente (el proceso intelectual) y del corazón (el proceso sensible). Muchas personas poseen la intuición que proviene del raciocinio —una especie de guía que dirige sus pensamientos—. En mi propio caso, la intuición se expresa con gran frecuencia a través del sentimiento. Cuando tengo ciertas percepciones acerca de algunas cosas o personas, dichas impresiones se traducen en vibraciones sutiles que rodean mi corazón y entonces sé —gracias a la experiencia de años— que tales presentimientos son acertados.

Cuando hayas desarrollado la intuición en cierta medida, descubrirás que, al tomar decisiones, algo en tu interior te indica: «Éste es el camino correcto que debo seguir». Ésa es la voz de la intuición que te guía. Pero no esperes que se manifieste de inmediato. Al principio, incurrirás en algunos errores en la medida en que otros factores que se encuentran también en tu interior impidan el flujo intuitivo. Sin embargo, conforme continúes practicando la meditación y viviendo cada vez más en el estado de calma interior que confiere esta práctica, descubrirás que tu poder intuitivo aumenta de manera gradual.

A menudo, cuando algún asunto llega a mi mente, no sólo lo contemplo en el presente, sino que, mirando al futuro, percibo también el resultado final. Eso es la intuición. Y si la aprovechas, comprobarás que todo marcha sin tropiezos; aunque, en ocasiones, no siempre será así. A pesar de haber tomado la decisión adecuada, habrás de enfrentarte a situaciones difíciles, ya que son parte del proceso de crecimiento y de la forma de aprender a superar las condiciones normales de la vida. Pero tu intuición te indicará que, aun cuando haya problemas, has tomado el curso de acción acertado.

Aprende a distinguir cuándo la «guía» interior es no mensaje intuitivo, o procede tan sólo de la ón o de la emotividad (que en algunas perso- y intensa y, en ocasiones, se considera erróneamente como intuición). Podrás reconocer la intuición si la guía que recibes genera el buen resultado correspondiente. Si el efecto es adverso, sabrás que aquella sugerencia no era más que un producto de tu imaginación. La intuición siempre te proporcionará una respuesta acertada y positiva para el bien de tu propia vida o de la vida de otras personas. Sólo el tiempo y la experiencia te permitirán saber si una inclinación intensa es fruto de la imaginación o, bien, debes atribuirla a un sentimiento intuitivo natural.

Resumiendo: aprende a entrar en ese estado de profunda calma que se obtiene mediante la práctica de las técnicas de concentración y meditación; transfórmate en una persona más serena en todas tus actividades cotidianas; y, finalmente, utiliza la inteligencia que Dios te concedió para tomar las mejores decisiones que te sea posible concebir, al mismo tiempo que pides incesantemente la orientación divina y permaneces receptivo a ella conforme llevas a cabo tus resoluciones.

Desarrollemos una
actitud comprensiva

Sede Internacional de Self-Realization Fellowship,
Los Ángeles (California)

La persona que aborda con sinceridad el crecimiento espiritual procura mantener siempre su mente clara e imperturbable, a fin de poder expresar en toda circunstancia esa divina cualidad que es la comprensión. Gurudeva Paramahansa Yogananda ofreció una maravillosa definición de este atributo: «El entendimiento es tu visión interior: la facultad intuitiva por medio de la cual puedes percibir claramente la verdad —acerca de ti mismo, de los demás y de todas las situaciones que surgen a lo largo de tu sendero— y que te permite adecuar correctamente tus actitudes y acciones en forma concordante».

Guruji solía decir: «Comprende el *significado* de mis palabras cuando te expongo algo. Si tratas de hacerlo mediante un desmedido esfuerzo intelectual, no captarás mis ideas. Es tu tendencia a buscar explicaciones racionales lo que se interpone. Permanece calmado para estar en sintonía con lo que digo; sólo así comprenderás». Él nos enseñaba a escuchar con los oídos del entendimiento intuitivo.

La Biblia nos exhorta: «Con todos tu medios, adquiere entendimiento»[1]. ¿Cuántos de nosotros tomamos

[1] *Proverbios* 4:7.

en serio este precepto y tratamos de ponerlo en práctica? Normalmente, cada vez que se cruza en nuestro camino alguien o algo que es diferente de todo aquello que nos resulta familiar, de inmediato surgen en nosotros prejuicios y barreras mentales. No hacemos el esfuerzo de entender; nos aferramos ciegamente a nuestras opiniones, sin importar cuán erradas puedan ser. Éste es uno de los grandes problemas de todas las civilizaciones y el motivo por el cual abunda tanto la incomprensión y el conflicto en el mundo. En la escuela se nos proporciona enseñanza intelectual, pero ¿a quién se le enseña el arte de comprender al prójimo? Cada cultura considera que sus costumbres son las mejores, y no aprendemos a ver más allá del horizonte de nuestras propias idiosincrasias y formas habituales de actuar.

El Maestro tenía un modo singular de expresar este hecho: «En este mundo, todos estamos un poco locos, pero no lo sabemos. Las personas no advierten su propia "locura", porque se relacionan con quienes comparten esa misma locura. Sólo cuando se encuentran con otras personas que padecen un tipo diferente de locura, y se tratan de entender mutuamente, tienen la oportunidad de descubrir su propia locura».

¿Comprendes el sentido de la aseveración de Guruji? Mantén la mente siempre abierta. Cuando una persona exprese algo que resulte ajeno a tu modo particular de ser o de pensar, no te muestres cerrado ni permitas que los prejuicios influyan sobre tu entendimiento. Escucha en forma calmada, diligente y respetuosa. De esta manera, tal vez aprendas algo valioso de otras personas cuyos puntos de vista y entorno difieren de los tuyos.

Las emociones y los estados de ánimo negativos son enemigos de la comprensión

Las emociones y los estados de ánimo negativos son enemigos despiadados de la comprensión, pues enturbian nuestra percepción, de tal manera que no nos permiten apreciar correctamente las circunstancias. Muchas son las personas que caminan por la vida tan esclavizadas por sus incontroladas reacciones mentales que, en cuanto algún acontecimiento se opone a su forma de pensar o de sentir, se irritan o molestan, destruyendo así cualquier oportunidad de entender apropiadamente.

El Maestro era extremadamente intolerante con los estados de ánimo negativos de los discípulos, e insistía en que debíamos tratar de superarlos. Él explicaba que eran la manifestación de los malos hábitos que hemos traído de encarnaciones pasadas. Ésta es la razón de que surjan en forma tan automática y de que podamos estallar en un arrebato de mal genio, o bien disgustarnos sin razón aparente, tal vez ante un incidente trivial o un comentario sin importancia que se nos hace. Los hábitos de conducta y pensamiento erróneos se han arraigado profundamente a lo largo de numerosas vidas, hasta tal punto que, cuando encuentran la menor oposición, la emoción irracional se apodera de la mente.

En tanto permitamos que esos estados negativos de conciencia nos conviertan en sus víctimas, será imposible desarrollar la facultad de comprender... y será imposible conocer a Dios. No te aferres a los estados de ánimo negativos; evita su esclavizante compañía ¡Oponte a ellos! Líbrate de ellos sin dilación, porque de lo contrario se interpondrán en tu progreso —no sólo en el sendero espiritual, sino en todos los aspectos de tu vida.

Esta oposición no implica la supresión de nuestros sentimientos, lo cual sería nocivo desde el punto de vista físico, mental y espiritual. Quien retiene las emociones en su interior se asemeja a un recipiente con agua hirviendo que se encuentra tapado herméticamente. Conforme la temperatura del agua asciende, aumenta la presión hasta que, fatalmente, la tapa explota con toda violencia. De igual forma, si tratamos de sofocar nuestras emociones, tal vez podremos mantener temporalmente la apariencia de que nos hallamos en calma, pero tarde o temprano esos sentimientos aflorarán. Mientras estén en estado de ebullición en nuestro interior, perturbarán no sólo nuestra paz y bienestar, sino también nuestro entendimiento. El Maestro enseñó que debemos controlar nuestras emociones, pero no suprimirlas[2].

La forma de lograr este control consiste en detenerse antes de reaccionar y en analizar calmadamente la situación. La próxima vez que te sientas tentado de replicar o de dirigir palabras ásperas a alguna persona que tiene una actitud hostil, espera un minuto y pregúntate: «¿Vale la pena? ¿A quién voy a disgustar? En primer lugar, a mí mismo. Escucharé con calma lo que

---

[2] «¿No son peligrosas sus enseñanzas acerca del control de las emociones? —consultó cierto estudiante—. Numerosos psicólogos afirman que la represión de las emociones conduce a desadaptaciones psicológicas, e incluso a enfermedades físicas».

El Maestro replicó: «La represión es nociva, pues en su curso mantienes en tu mente el deseo de obtener algo determinado, pero no haces nada por conseguirlo. El autocontrol es beneficioso, pues a través de él reemplazas pacientemente los pensamientos errados por pensamientos correctos, y transformas las acciones reprimibles en acciones positivas» *(Máximas de Paramahansa Yogananda).*

la otra persona tenga que decir, y lo analizaré con toda justicia, en vez de interponer el muro de la incomprensión. ¿Por qué no habría yo de respetar la opinión de esa persona tal como lo merece? Tal vez haya algo que pueda aprender de ella. ¡Mis puntos de vista no siempre son infalibles!».

Aprende la lección divina en todo lo que te ocurra

Conforme se desarrolle nuestro entendimiento, comprobaremos que existe una razón divina que justifica todo lo que nos sucede. Nada de lo que tiene lugar en este mundo ocurre por accidente; todo se encuentra gobernado por una ley universal que opera con perfecta justicia. No importa qué terribles pruebas debas afrontar, trata siempre de comprender la lección espiritual que encierran. Jamás consideres que las circunstancias externas son la causa de tus dificultades o que los demás tratan de destruirte. Quienes constantemente culpan de sus problemas al cónyuge, al jefe o al trato y educación que recibieron en su niñez —en definitiva, a cualquier persona o acontecimiento, excepto a sus propios pensamientos y conducta— desarrollan profundos problemas emocionales.

Debes darte cuenta de que es sólo Dios con quien tenemos que ver. Sólo con Él nos relacionamos en todo momento —con nadie más— a través de nuestras palabras y acciones y, sobre todo, mediante nuestros pensamientos. Cuando esa verdad se fija firmemente en nuestra conciencia, nos resulta mucho más fácil reaccionar en la forma debida ante cualquier incidente desagradable. Ya no desperdiciamos el tiempo defendiendo la propia posición, sino que tomamos conciencia de cuánto más beneficioso resulta cultivar interiormente nuestra relación con Dios, pues, de ese modo, Él nos defenderá siempre que sea necesario. Él vela por nosotros; yo he comprobado esta verdad, más allá de toda duda.

Dios se encuentra siempre a nuestro lado. No se trata de que Él acuda repentinamente desde algún punto remoto del espacio para acercarse a nosotros. Dios siempre está con nosotros; sin embargo, ignoramos este hecho debido a que nuestra mente no está atenta a Él. Permitimos que los estados de ánimo, los traumas emocionales, la susceptibilidad o la ira —y los malentendidos que resultan de dichas inclinaciones negativas— agiten y oscurezcan nuestra percepción de tal manera que nos impiden ser conscientes de la presencia divina.

Disciplínate para no «perder los estribos». Cada vez que pierdes el control de tus emociones, se desvanece tu contacto con Dios y, en ocasiones, es muy difícil recuperar la tranquilidad interior necesaria para que puedas reanudar la comunión con Él.

Las palabras descorteses y el sarcasmo no deben existir en la vida espiritual. No hay lugar para demostraciones de mal carácter en la conducta de quien busca a Dios; pero tampoco se espera que nos dejemos tratar como «felpudos». Más bien, debemos aprender a hablar con la voz de la razón y la comprensión. Con esto no estoy sugiriendo que nos convirtamos en personas débiles o carentes de convicción. Debemos actuar con firmeza, ¡sí! Lo que digo es que es preciso aprender a reflexionar antes de expresarnos.

La diferencia entre el mal carácter y la firmeza es la siguiente: cuando nos encolerizamos, carecemos por completo de control. Cuando tenemos la certeza de estar diciendo la verdad, podemos ser tan categóricos que ni el mundo entero podría hacernos cambiar de parecer, pero jamás perdemos la calma o el dominio propio o el respeto por los demás.

Conforme se incrementa nuestra comprensión, llegamos al punto en que, en toda circunstancia, nuestro objetivo podría expresarse de la siguiente forma: «¿Cuál es la verdad?». Cuando moramos en esa conciencia, ¡la maravillosa sabiduría y el vibrante conocimiento de Dios llueven sobre el alma! El desarrollo de una comprensión tan clara comienza cuando dejamos de lado los estados de ánimo negativos, los prejuicios, los gustos y las aversiones, ya que todos ellos distorsionan nuestra visión de la realidad. Muéstrame a un hombre de Dios, y te mostraré a un hombre de gran comprensión.

La calma interior nos ayuda a tomar las decisiones acertadas

Guruji dijo una vez: «En este mundo, nuestro entendimiento es, a menudo, de corto alcance, como la vista de un miope. Cuando nuestra visión mental se encuentra así afectada, es imposible vislumbrar el futuro para saber qué va a suceder. Al estar ciegos a los potenciales resultados de nuestras acciones, con frecuencia actuamos erróneamente». Cuando alcanzamos la divina calma interior, es posible visualizar el futuro que el principio de causa y efecto generará. Gurudeva ya predijo, en los años treinta y cuarenta, muchos de los acontecimientos mundiales que han tenido lugar después de su fallecimiento. Él poseía esa claridad de percepción que se obtiene como resultado de una completa serenidad mental. Como un espejo divino, la mente que está espiritualmente calmada capta el reflejo perfecto de la Realidad. En ese espejo podemos ver claramente cualquier situación y percibir hacia dónde nos llevarán las bifurcaciones que se presentan en nuestro camino, a fin de poder elegir la senda adecuada.

La calma interior necesaria para alcanzar esa comprensión intuitiva se logra solamente por medio de la meditación diaria y profunda. Jamás busques excusas para descuidar tu práctica de la meditación. Cuando me entero de que algún devoto se ha apartado del hábito de la meditación, me entristezco mucho porque sé que eso es el inicio de la incomprensión y que, a partir de esa carencia de entendimiento, comenzarán a proliferar sus errores.

Haz de la verdad una parte de tu vida diaria

«Con todos tus medios, adquiere entendimiento». Deberías escribir esta frase en un trozo de papel y colocarlo en tu escritorio o en algún otro lugar donde lo veas a menudo durante el día. Siempre que sientas la tentación de disgustarte, de decir alguna palabra brusca o de entregarte a estados de ánimo negativos, recuerda: «Con todos tus medios, adquiere entendimiento».

Cada vez que encontraba yo un pasaje inspirador de alguna escritura, o cuando el Maestro nos proporcionaba su guía espiritual, no me limitaba a memorizar esas frases, sino que las incorporaba a mi *sadhana*[3] cotidiano. Una verdad espiritual puede aportarnos gran inspiración, pero su significado será escaso si no la ponemos en práctica. No te conviertas en una de esas antiguallas psicológicas que afirman: «Daya Ma dio una maravillosa charla. ¡Las enseñanzas del Maestro son fantásticas!», pero rápidamente vuelven a sus viejos y herrumbrados hábitos.

Cristo describió cómo las semillas que esparce el sembrador pueden caer en terreno árido y pedregoso; otras lo hacen en lugares donde las malas hierbas ahogan los retoños que brotan de las semillas; pero aque-

---

[3] El *sadhana* se compone de las prácticas que constituyen el camino de la disciplina espiritual del devoto.

llas que logren arraigar en suelo fértil serán las que crezcan y fructifiquen[4]. El terreno de tu conciencia debe ser fértil, pleno de receptividad y entusiasmo —y estar libre de dudas, disposiciones de ánimo negativas e indiferencia—, de manera que la simiente de la Verdad pueda echar raíces y florezca en forma de tu propia comunión con Dios.

Guruji solía decirnos con toda franqueza lo que necesitábamos hacer para corregirnos y aumentar nuestro grado de unión con Dios. Él siempre era muy directo y sincero; y ésa es la manera en que trato de expresarme. Deseo preservar de modo impreso o en grabaciones todos los ideales que el Maestro inculcó a sus discípulos, porque es el entendimiento y la práctica de estos elevados principios lo que mantendrá la pureza de sus enseñanzas para beneficio de incontables generaciones futuras de buscadores de la verdad.

El amor incondicional de Dios y del Gurú

Cuando recuerdo los años que pasamos junto a Guruji, me doy cuenta de lo enormemente bendecidos que fuimos con su presencia. En este mundo, muy pocas personas cuentan con alguien que siempre las comprenderá. Para nosotros, el Maestro fue ese alguien. Nosotros éramos conscientes del amor incondicional que él nos expresaba. Es cierto que podía ser muy severo cuando no estaba satisfecho con nuestra conducta; sin embargo, independientemente de la magnitud de nuestros errores o de la disciplina que nos impartiese, en él teníamos a un ser que jamás nos abandonaría.

Todos los miembros de nuestra gran familia espiritual —ya sean esposa y esposo, padres e hijos, amigos,

---

[4] *San Marcos* 4:14-20.

o residentes del *ashram*— deberían cultivar y manifestar esa misma amistad divina y comprensión. Yo siento ese lazo con muchos de los miembros. Cuando somos fieles a los ideales del Gurú, expresamos absoluta fe en los demás y nos brindamos mutuo apoyo. Éste es el fruto de un corazón comprensivo. Cuando hemos recogido esos abundantes frutos con quienes piensan de manera semejante a nosotros, podemos compartirlos con todos.

Se requiere de esfuerzo, amada alma. Esa unidad no se obtiene automáticamente. Cuando el comportamiento de los demás provoque falta de armonía, trata de ser pacificador. Sé justo; para ello, respeta todos los puntos de vista. Esta actitud nos hace comprender mejor la naturaleza humana y nos convierte en seres que pueden perdonar más y sentir mayor compasión.

¿No esperamos, acaso, que Dios nos exprese esas mismas cualidades? Por mi parte, así lo espero. Deseamos que haya Alguien que nos ame a pesar de todos nuestros defectos; Alguien que nos comprenda, a pesar de que no nos comprendamos a nosotros mismos; Alguien que nos ofrezca lealtad inquebrantable y que siempre nos auxilie; Alguien que sea una fuente constante de fortaleza de la cual nos podamos nutrir. Ese Alguien es el divino y bienamado Señor que mora en nuestro interior; y ante Él tenemos la responsabilidad de hacer todo lo posible por reflejar su amor y comprensión hacia nuestros semejantes.

Hagamos de cada día
una Navidad

Sede Internacional de Self-Realization Fellowship,
Los Ángeles (California)

El mensaje de Jesucristo es tan importante, vital y aplicable hoy en día como lo fue hace veinte siglos. La Navidad debería recordarnos ese mensaje imperecedero e inspirarnos nuevamente con la evocación de la bienaventurada vida de Jesús.

Cuando pasé a formar parte del *ashram* de Mount Washington, poco antes de la Navidad de 1931, sentía yo un intenso anhelo de comprender a Cristo. Desde temprana edad había buscado respuestas a las profundas y desconcertantes preguntas de la vida: ¿Por qué se nos envió a este mundo? ¿Cuál es la razón de tantos sufrimientos, tragedias y aparentes contradicciones? En la escuela dominical a la que asistía, yo escuchaba a los ministros tratando de encontrar las respuestas. Ellos eran personas sinceras, piadosas y muy serias, pero aun así yo siempre sentía que mis interrogantes no habían recibido la contestación adecuada.

Más tarde, conocí a Paramahansa Yogananda, y el impacto de su mensaje y de su amor a Dios transformaron por completo mi vida. Mi raciocinio y, sobre todo, mi corazón se sentían atraídos por todo cuanto él decía. Interiormente formulé un voto sagrado con respecto a Paramahansaji: «Le seguiré».

212

Llevaba residiendo aproximadamente un mes en Mount Washington cuando participé por primera vez en una meditación de Navidad de todo el día[1]. En aquella ocasión, Gurudeva meditó durante más de ocho horas con un grupo de devotos de *Self-Realization Fellowship* y permaneció en comunión continua con Dios y Cristo; ésa fue mi primera experiencia de una meditación prolongada. Mientras descansaba, al anochecer de aquel memorable día, recuerdo haber pensado acerca de Gurudeva: «He aquí un hombre de Oriente, de origen hindú, a quien el mundo de la cristiandad podría llamar "pagano"; sin embargo, su amor por Cristo es tan inmenso que le ha visto y ha comulgado con él. Es él quien está mostrando a Occidente cómo celebrar verdaderamente la Navidad».

Guruji predijo que, algún día, esta costumbre de celebrar espiritualmente el nacimiento de Cristo se pondría en práctica en el mundo entero. Esta predicción ya se ha cumplido, en verdad, y no sólo en los centros y templos de *Self-Realization Fellowship* en Occidente, sino también en la India.

La humanidad sufre de «inanición espiritual»

El mundo se encuentra actualmente en un estado catastrófico. La humanidad sufre de «inanición espiritual», como ha dicho uno de nuestros ministros. En su esfuerzo por lograr grandes progresos en el campo científico y material, el ser humano ha olvidado alimentar su naturaleza espiritual: el eterno Ser interior, el alma. En el campo religioso, los seguidores de las distintas confesiones también se han perdido en los aspec-

---

[1] Una costumbre espiritual iniciada por Paramahansaji, en 1931, que se observa anualmente en los *ashrams*, templos y centros de *Self-Realization Fellowship* de todo el mundo.

tos externos. El género humano no ha captado el significado que la vida de Cristo debería tener para cada uno
de nosotros. Incluso sus seguidores, en gran medida,
parecen haber olvidado lo que él enseñó. La atención
está puesta en los edificios ornados, los hermosos coros,
las actividades sociales y las obras de caridad —muchas
de las cuales son, sin duda, importantes y, más aún,
congruentes con el ejemplo que Cristo nos brindó—.
Sin embargo, por encima y más allá de todo ello, Cristo nos legó el siguiente mensaje: «Amarás al Señor, tu
Dios, con todo tu corazón, con toda tu alma, con toda
tu mente y con todas tus fuerzas»[2]. Éste es el primer
mandamiento. La forma de cultivar el amor a Dios consiste en conocerle a través de la meditación. «¿No sabéis
que sois templo de Dios y que el Espíritu de Dios habita en vosotros?»[3]. Además, en el libro de los Salmos leemos: «Aquietaos y sabed que Yo soy Dios»[4].

Compartiré con todos los aquí reunidos algunas reflexiones referentes a la Navidad expresadas por nuestro Gurú en 1935. Cuando estuvo en la India, nos escribió:

> Amados devotos y amigos de *Self-Realization Fe-
> llowship*:
>
> En esta sagrada época navideña, mi cuerpo se
> encuentra lejos, en la India, y por lo tanto celebraré
> la Navidad con ustedes en el gozo de Cristo, o en el
> gozo de Krishna (como se lo conoce en la India),
> siempre omnipresente en sus corazones...
>
> Mi Krishna y mi Cristo, unidos siempre en el
> Espíritu, nacerán otra vez en mí, en el nuevo gozo
> que experimentaré al amanecer del día de Navidad.

[2] *San Marcos* 12:30.
[3] *I Corintios* 3:16.
[4] *Salmos* 46:11.

Qué otro presente podría ofrecerles en este momento, sino el más precioso de todos los regalos: el gozo de Cristo y de Krishna unidos, que recibiré en la alborada de la Navidad y que les enviaré a través de mi meditación profunda.

Sumérjanse profundamente en su Ser interior, y busquen en las enmarañadas raíces del árbol de su devoción, enterradas en el suelo de la meditación, mi oculto obsequio supremo, atado con la cinta dorada de mi recuerdo siempre ardiente del amor que todos ustedes me profesan.

Quiera Dios que cada Navidad experimentes la divina Conciencia Crística[5] en tu propia conciencia. Pues tal como Guruji afirmó:

La Navidad aspira a ser una celebración por medio de la cual el devoto pueda encontrar el espíritu de Cristo manifestándose en su propia conciencia. En la Navidad que se aproxima, piensa primero cómo puedes comulgar profundamente con Cristo. El propósito de observar el aniversario de su nacimiento consiste en pensar profundamente en aquel cuya vida ha sido venerada por la humanidad a lo largo de veinte siglos.

El ejemplo resplandeciente de Jesucristo

¿Por qué adoramos a Jesucristo? Ciertamente, no es por los logros mundanos que con frecuencia se asocian al éxito en el plano terrenal: Jesús no poseía bienes o riquezas materiales y tampoco tuvo una educación formal. Él experimentó lo que significa luchar y sufrir;

---

[5] La inteligencia omnipresente de Dios y la fuerza de atracción de su amor que se manifiestan en la creación; la conciencia universal, la unidad con Dios, manifestada por Jesús, Krishna y otros elevados maestros.

sus amigos le abandonaron y fue crucificado. Sin embargo, gracias a que su conciencia moraba en Dios y al resplandeciente ejemplo de dulzura y humildad que fue su vida, Jesús ha perdurado como una fulgurante estrella de Oriente que ilumina los cielos de todos los seres humanos: no sólo de quienes han abrazado la teología externa del cristianismo, sino de todas las almas del mundo que se esfuerzan intensamente por conocer a Dios.

Yo solía pensar que Jesús era un extraño, un ser a quien era imposible acercarse porque estaba por completo fuera de mi alcance. Pero el Maestro se refirió a Dios y a Cristo con palabras tan sencillas, sinceras, personales y fervientes que todos sentíamos que también nosotros podríamos comunicarnos y relacionarnos con Ellos de una forma personal. Éste es un ingrediente importante que se halla ausente en el cristianismo actual... y en todas las religiones. El hombre necesita establecer una dulce relación íntima con su Creador, que sólo se puede lograr por medio de la práctica diaria de la meditación profunda.

Mediante sus enseñanzas, Jesús trató de ayudar al ser humano a desarrollar una relación directa y personal con el Infinito. Este ideal significaba tanto para él, que ofrendó su vida por defenderlo. ¿Cuántas personas, en nuestro mundo moderno, están preparadas para seguir ese ejemplo y entregar su vida por amor a Dios?

En lugar de buscar al Señor, la mayoría de los seres humanos dedican su existencia a la búsqueda de la felicidad material y a satisfacer sus necesidades de alimentos, vestimenta y alojamiento, todo lo cual está relacionado solamente con el cuerpo físico. Algunos cultivan una inclinación por el desarrollo intelectual y tratan de obtener el conocimiento que ofrecen los libros, mediante la lectura de numerosos volúmenes, en un intento por lograr cierta erudición. Sin embargo, *Self-Realization Fellowship* dirige su mensaje —el mensaje de la diaria comunión con Dios— a quienes se han percatado de que no es suficiente contar con seguridad física y material y que los libros jamás podrán satisfacer la avasalladora sed de verdad que tiene el alma. Gracias a la meditación profunda y regular, el devoto comienza a vivir una relación personal con Dios: «Él camina conmigo, habla conmigo y me dice que soy Suyo»[6]. Hasta que no experimentemos este estado de conciencia, no sabremos en qué consisten las enseñanzas de Cristo.

Cuanto más nos acerquemos a Cristo a través de la meditación, no sólo desearemos hablar sobre él, sino que conduciremos nuestra vida sabiendo que él se encuentra siempre cerca, observándonos en silencio. Él jamás nos juzga ni nos condena y, cuando erramos, es el primero en decir: «Padre, perdónalos; son tus hijos; no saben lo que hacen».

Con mucha frecuencia nos sentimos culpables o avergonzados de nuestras acciones y, entonces, invadidos por una sensación de insuficiencia, hacemos que nuestro corazón, nuestra mente y nuestra mirada interior se aparten de Dios y de sus mensajeros divinos. Nos sentimos incómodos al tratar de relacionarnos personalmente con Ellos. Por este motivo, muchas personas se alejan del cristianismo, del hinduismo o de las otras grandes religiones. A menos que el amor a Dios se convierta en una experiencia personal, la religión parecerá árida y rígida, pues a los buscadores espirituales no se les enseña el modo de aproximarse a Dios con humildad y confianza, como un niño acudiría a su madre.

---

[6] Tomado del famoso himno *In the Garden [En el jardín],* de C. Austin Miles.

La única forma de encontrar la satisfacción que el alma anhela consiste en meditar profundamente. Sólo entonces comenzaremos a sentir «la paz de Dios, que supera toda inteligencia»[7]. Ésta es la paz que ansía la humanidad entera.

El resurgimiento mundial del despertar espiritual

Hace muchos años, Guruji predijo que el mundo experimentaría un gran resurgimiento del despertar espiritual. Somos testigos de los primeros signos de ese poder espiritual. La oscuridad de las fuerzas del mal encuentra oposición en la luz divina del bien y de la verdad. El ser humano se halla en medio del bien y el mal, y ninguno de ellos podrá apoderarse de él sin su consentimiento. Al hombre se le ha dotado de libre albedrío; es decir, libertad para elegir si aliarse con Satán o con la presencia de Dios manifiesta en la creación: la Conciencia Crística universal. Bendito aquel que utiliza su discernimiento y libre albedrío para vivir, hablar y actuar en armonía con ese Divino Cristo.

Dicen las escrituras que cuando el mundo se halla dominado por la oscuridad y la luz que guía al ser humano apenas resulta visible, el Compasivo Señor se apiada de sus hijos y les envía un mensajero con una enseñanza que ayudará a liberar a la humanidad de la caverna de oscuridad en la que ella misma se ha encerrado[8]. Jesucristo trajo este mensaje que no es monopolio de una religión, sino una expresión imperecedera de la verdad eterna y universal; sus enseñanzas son idén-

---

[7] *Filipenses* 4:7.

[8] «Cuando quiera que la virtud *(dharma)* declina y el vicio *(adharma)* domina, Yo encarno como un avatar. Era tras era, aparezco en forma visible para destruir el mal y restablecer la virtud» (*Bhagavad Guita* IV:7-8).

ticas a las que había impartido el Señor Krishna en la India, miles de años antes. En los atribulados tiempos actuales, este mensaje ha sido enviado de nuevo al mundo, a través de las enseñanzas de nuestro bendito Gurú.

El propósito de celebrar la Navidad —así como el aniversario del nacimiento de todo avatar— consiste en honrar y tomar la resolución de emular a ese ser en quien Dios, en su aspecto de Conciencia Crística, se manifestó plenamente en la Tierra. En la época de Navidad, no es suficiente con encender una vela, decorar un árbol o intercambiar regalos. Estas costumbres son hermosas y apropiadas, pues expresan un espíritu de buena voluntad, amistad y amor. Pero si al ponerlas en práctica olvidamos a Cristo, la Navidad resultará una celebración carente de significado, que nos producirá cansancio y el deseo de que termine lo antes posible.

Por el contrario, durante esta sagrada época del año, permitamos que nuestra conciencia se enfoque en estos pensamientos: «Señor, enséñame a seguir los pasos de Cristo. Permíteme tratar de perdonar a mis semejantes, sobre todo en Navidad. Y haz que cada día sea Navidad. Permíteme apartar de mi corazón todo sentimiento de odio y mala voluntad. Que pueda yo acercarme a quienes he lastimado, o a quienes me han ofendido, y tenderles la mano con amorosa amistad, como hizo Cristo. Y ayúdame, ¡oh Señor!, a tratar de comulgar contigo con mayor empeño. Tú eres el amado de mi alma».

De este modo, comenzaremos a vivir una vida como la de Cristo.

El mensaje universal de Cristo y Krishna

Sede Internacional de Self-Realization Fellowship,
Los Ángeles (California)

Algunas personas me han pedido que describa el papel que desempeñan Cristo y Krishna en las enseñanzas de *Self-Realization Fellowship*. Como es sabido, éstas engloban dos textos sagrados: el *Bhagavad Guita*, que comprende las enseñanzas del Señor Krishna, y el *Nuevo Testamento*, que contiene el mensaje de Jesucristo. Entre las «Metas e ideales»[1] que estableció nuestro gurú, Paramahansa Yogananda, se encuentra la siguiente: «Revelar la completa armonía y la unidad básica existente entre las enseñanzas del cristianismo y las del yoga, tal como fueran expresadas originalmente por Jesucristo y por Bhagavan Krishna, respectivamente; y demostrar que las verdades contenidas en dichas enseñanzas constituyen los fundamentos científicos comunes a toda religión verdadera». La verdad se designa con muchos nombres, y puede ser interpretada de distintas maneras, pero sólo hay una Verdad, al igual que existe un solo Dios.

Semejanzas entre las vidas de Cristo y Krishna

Krishna fue un príncipe que nació en la India varios miles de años antes que Cristo. La venida de Jesu-

[1] Véase la página 397.

cristo se había profetizado en las Sagradas Escrituras, de la misma forma que el advenimiento de Bhagavan Krishna. Al igual que ocurrió con Jesús, se predijo que Krishna sería un gran destructor espiritual de los enemigos del bien. Cuando su malvado tío, el Rey Kansa, lo supo, ordenó que el niño fuera asesinado apenas naciera, tal como el rey Herodes intentó matar a Jesús, cuando éste era todavía un recién nacido. El padre de Krishna recibió un aviso divino respecto de esta amenaza —al igual que el padre de Jesús— y huyó con el pequeño hasta que logró ocultarlo al amparo de una madre adoptiva que lo crió. De idéntica forma, los padres de Jesús huyeron de su país para preservar la vida de su hijo. De modo semejante a Jesús, Krishna creció en un entorno sencillo, como pastor en Brindaban. (En la India visité muchos sitios relacionados con su vida; la ciudad santa de Brindaban constituye una maravillosa meca espiritual, donde miles de peregrinos ofrecen sus respetos al Señor Krishna).

El mensaje universal de amor divino

Krishna fue una encarnación del amor divino cuyo sublime mensaje consistió en amar a Dios y al prójimo a través de la acción correcta. El amor que expresó fue el más elevado y puro, idéntico al que Jesucristo manifestó varios siglos después.

En ambas épocas de la historia, existía una gran necesidad de recibir ese evangelio de amor divino. En la era que precedió a Jesús, el sentimiento espiritual que predominaba entre su pueblo había sido el que Moisés había legado: «Ojo por ojo, diente por diente»[2]. La contribución de Moisés a su pueblo, en aquel momento y

---

[2] *Éxodo* 21:24.

lugar, fue el respeto por la ley de la retribución (es decir, que cada causa provoca un efecto). Él hizo hincapié en la moralidad, pues los principios morales son las leyes de Dios y de la Naturaleza, que debemos obedecer si queremos encontrar en este mundo el bienestar físico, la paz mental y la libertad espiritual.

Pero en la época en que Cristo vivió, la gente se había apegado demasiado a la letra de las leyes que transmitió Moisés y había olvidado el espíritu que les da sentido. Jesús enseñó la necesidad de atenuar el rigor de la ley mediante la compasión, el perdón y la tolerancia: «Al que te abofetee en la mejilla derecha ofrécele también la otra»[3] y «[Perdona] hasta setenta veces siete»[4]. Su mensaje vital ha perdurado hasta nuestro tiempo y se ha extendido por todo el mundo occidental, de igual modo que las enseñanzas del Señor Krishna continúan floreciendo entre sus millones de seguidores en la India y Oriente.

Los diferentes aspectos de la misma verdad

Cada una de las encarnaciones divinas —tales como Krishna, Buda y Cristo— fue portadora de un mensaje específico. El Señor Buda hizo hincapié en la ley del karma, que sería posteriormente enunciada por Cristo en palabras simples: «Cosecharás lo que siembres». Buda se refirió a la «rueda del karma» a fin de ilustrar el principio que postula que los efectos de toda acción que realicemos volverán siempre a nosotros —su punto de inicio—, de la misma forma en que el trazo del círculo retorna infaliblemente a sí mismo. Cuando hemos cometido un acto erróneo —aunque sea hace mucho tiem-

---

[3] *San Mateo* 5:39.
[4] *San Mateo* 18:22.

po o, incluso, si lo hemos mantenido en secreto o lo hemos olvidado—, la rueda del karma nos devuelve los desagradables frutos de esa acción.

Si comprendemos la ley del karma, comprobaremos por qué es tan importante recordar las palabras de Cristo: «No juzguéis, para que no seáis juzgados»[5]. Sólo vemos la conducta externa de los demás, pero no siempre sabemos por qué se comportan de esa determinada manera. En lugar de criticar, deberíamos decir con Jesús: «Padre, perdónalos, porque no saben lo que hacen»[6]. ¡Qué elevada ciencia espiritual encierran esas palabras! Simplemente significan: «No soy el juez de mi prójimo. Mi amado Dios, permíteme que durante toda mi vida sea un ejemplo de cómo se debe perdonar, de la misma forma en que Tú me has perdonado los incontables errores que he cometido en innumerables vidas». Comenzamos a reflejar esta enseñanza de Cristo cuando dejamos de criticar a los demás y concentramos la atención en nuestras propias debilidades con el fin de transformarnos a nosotros mismos.

El mandamiento más elevado

Jesús afirmó que el primer mandamiento es amar al Señor, tu Dios, con todo tu corazón, con toda tu alma, con toda tu mente y con todas tus fuerzas; y el segundo mandamiento, semejante al anterior, consiste en amar al prójimo como a ti mismo. El Señor Krishna también enseñó esta verdad cuando expresó el siguiente mandamiento: «Absorbe tu mente en Mí; conviértete en mi devoto; renuncia por Mí a todas las cosas; inclínate ante Mí. [...] Abandonando todos los demás debe-

---

[5] *San Mateo* 7:1.
[6] *San Lucas* 23:34.

res, concéntrate sólo en Mí»[7]. Y además: «El mejor yogui es aquel que se compadece de los demás, ya sea en medio del sufrimiento o del placer, tal como se compadece de sí mismo»[8].

Si hemos de amar a nuestros semejantes como a nosotros mismos, primero debemos entender que nuestro verdadero Ser es el alma: un reflejo individualizado de Dios. Es preciso olvidar nuestro pequeño ego y su constante preocupación por «yo, yo, yo». Jesús no quiso decir que hemos de amar al prójimo en forma restringida y exclusiva, apegados a su forma física o a su personalidad; por el contrario, nos pidió que al amar a nuestros semejantes reconociésemos, tanto en ellos como en nosotros mismos, el Espíritu que mora en el interior de todo ser humano.

Krishna expresó: «Aquel que me ve en todas partes y contempla todo en Mí, nunca me pierde de vista, y Yo jamás le pierdo de vista a él»[9]. Con una metáfora similar, Cristo expresó esta verdad de la siguiente forma: «¿No se venden dos pajarillos por un as? Pues bien, ni uno de ellos caerá en tierra sin el consentimiento [conocimiento] de vuestro Padre»[10]. Ésa es la promesa del Amado Divino: «Nunca estoy fuera del alcance de ese hijo mío que siempre piensa en Mí y me busca en todas partes; Yo velo siempre por él».

El eco de la verdad ha resonado a lo largo de los siglos, pero rara vez emerge de las multitudes un alma que reciba y refleje por completo la luz divina. Con frecuencia, Guruji afirmaba: «La luna nos brinda más luz que to-

---

[7] *Bhagavad Guita* XVIII:65-66.

[8] *Bhagavad Guita* VI:32.

[9] *Bhagavad Guita* VI:30.

[10] *San Mateo* 10:29.

En el poblado de Palpara, Bengala Occidental, 1973.

«[...] Llegará el momento en que tu conciencia permanecerá continuamente en el estado meditativo, es decir, siempre con Dios. [...]Ése es el estado que deseas adquirir, pero requiere esfuerzo: no es posible alcanzarlo por medio de la imaginación. Con el tiempo, comprobarás que si concentras la mente por un instante en tu interior —incluso mientras estás cumpliendo con tus deberes—, sentirás dentro de ti un burbujeante manantial de devoción, de gozo y de sabiduría, que te hará exclamar: "¡Ah! ¡Él está conmigo!". Ése es el fruto de la meditación del cual se puede gozar en cualquier momento, ya sea durante la quietud de la comunión con Dios o en medio de la actividad diaria».

Saludo a los alumnos de la escuela para niños de YSS,
Ranchi (India), 1972.

Con los niños que participaron en el Programa juvenil de
verano de SRF sobre «El arte de vivir»; Santuario del Lago de SRF, 1978.

*«Los niños son como plantas tiernas: para crecer adecuadamen-
te, para florecer hasta alcanzar su máximo potencial, precisan
nutrición [...]. Te corresponde brindarles el ejemplo adecuado y
sentido de la orientación: que aprendan a amar a Dios, a asumir
responsabilidades y cumplir con ellas, a ser altruistas, a ser amables con los demás, es decir, el conjunto de cualidades y virtudes
que dan la medida de un ser humano con una mente espiritual».*

das las estrellas del cielo. De forma semejante, una sola alma que ame profundamente a Dios y siga los pasos de los grandes maestros esparce más luz en este mundo que miles de predicadores que, desde sus púlpitos, sólo difundan el dogma y las formalidades de una religión».

Gurudeva se relacionaba con Dios de una manera hermosamente sencilla, como si fuese un niño. Eso fue lo que conquistó mi corazón y lo que me atrajo a las enseñanzas de *Self-Realization Fellowship*. Aun cuando él hablaba ante las multitudes (y con frecuencia se dirigía a miles de personas), no les daba una conferencia ordinaria, sino que conversaba con sus almas, como si fuera parte de ellas. Se producía una comunión divina entre él y quienes asistían a sus charlas y clases, al compartir con ellos lo que percibía en su propia conciencia. Esa experiencia personal de Dios constituye el ideal de *Self-Realization Fellowship*; por tal motivo, a todos los monjes y monjas de esta Orden se les enseña, en primer lugar, a percibir en su interior a Dios, para lo cual deben *vivir* conforme a los ideales y principios de la vida espiritual.

La respuesta a cada problema

En mis primeros días en el *ashram*, tenía la noción de que, dado que Guruji era un maestro, nos daría una solución inmediata a cada problema, de la misma forma en que me había sanado de una enfermedad muy grave con sólo tocarme. Mi expectativa era que, cada vez que me acercara a él para expresarle alguna dificultad, con la mera imposición de su mano ¡yo quedase instantáneamente iluminada por su sapiencia! Pero no fue así. Tuve que pasar por muchos años de difícil autodisciplina, búsqueda espiritual y profundo anhelo de encontrar a Dios, a fin de cultivar mi propia relación personal con el Aquel que es la Respuesta a todo problema.

El sufrimiento que experimentamos en este mundo no debe considerarse como un castigo, sino como una exhortación de la Divinidad: «Estás apartándote de Mí, hijo mío. ¡Regresa!». Aprende a cultivar una relación tan dulce con Dios que siempre que te sientas decepcionado, siempre que haya alguna frustración en tu vida, tomes conciencia de que ello proviene de Dios y tiene como propósito recordarte que no debes olvidarle. Él nos ama y, por eso, desea protegernos de ese olvido, que es la causa primordial de todo nuestro dolor y tormento, tanto físico como mental y espiritual.

El estado tan terrible en que se encuentra actualmente el mundo se debe a que la humanidad ha ignorado a Dios. Hay abundancia en el aspecto material; sin embargo, muchas personas tienen mucho, mientras otras no poseen nada. En el ámbito mental existe confusión, duda y temor. En cuanto a lo espiritual, el mundo padece de inanición; pareciera que la humanidad se encuentra finalmente en bancarrota, en todos los sentidos.

Esta situación continuará hasta que el sufrimiento padecido haya sido tanto que el ser humano considere necesario volver a Dios. Todos nosotros hemos de descubrir, tarde o temprano, que en este mundo no encontraremos la felicidad y seguridad que buscamos. Extendemos el brazo hacia el cielo y tratamos de asir una nube, pero nos damos cuenta de que la mano permanece vacía; así es la vida terrena. Mientras busquemos la felicidad en el exterior, ésta nos eludirá siempre. Pero cuando establezcamos contacto con la Bienaventuranza Divina que mora en nuestro interior y encontremos de este modo la verdadera felicidad, ningún problema de este mundo podrá afectarnos. Y si el amor divino colma nuestro corazón, ningún grado de animadversión proveniente de los demás podrá perturbarnos.

Los problemas en nuestras relaciones —con el esposo o la esposa, con los hijos u otras personas— se presentan porque les exigimos constantemente que satisfagan nuestra necesidad de felicidad. Al mismo tiempo, pensamos que el mero hecho de proporcionar bienes materiales a nuestros seres queridos será suficiente para que logren saciar su anhelo de satisfacción plena. Los bienes materiales nunca bastarán, amada alma, ¡jamás! Cuanto más dependamos de los factores externos con el fin de encontrar satisfacción, mayor será la carencia interior que experimentaremos. Y ese vacío que se siente en el alma, sólo Dios puede colmarlo.

Las vidas de Cristo, Krishna y todos los grandes maestros nos ayudan a recordar que debemos concentrar aún más nuestros pensamientos en Dios: «Señor, mi vida transcurre y todavía no te encuentro en mi corazón. Permíteme hacer ahora el esfuerzo, a fin de que pueda yo comenzar a conocerte y a tener una relación íntima contigo y, de ese modo, encontrar en Ti la paz, el gozo y el amor que mi alma y mi corazón anhelan. He vivido como un pordiosero en este mundo, implorando un poco de afecto de los corazones humanos. Permíteme no seguir mendigando, sino volver la atención a mi interior y comulgar contigo, Amado mío —Fuente de todo gozo, toda vida, toda paz y todo amor—, y que pueda yo, entonces, reflejar en mi vida tu divina luz. Que en mi paso por este mundo, sea yo siempre un portador de la paz».

La paz mundial comienza en el núcleo familiar

Hay muchas personas que se esfuerzan por aportar paz al mundo y que, sin embargo, no han sido capaces de lograr la paz interior ni la de sus propias familias. Su conducta puede llegar a ser como se describe en un adagio que el Maestro solía citar: «Ángeles en la calle y diablos en el hogar». La paz jamás podrá provenir de los esfuerzos de seres desprovistos de paz.

Todo ser humano debe comenzar, en primer lugar, a comportarse como un ángel en su propia casa, es decir, con aquellas personas junto a las cuales Dios le haya colocado. Cada uno de nosotros se encuentra en el entorno específico que necesita para su crecimiento espiritual; por esta razón, no es acertado huir simplemente porque ese medio ambiente resulte problemático. En lugar de ello, deberíamos esforzarnos por ser instrumentos de armonía, bondad, gentileza y amor en nuestra familia; mas no necesariamente dando sermones, sino por medio de nuestros actos. Ésta es la forma correcta de traer de nuevo al mundo una actitud semejante a la de Cristo.

Poseemos en nuestro interior el poder para mejorar este mundo. Debemos comenzar por nosotros mismos, mediante la práctica diaria y profunda de la meditación. Por la noche, busca en tu casa un rincón aislado donde puedas estar a solas. Tanto si te encuentras apesadumbrado como si te hallas rebosante de alegría y paz mental, siéntate en calma y conversa con Dios en el lenguaje de tu alma. Si perseveras en tu intento, recibirás indefectiblemente su respuesta: no puede ser de otro modo. Cuanto más hables con Él —no con oraciones rebuscadas o dichas de manera mecánica, sino comunicándote personalmente con Él desde las profundidades de tu corazón—, comprobarás con mayor frecuencia que comienzas a sentir su respuesta en tu interior del modo más inesperado. *Podemos* conocer a Dios; *podemos*, en verdad, comulgar con Él y sentir su amor en nuestras vidas. Éste es el mensaje universal de Cristo y Krishna.

La importante tarea de
educar a los hijos

*Recopilación de satsangas en los que se formularon preguntas
sobre cómo educar a los hijos*

Traer hijos al mundo no es solamente un derecho otorgado por la naturaleza, sino que también conlleva una responsabilidad establecida por Dios. La sociedad exige una cierta preparación por parte de cualquiera que desee convertirse en abogado, contador o mecánico; sin embargo, muy pocos están preparados para ser padres, el más exigente de los oficios.

Considero que lo ideal sería que nadie se graduara en sus estudios sin antes haber recibido clases sobre cómo ser un adulto responsable y un buen padre o una buena madre. Hoy en día, se enseña a los niños cómo cocinar, coser, llevar una contabilidad y hasta cómo manejar computadoras. Todo esto está bien, pero también es preciso que se les enseñe cómo conducirse en la vida.

La educación de los hijos comienza en el hogar

Una adecuada educación de los hijos comienza en el hogar. Las escuelas han «perdido el rumbo», por así decirlo. Pero el precario ambiente de las escuelas no es solamente culpa de éstas: debemos echarle la culpa a la falta de una correcta educación en los hogares.

Admito que, en la actualidad, educar a los hijos es

una difícil tarea; sin embargo, los padres no tienen derecho a traer un hijo al mundo para luego renunciar a la responsabilidad de guiarle. ¿Acaso alguien plantaría una semilla o un árbol joven en su jardín para dejar que se desarrolle solo, sin ningún tipo de cuidado o protección? Si lo que se desea es que crezca sano y derecho, habrá que dotarle de un apoyo firme para que no se doble ni se quiebre con el viento. Tenemos una responsabilidad hacia nuestros jóvenes, y es una vergüenza que algunos padres descuiden esa responsabilidad. Si no hubiese sido intención de Dios que los padres guiaran a sus hijos, los bebés nacerían de huevos y los padres los abandonarían, tras el desove, para que salieran del cascarón y crecieran solos. ¡Eso es lo que hacen las tortugas!

Los hijos necesitan de una disciplina amorosa

Los hijos necesitan disciplina. Por favor, quede claro que con esto no quiero decir que haya que propinarles azotes: ¡Jamás debería utilizarse la violencia con un niño! Es preciso guiar a los niños con firmeza, pero también con amor. Mi punto de referencia es mirar retrospectivamente a nuestros años con el Maestro[1] [Paramahansa Yogananda]: los jóvenes devotos que seguíamos el sendero éramos, en cierto sentido, niños. Él nos guió con la razón, y con firmeza cuando fue necesario, pero también con un gran amor. Ése es el ideal.

Recuerdo que, años atrás, consideré un gran error el hecho de que muchos padres siguieran el consejo de un doctor muy conocido que abogaba en favor de la ausencia de disciplina y de permitir, sencillamente, que el niño tuviera la libertad de ejercer su libre albedrío, de

[1] Véase *gurú* en el Glosario.

«actuar a su antojo». El sentido común me decía que esta forma de educación infantil traería problemas. Estas almas recientemente encarnadas en pequeños cuerpecitos (no las llamaremos almas «jóvenes» porque, sin duda, ya han vivido muchas vidas)[2] no pueden todavía discriminar ni entender, aun cuando esas cualidades son innatas en el alma. Los niños son como plantas tiernas: para crecer adecuadamente, para florecer hasta alcanzar su máximo potencial, precisan nutrición y poda, es decir, la orientación, el amor y la comprensión que sólo los padres pueden brindarles. Todo niño necesita mantener un diálogo con alguien que posea esa comprensión que él todavía no ha alcanzado, pero que desarrollará si se le ofrece la guía apropiada.

Es necesario invertir la tendencia actual a la permisividad, y una forma de hacerlo es proporcionar una adecuada educación en los años formativos. Debería enseñarse a los niños buenas actitudes morales y buena conducta, no sólo mediante las palabras sino, también, con el ejemplo. La falta de esa orientación constituye uno de los factores principales del trágico quebranto que han sufrido la conducta y los estándares morales en este país, lo cual ha contribuido, más que cualquier otro factor, a destruir la unidad familiar. Y ¿a qué ha dado origen esto? A niños emocionalmente lisiados. Y los niños emocionalmente lisiados se convierten, en general, en adultos emocionalmente lisiados, que desarrollan un sentimiento de rechazo que desemboca en resentimiento hacia la sociedad en su conjunto. Ellos sienten que el mundo no les ha dado lo que en justicia les correspondía. Si este colapso de los principios éticos no se corrige, puede dar como resultado un deterioro de la res-

[2] Véase *reencarnación* en el Glosario.

ponsabilidad moral similar al que llevó a la decadencia y caída de las civilizaciones antiguas.

Los padres deben compartir la responsabilidad de la educación de los hijos

La madre y el padre desempeñan diferentes papeles en la educación de los hijos, y ambos son muy importantes. La madre es la figura principal en la crianza de los hijos durante la infancia. No quiero decir que sea la única; pero es la figura que, por lógica, está destinada a brindar la mayor parte del cuidado temprano y a inculcar en el niño la formación que es tan necesaria en los primeros años. Ella es la que, de su propio cuerpo, nutre al pequeño; sin embargo, el padre no debe renunciar a su cuota de responsabilidad. Conforme crece, el niño necesita la compañía, la educación y la comprensión de los dos progenitores. Es el deber común de ambos, el padre y la madre, atender a la educación de los hijos.

Creo firmemente en la igualdad de los sexos. Gurudeva Paramahansa Yogananda fue una de las primeras personas que se pronunció a favor de esa igualdad. Mientras que la mayoría de los occidentales concedían el liderazgo sólo a los hombres, él desafió esa tradición y me convirtió en una de las primeras mujeres en dirigir una organización espiritual.

¿Qué importa si uno se llama «señor», «señora» o «señorita» cuando cada persona no es, en esencia, ni hombre ni mujer sino un alma hecha a imagen de Dios? Ese comportamiento es bastante parecido al de los niños pequeños que pelean por un juguete. Las verdaderas cuestiones son de una dimensión mucho más relevante; lo que verdaderamente importa es el alma que mora en nuestro interior. Cada uno de nosotros tiene un papel esencial que desempeñar en este mundo. Si no fuera así, Dios nos habría hecho a todos iguales; por otro lado, en última instancia, ningún papel es más importante que otro. Lo fundamental es que desempeñemos nuestro cometido adecuadamente, cualquiera que sea éste.

No es correcto que una madre permanezca atada a la cocina toda su vida; no es justo ni necesario. Es obvio que las madres también necesitan de otros desafíos en sus vidas. Pero en los tiernos primeros años del niño, la influencia de la madre es de la máxima importancia, y creo que su sitio está en el hogar, con los hijos. (En algunos casos, por supuesto, es posible que un padre o una madre, sin pareja y que trabaje, necesite enviar a sus hijos a una guardería).

Cultivar una relación estrecha con los hijos

Educar a los hijos y entender sus necesidades es, verdaderamente, una tarea que requiere de talentos especiales. Cada niño es diferente. A los ojos de Dios, todos somos almas que poseen las mismas cualidades que la Divinidad. No obstante, dado que cada uno de nosotros cuenta con libre albedrío e inteligencia independiente, nos hemos desarrollado en formas diferentes, con patrones kármicos[3] singulares. Así pues, cada niño debe ser entendido como un individuo único.

En mi familia éramos cuatro hermanos. Adorábamos a nuestra madre, lo cual estoy convencida de que sucede cuando una madre trata siempre de ser comprensiva. Ella jamás tuvo que castigarnos físicamente, porque nosotros queríamos complacerla. Contrariarla nos hacía sufrir, porque la amábamos. Siempre podía-

---

[3]Véase el Glosario.

mos hablar con ella; siempre podíamos contar con su comprensión. Sin embargo, ella no nos trataba a todos de la misma manera: veía lo que necesitaba cada uno, y eso era lo que nos daba. Considero que ésta es una cualidad instintiva, que se desarrolla cuando una madre pasa tiempo con sus hijos. Ofrece tu amor por igual a todos tus hijos, pero date cuenta de que debes brindarlo de forma diferente a cada uno. Algunos niños nacen con una gran tozudez; otros son volubles; otros, malhumorados; y algunos están siempre felices y alegres. Es cuestión de llegar a conocer a tu hijo y, luego, orientarle —de una forma comprensible para él— cuando tome el camino equivocado.

Es importante que los padres cultiven una adecuada relación con sus hijos. No trates de ser como tus hijos. Tú eres su padre o su madre, no su hermano o hermana. Enséñales a amarte y respetarte en tu calidad de progenitor. Considero que la relación de «compinche» no es sana ni de ayuda para un hijo. Una madre que desee convertirse en la hermana de sus hijos sólo trata de alimentar su propio ego: no desea madurar; debería ser una madre responsable. Lo mismo es válido para el padre.

Mantén abiertas las líneas de comunicación

A fin de educar adecuadamente a tus hijos, debes establecer con ellos una comunicación eficaz. Hazles sentir que pueden confiar en ti. Aliéntalos a ser sinceros permitiéndoles expresar cualquier cosa que piensen. Si rechazas a un hijo porque te ha dicho algo que no te agrada, ese hijo se volverá evasivo y tratará de ocultar sus verdaderos sentimientos y la conducta que él sabe que tú desaprobarás. En lugar de acudir a ti, buscará a otra persona como confidente. Es mucho mejor que tú seas ese amigo, esa persona con la que él siempre puede contar. En el marco de una sana relación con tus hijos, ellos no sentirán la necesidad de recurrir a las drogas, o a cualquier otra opción inadecuada, en busca de comprensión.

Date tiempo para hablar con tus hijos. Responde a sus preguntas y explícales los fundamentos de las pautas de conducta que les brindas, con palabras que ellos puedan entender. No les digas, sin más, «no lo hagas»; tienes que razonar con el niño de tal modo que logres captar su atención. Aprendemos escuchando, aun cuando no estemos de acuerdo con todo lo que se diga. Alienta en el niño la voluntad de escuchar. Las palabras constructivas permanecerán grabadas en su conciencia, y tal vez las agradezca cuando, un día, él mismo se convierta en padre. El buen entendimiento con tus hijos tiene que comenzar en los primeros años. Si esperas hasta que surja un problema, será mucho más difícil abrir las líneas de comunicación en ese momento.

Quiero prevenirte de algo: jamás impongas tus propios puntos de vista espirituales a tus hijos. No les digas: «Puesto que yo medito, tú vas a meditar». Los niños son como flores; permíteles madurar y desarrollar su propia personalidad. Nada hay de malo en ello. Te corresponde brindarles el ejemplo adecuado y sentido de la orientación: que aprendan a amar a Dios, a asumir responsabilidades y cumplir con ellas, a ser altruistas, a ser amables con los demás, es decir, el conjunto de cualidades y virtudes que dan la medida de un ser humano con una mente espiritual.

En mi propia infancia, a una edad muy temprana, los niños aprendíamos a orar en torno al regazo de nuestra madre. Era un ritual que formaba parte de la preparación para irse a dormir. Nos arrodillábamos alrededor de ella, pronunciábamos una breve plegaria y, luego, rezábamos por los diversos miembros de la familia. Era muy dulce. Jamás se nos forzaba a hacerlo. El niño al que se le enseña a orar ama esa actividad. Cuando llegué a los diecisiete años e ingresé en *Self-Realization Fellowship*, pasaba tanto tiempo orando por los demás que, por las noches, mi plegaria parecía inacabable, pues había muchísimas personas que agregar a mi lista. Orar por los demás le enseña a uno a compadecerse del prójimo. Debería enseñarse a los niños a ser humanitarios y altruistas.

Inicia a tus hijos en el sentido de la responsabilidad

Es importante, también, enseñar a los hijos a asumir responsabilidades. Siempre me consterna el ver a esas familias en las que los padres hacen todo —cocinar, lavar los platos, hacer la limpieza, cuidar del jardín— mientras que el hijo o la hija se sienta delante del televisor, o sale a visitar a sus amistades, y no tiene asignada tarea alguna. Eso no está bien. ¿Por qué creen los padres que deben hacer todo? ¿Por qué no le brindan al hijo el tipo de orientación que le ayudará a desarrollar sus habilidades y el sentido de la responsabilidad? El resultado es que el niño o la niña crece hasta convertirse en un adulto descuidado y poco confiable, que no sabe cómo educar a sus propios hijos. Estos hábitos pasan de generación en generación, de modo tal que, hoy en día, muchos jóvenes son víctimas de que no hayamos cumplido con nuestro deber hacia ellos.

Los niños deben aprender, a edad temprana, que nada se obtiene sin esfuerzo. Es necesario trabajar, y hay que merecer aquello que se reciba en este mundo. Este principio es importante. Si a un niño se le da todo lo que desea, no aprende el valor de las cosas. Enseña a tu hijo que debe ayudar a la familia, a su círculo de amigos y a la comunidad. Eso le preparará para hacer frente a lo que los demás esperarán de él cuando sea adulto.

Con frecuencia, los padres son demasiado indulgentes con sus hijos: «Quiero dar a mis hijos todo lo que yo no tuve». ¡Qué desatino! Dale mejor la oportunidad de desarrollarse, de alcanzar sus metas, de afrontar los desafíos de la vida, con tu ayuda y apoyo, para que se convierta en una persona fuerte. No puedes protegerle de todo, ni puedes asegurar su felicidad atendiendo a sus caprichos. A la larga, el que tú adoptes esta actitud no le será de ayuda.

Hay algo en lo que verdaderamente creo: si encargas una tarea a un niño, vigila que la cumpla. Si le dices que, cada noche, recoja su ropa y la cuelgue en una silla, insiste para que haga lo que le has dicho. No le pegues, pero mantente firme. Una vez que se formen los buenos hábitos, el niño hará automáticamente lo correcto.

Los niños realizarán lo que se les pida si sienten que ayudan y aportan algo. Hazles sentir que son partícipes. Elógialos y aliéntalos; estimúlalos para que quieran colaborar. Asegúrate de que la responsabilidad encomendada no supere la capacidad del niño. Y cuando él se esfuerce al máximo en cumplirla, recompénsale; en caso contrario, no le premies. Ésta no es, necesariamente, la mejor práctica; es preferible que la obediencia del niño sea producto de una buena conducta espontánea, pero en la mayoría de los casos, lamentablemente, ¡un premio parece ser de ayuda!

Cuando yo era pequeña, los niños no recibíamos recompensas fuera del reconocimiento de nuestros padres por un trabajo bien hecho. Todos teníamos asignados nuestros deberes, y sabíamos que se esperaba que los realizáramos correctamente. Si, por ejemplo, habíamos secado los platos de la cena y los vasos no estaban impecables, teníamos que salir de la cama y bajar a lavarlos nuevamente. Agradezco en verdad que me hayan educado con esa disciplina. De no haber recibido aquel entrenamiento de pequeña, quizá no hubiese sido capaz de aceptar la disciplina que me asignaba el Maestro al colocar sobre mis hombros las crecientes responsabilidades que han culminado en las que cumplo hoy en día.

¿Deberían los padres elegir la profesión de sus hijos?

Según mi experiencia, si alguien nos dice qué hacer con nuestra vida, puede que atendamos a esa sugerencia durante un tiempo, pero tarde o temprano, si queremos ser felices, debemos dar satisfacción a las inclinaciones latentes que albergamos en nuestro interior. Cuando alguien me pregunta: «¿Debo casarme o permanecer soltero?», lo primero que quiero saber es: «¿Qué es lo que quiere tu corazón?». Porque si le sugiero a alguien que se convierta en renunciante, ese tipo de vida no eliminará necesariamente todos sus demás deseos. El deseo de seguir un determinado camino en la vida debe surgir del interior de la persona y, luego, la orientación externa puede fortalecer esa inclinación.

Por ejemplo, en Oriente y Occidente hay muchos individuos que han seguido el camino monástico porque eso era lo que sus padres esperaban de ellos y porque los educaron para que se convirtieran en sacerdotes o monjas. Sin embargo, si esta vocación no es el principal deseo de sus corazones, esos devotos no llegan a ser buenos religiosos y, después de tal vez cinco, diez o quince años, se inclinan hacia otros deseos y buscan otra forma de vida.

Sólo tú puedes saber lo que realmente deseas. Cuando los devotos que buscan mi consejo dicen: «Quiero saber qué quiere Dios que yo haga», vuelvo al mismo punto: ¿qué deseas *tú*? Comienza con esa pregunta y, luego, analiza objetivamente hacia qué rumbo se dirige tu vida a la luz de tu destino kármico.

A veces, nos cuesta asumir la responsabilidad de nuestra propia vida. Queremos que Dios nos diga qué debemos hacer... ¡a condición de que lo que Dios quiera para nosotros esté en armonía con lo que *nosotros* realmente queremos! No estoy en contra de indagar la voluntad de Dios; en realidad, estoy absolutamente a favor de ello. Pero el mero hecho de repetir: «Quiero obedecer la voluntad de Dios» no será suficiente si, mientras tratamos de obedecerla, nos atormenta el deseo interno de hacer alguna otra cosa. Hemos sembrado las semillas de los deseos y las hemos cobijado en nuestro interior, tal vez durante muchas vidas; por lo tanto, no es suficiente aceptar con renuncia lo que pensamos que Dios desea de nosotros, o bien lo que nuestros padres o amigos elegirían. Debemos seguir lo que sentimos que es correcto y, luego, esforzarnos para avanzar desde ese punto.

Cada uno de nosotros posee en su interior la inteligencia con la que Dios nos ha dotado; valiéndonos de esa inteligencia hemos de asumir nuestra propia responsabilidad y aprender a tomar las decisiones correctas en la vida. Cuando así lo hacemos, mientras al mismo tiempo meditamos y tratamos de mantenernos en sintonía con Dios, damos cumplimiento a nuestro destino individual. El deber de los padres es ayudar a los hijos a orientarse de acuerdo con estas pautas, al tiempo que se les da la libertad de que cada uno de ellos obedezca su propia naturaleza.

Mis hijos varones tienen catorce y dieciséis años. Ellos quieren tener novia, pero yo provengo de la cultura india y no apruebo esa conducta. Como usted sabe, en la India, los matrimonios son arreglados. Sé que ésta no es la costumbre que impera en Estados Unidos y que debo conservar una actitud equilibrada; pero siento que ellos son aún muy jóvenes y que, en este preciso momento, sus energías se deberían enfocar en los estudios y los deportes.

En primer lugar, permíteme decirte que no se puede establecer una regla general, porque todos somos diferentes. Algunas personas son más maduras que otras de su misma edad. En segundo lugar, estoy de acuerdo con que el sistema de noviazgo en Occidente es demasiado permisivo, pero también considero que la costumbre todavía vigente en la India debería modificarse. He visto algunas consecuencias trágicas de los matrimonios arreglados en la India. Ambos sistemas tienen sus fallas.

Guruji creía firmemente en que, en los primeros años, cada sexo debería ser educado en escuelas separadas. La atención de los niños y las niñas debería concentrarse en la enseñanza académica y la formación del carácter —desarrollo que equipará a ambos para una vida mejor conforme maduren—, exenta de la estimulación indebida propia del despertar de los sentidos que se halla ligado a las relaciones entre sexos. Lamentablemente, los estándares morales de la sociedad actual se han deteriorado. Dentro de esta atmósfera de permisividad, es un error mantener relaciones de noviazgo a una edad temprana. El creciente problema de los embarazos de adolescentes constituye una sólida evidencia de lo que digo.

En cierta ocasión, aconsejé a una jovencita cuyo padre, que había sido educado en los ideales de Guruji, era estricto con sus hijos. Él no les permitía que iniciaran relaciones de noviazgo a la temprana edad en la que muchos de sus amigos ya lo hacían; por otro lado, los hijos secundaban esta postura paterna. Aun así, cuando se les permitió salir solos, la presión de las compañías de su misma edad provocó que esta jovencita estableciera una relación con la persona equivocada. Aquel fue el momento en que me pidieron que atendiera el problema. Esto requirió de varias reuniones, en las que hablé pacientemente con ella y le señalé que lo importante era que se convirtiera en una adulta responsable y suficientemente preparada, que pudiera, entonces, tomar las decisiones adecuadas en su vida. Afortunadamente, escuchó y hoy es sumamente feliz: ella se casó con un joven excelente y ambos tienen un hijo adorable.

Al venir de una cultura diferente, tienes que determinar qué costumbres, las de qué país, quieres observar. Muchos padres indios que viven en Estados Unidos siguen eligiendo esposo o esposa para sus hijos, y no combato esa postura si los padres han estudiado cuidadosamente las características de los jóvenes involucrados y comprueban que son compatibles. Puede ser una buena costumbre cuando se la practica con la adecuada consideración de todos los rasgos psicológicos e intereses, y de preguntas tales como: ¿se llevan bien?, ¿seguirán siendo una pareja armoniosa conforme maduren, compartiendo objetivos e ideales coincidentes? Por otro lado, si eliges adoptar las costumbres de Occidente, creo que lo mejor —cuando consideres que ya están lo bastante crecidos— es permitirles que inviten a sus amigos a tu casa, en lugar de que se encuentren fuera de ella; así podrás saber a quiénes frecuentan. Es posible que ellos no siempre se comporten como tú piensas que deberían hacerlo, pero haz ciertas concesiones de acuerdo con su edad e intereses, en la medida en que sientas que se preservan los principios morales.

Permíteles que vayan a tu casa un viernes por la tarde, después de la escuela, para quedarse un par de horas, escuchar música, celebrar pequeñas fiestas o disfrutar de otro tipo de recreación que les agrade. Creo que es importante que los padres abran sus hogares, cálida y amigablemente, a los amigos de sus hijos, para que éstos sientan que su casa es un lugar donde sus amistades son bienvenidas.

Tienes el derecho y el deber de ser estricto con respecto a la prohibición de consumir alcohol y drogas. Si fuera necesario, busca asesoramiento y ayuda profesional para asegurar que esta norma se cumpla. He visto demasiadas mentes y demasiados cuerpos trágicamente destruidos por esas sustancias. Estoy segura de que no es éste el caso de tus hijos, pero lo menciono porque sí sucede en algunos hogares.

Los quince o dieciséis años es, aproximadamente, la edad en que los padres responsables de este país consideran aceptable, en general, que sus hijos inicien un acercamiento social con el sexo opuesto. Los dieciocho años es una edad un poco tardía si nos guiamos por las pautas aceptadas en Occidente. No digo que esto sea correcto o incorrecto; sólo puntualizo que tus hijos se encuentran inmersos en un entorno donde la tendencia general es tener amigos íntimos del sexo opuesto a una edad más temprana. Te verás en una posición de gran desventaja si das la impresión de ser irrazonablemente estricta.

Muchos padres ni siquiera conocen a los amigos

que sus hijos frecuentan. Y, con franqueza, los niños piensan entonces: «Mis padres no se preocupan de mí». Con gran frecuencia, a los hijos les gusta que los padres se preocupen lo suficiente como para «imponerse» y fijar normas. Pero tienes que comenzar a una edad en la que los niños respeten esa educación. No esperes hasta que sean adolescentes, porque puede que entonces sea demasiado tarde, ya que se habrán acostumbrado a conducirse con una independencia mayor de la que tú quisieras.

Mi vecindario es realmente malo. Muchos de los padres que allí viven parecen no preocuparse por lo que hacen sus hijos. ¿Es correcto permitir que mis hijos jueguen con esos muchachos? ¿Deberíamos permanecer en ese lugar, o deberíamos mudarnos? La zona no era mala cuando compramos la casa.

Si vives en una zona en la que los niños son rebeldes, yo me inclinaría por la cautela. Me gustaría saber con quiénes juegan mis hijos y qué hacen, pero sin hacerles sentir que no se les permite libertad alguna.

La influencia más poderosa en la vida de los niños proviene de sus compañeros. Los niños son imitadores y adoptan las tendencias de las personas con las que se relacionan. Si los demás niños en tu vecindario no son del tipo que tú consideras que ayudarán al desarrollo de los tuyos, o incluso pueden meterlos en problemas, yo tomaría algunas medidas en ese caso.

Es importante comprender cuánto responden los niños al entorno en el que se encuentran. Ten cuidado de no discriminar por el color, la religión o la nacionalidad, sino de acuerdo con la calidad de cada persona. No hay nada de malo en vivir en cualquier tipo de vecindario: la cuestión fundamental es la calidad de la gente que vive allí. No puedes pasar tu vida preocupándote por tus hijos porque vives en una zona peligrosa; será mejor que te mudes a un barrio donde no exista ese tipo de problemas, para que puedas conservar tu paz mental.

En resumen, yo concluiría con un consejo esencial: la mejor oportunidad de éxito en la educación de los hijos radica en que los padres mismos fijen las pautas adecuadas por medio de su propio ejemplo. Los hijos necesitan ver que los resultados de esas pautas que les han sido impuestas son beneficiosos. Cuando la enseñanza se brinda mediante el ejemplo, con amor y comprensión, se aumenta el bien kármico ya presente en los niños, que proviene de sus vidas pasadas, y se les brinda la oportunidad de un mayor crecimiento. Alimentar de este modo las buenas tendencias naturales y plantar semillas de buenas tendencias nuevas en las jóvenes vidas entregadas a su cuidado es el deber que Dios ha conferido a los padres. Sin duda alguna, ¡una importante tarea!

¿En qué casos la fuerza física constituye una defensa racional?

Tomado de un satsanga en el que se formuló esta pregunta

En su interpretación de los Diez Mandamientos, Paramahansa Yogananda comentó lo siguiente sobre el mandamiento «*No matarás*»:

> Esto significa que no deberías matar simplemente por matar, ya que entonces te convertirías en un asesino. Nadie debería privar a otro de su vida, impulsado por una violenta pasión. Pero, si tu país es atacado y debe afrontar la guerra, deberías luchar para proteger a quienes el Señor ha puesto bajo tu cuidado. Es tu deber defender a tu familia y a tu país; al hacerlo, obras en forma recta[1].

Se me ha preguntado si Guruji censuraría a quienes no desean ir a la guerra. No; él vino a la Tierra para fomentar la comprensión y no para condenar. Él comprendía los sentimientos de quienes se hacen «objetores de conciencia» —negándose a recibir entrenamiento— y prestan servicio a su país de alguna otra manera. Durante la Segunda Guerra Mundial, Guruji se refirió con frecuencia a los millones de personas que murieron en ella. Explicó que las almas que son arrebatadas repenti-

---

[1] Tomado del capítulo «Los Diez Mandamientos: eternas reglas de la felicidad», publicado en el libro *La búsqueda eterna*.

na y prematuramente del cuerpo, tal como sucede cuando la muerte ocurre en el campo de batalla o como resultado de bombardeos aéreos, regresan a la Tierra con mayor rapidez que aquellas que han podido vivir el tiempo completo de su encarnación. Él afirmó que muchas de esas almas retornarían con tal aversión a la guerra, que en el futuro rechazarían luchar. ¿Y no es esto lo que ha ocurrido? Muchos son los que se han negado rotundamente a ser enviados al frente. Guruji podía ver el futuro; percibía la causa y el efecto de las acciones, no sólo de las personas sino también de las naciones.

No podemos decir simplemente que todo homicidio es un acto malévolo o toda guerra es un error. Si una nación amenaza a otra, se justifica que la segunda se defienda. Tengamos presente que nos encontramos en un mundo de dualidades, donde existe tanto el bien como el mal y donde hay pocas personas que hayan alcanzado el más elevado nivel de conciencia. Es apropiado y sensato defenderse a uno mismo, o defender a nuestros seres queridos y a nuestro país, aun cuando estas acciones requieran matar.

Si ves que una persona está a punto de lastimar a alguien a quien tú amas mucho, no permanecerás inmóvil y diciendo «Te perdono». Tu natural reacción instintiva será la de defender al ser amado. Si puedes hacerlo sin lastimar al atacante, ¡magnífico! De lo contrario, utiliza la fuerza que sea necesaria. Cuando la agresión cese y haya concluido la amenaza contra el inocente, si el agresor resultó lesionado, haz lo que puedas para ayudarle.

Dios juzga los motivos que se ocultan en el fondo de las acciones

Recuerda que Dios observa el motivo de cada acción. Por eso, siempre deberíamos tratar de analizar la verdadera intención que se oculta en el fondo de nuestros actos y juzgar la rectitud del resultado final que se derivará de éstos. No obstante, es difícil que el ser humano sea imparcial cuando se erige en su propio juez. A menudo, las emociones nublan el juicio de la razón. Por ejemplo, no sería correcto considerar que es impropio todo acto de matar animales. Si un hombre tiene un arma y dispara con ella a las aves y a otras criaturas inofensivas, ya sea por deporte o porque obtiene algún tipo de excitación con ello, su acción es incorrecta. En cambio, si ese hombre ve —como en ocasiones sucede en la India— a un tigre salvaje que ataca a un ser humano, o bien a una serpiente que está a punto de morder a un niño, es apropiado que utilice el arma para defender una forma de vida más elevada. En ambos casos, Dios juzga el motivo más que la acción.

Los diferentes grados de evolución

En virtud de la ley de la evolución, podemos clasificar a los seres vivos en diferentes grupos. La forma de vida más inteligente es el ser humano y, por debajo de él, se encuentran las formas menores. La ciencia nos enseña que la vida vegetal y animal comenzó en el mar, se extendió posteriormente por la tierra y evolucionó de manera gradual hacia formas más inteligentes y elevadas.

Ahora bien, si para proteger a una forma superior debemos eliminar la forma física de una manifestación inferior, ese acto podría justificarse. Sería insensato y muy poco práctico *no* destruir los insectos portadores de enfermedades, tales como los mosquitos, que propagan afecciones mortales. No existe pecado en ello, porque protegemos formas más avanzadas de vida.

El mismo principio es válido, por ejemplo, para los

animales rabiosos. Aquí, en el perímetro de Mount Washington, hay animales salvajes, y es posible que alguno de ellos contraiga la rabia. Si fuera necesario destruir a un animal afectado por la rabia a fin de proteger la vida humana, ésa también sería una acción correcta y no un pecado. Además, se trataría de un acto de compasión, ya que evitaríamos que el animal siguiera sufriendo.

Discernimiento y respeto por todas las formas de vida

Debemos emplear, siempre, el discernimiento; y debemos respetar toda forma de vida. He explicado que matar por deporte es incorrecto; lo mismo puede decirse cuando se hace por conveniencia. Si hay una mosca en mi habitación y me molesta, o noto que zumba porque está excitada, mi primer impulso será abrir una ventana y dejarla escapar. No hay necesidad de destruirla. Por otra parte, si me encuentro en un país afectado por enfermedades endémicas propagadas por insectos, o donde proliferan los bichos que, como las ratas, constituyen una amenaza para la salud y la vida, no es incorrecto que, sin malicia, se prive de su existencia a tales insectos o roedores, sabiendo que la chispa vital que albergan evolucionará, convirtiéndose en una forma más avanzada en su siguiente existencia.

Así pues, no es censurable quitar la vida a algo que amenaza la vida humana o las formas más elevadas de la vida animal. Si vieras que una serpiente de cascabel amenaza a un cachorrito indefenso, ¿qué harías? Es obvio que deberías proteger al cachorro y quitarle la vida a la serpiente. Además, si el reptil se encontrara en una zona densamente poblada, el discernimiento te indicaría que debes destruirlo, pues no sólo podría matar al cachorro, sino también a algún ser humano.

El caso es diferente si nos encontramos en medio de la naturaleza y vemos a una serpiente de cascabel en una zona deshabitada del desierto; no creo que debamos matar en esas condiciones. Allí es donde Dios colocó a la serpiente; no provoca daño alguno y se encuentra en su medio ambiente natural. Así pues, déjala tranquila, ya que en ese lugar no tendrá la oportunidad de perjudicar a ningún animal doméstico o al ser humano, y eso es lo que importa.

La clave es la comunicación

Si bien considero que cualquier persona tiene derecho a defenderse y a defender a los demás contra todo peligro real, es absurdo que dos personas peleen porque están en desacuerdo. Debe haber razones que justifiquen lo que hace la gente y, por eso, creo preferible esforzarse por comprender y solventar la causa de la lucha que ¡limitarse únicamente a intercambiar golpes!

Los padres deberían enseñar a sus hijos a no pelear. Deben entender que la fuerza no cambiará a los demás, y que las mejores formas de lograr un entendimiento son el intercambio de puntos de vista, la comunicación y la comprensión. Algunos niños traen consigo tendencias agresivas naturales de vidas pasadas, o bien las desarrollan en el medio ambiente en que se encuentran. Si se les permite utilizar la violencia para obtener lo que desean, su situación empeorará. Necesitan que se les aliente a comunicarse con las personas y cultivar un mayor entendimiento de sí mismos y de los demás.

Ahora bien, decirle a alguien «tú hiciste esto» o «tú hiciste aquello» no es comunicación. Si acusas a una persona, siempre sentirá rencor. La estrategia adecuada consiste en dialogar: «Tenemos un problema. Por favor, ayúdame a entender lo que sucede». Deja entonces que la otra persona exprese sus sentimientos acerca de lo que —según su punto de vista— haces tú y provoca que ella actúe de esa determinada manera. Después de que se haya explicado, di: «Bien, ¿puedo hablar ahora yo?». Trata de comunicarte así: ésta es la forma de desarrollar la comprensión y la amistad.

Pero volvamos a mi niñez: yo era algunos años mayor que varios de los niños de mi vecindario, quienes en ocasiones molestaban a mi hermana menor. Eso no me gustaba, porque yo había nacido con la convicción de que mi deber era ¡salir en defensa de todo el mundo! Pero si les daba su merecido a los que pegaban a mi hermana, nada se solucionaría. (Así es como se originan las pandillas). Sin embargo, descubrí que mediante la palabra se lograba la armonía y, entonces, adopté ese camino para resolver toda diferencia.

Tiempo después, el Maestro dijo de mí: «Ella es una conciliadora». Esa cualidad se manifestó en mí durante la infancia, gracias a la educación que mi madre me proporcionó. Siempre mantuvimos un diálogo provechoso con ella, quien se tomaba el tiempo necesario para darnos explicaciones sobre las cosas que suceden en la vida. Yo jamás sentí que hubiera de ocultarle nada. Todos los padres deberían tratar de crear una atmósfera de confianza, de tal modo que sus hijos recurran a ellos con naturalidad siempre que necesiten ayuda.

Así pues, primero pregunta a la gente por qué hace lo que hace. En lugar de reaccionar con disgusto, trata de comprender el «porqué» del comportamiento de la otra persona. He practicado esto durante toda mi vida. Este análisis te ayudará a lograr un mayor entendimiento de ti mismo y de los demás.

No estoy sugiriendo que si alguien es objeto de un ataque, no debamos tratar de ayudar a la víctima. Sólo digo que hemos de utilizar el sentido común para decidir qué curso de acción será el más provechoso. Algunas personas tienen un temperamento tan explosivo que se enfadan al instante y comienzan a reñir. Pero esto no es lo aconsejable. Trata de pacificar la situación y de aliviar las tensiones. Una vez que los ánimos se hayan calmado, podrás crear un clima de comprensión con mayor rapidez.

Después de que las emociones se aquieten y haya transcurrido un cierto tiempo, comprobarás que Dios se encuentra incluso en la persona que ha actuado indebidamente. El Dios al cual le profeso mi amor se halla tanto en el que yerra como en mí: en todos nosotros está el mismo Dios. La única diferencia consiste en que la imagen de Dios que reside en quien comete el error se encuentra temporalmente oscurecida por la nube del mal comportamiento. Pero eso no significa que la *persona* sea mala.

Esta forma de razonar constituye el cimiento para que, más tarde, cuando medites o te encuentres libre de reacciones emocionales, sientas amor sincero en tu corazón por esa persona y comiences a enviarle tu amor mentalmente. Esta práctica tiene una fuerza enorme para transformar a los demás; he comprobado reiteradamente su efectividad. Utiliza el poder de la oración y de los pensamientos de amor cada vez que una persona te malinterprete y no puedas establecer una comunicación con ella de ninguna otra manera; pero, también, persiste en tu intento de comunicarte —nunca te des por vencido.

Cómo fortalecer el poder de la mente

Sede Internacional de Self-Realization Fellowship,
Los Ángeles (California)

Gurudeva Paramahansa Yogananda ponía especial énfasis en el principio que consiste en pensar de forma positiva. Muchos médicos y otros profesionales de la salud afirman que casi un noventa por ciento de nuestros problemas físicos podrían originarse en la mente. El Maestro sabía que la mente ejerce una poderosa influencia, por lo cual solía insistir en que es de suma importancia abrigar pensamientos positivos y mantener la fortaleza mental, incluso si el cuerpo se halla experimentando dificultades. Cuando él fundó su obra en este país y en la India, incluyó como uno de sus objetivos e ideales básicos el siguiente: «Demostrar la superioridad de la mente sobre el cuerpo, y del alma sobre la mente».

Todos los devotos deberían aplicar cada vez más este ideal en sus vidas, de un modo razonable y con sentido común. Las enseñanzas del Maestro no pretenden que nos volvamos imprudentes; pero también es cierto que hay personas cuyo nivel de resistencia es nulo: no soportan ni el más leve dolor. No te sientas afectado por el dolor con tanta facilidad; no aceptes la enfermedad; no admitas la derrota: desarrolla un mayor poder mental. ¿Cómo? Al mismo tiempo que tratas de encontrar una solución a tu problema, no te obsesiones con él ni lo comentes; incrementa tu fe en el poder de Dios. Eso es lo que Guruji nos enseñó a hacer.

Para ayudarte a mantener una actitud mental inquebrantable y positiva, emplea a diario alguna de las afirmaciones del libro *Afirmaciones científicas para la curación*[1] escritas por Guruji. Cuando llegué por primera vez a Mount Washington, cada mañana incluíamos una de sus afirmaciones en nuestra meditación colectiva. Las enseñanzas de Guruji contienen todo lo necesario para nuestro desarrollo. Aplica estas enseñanzas, y utilízalas para incrementar tu resistencia y tu fe.

La fortaleza comienza en la mente. Cuando tenemos que enfrentarnos con la adversidad, nos asalta el temor de lo que podría ocurrirnos. Guruji explicó: «A la vez que te esfuerzas por eliminar la causa de tu dificultad, ten completa fe en Dios». Cuando razonas de la siguiente manera: «Pues bien, Señor, si es tu voluntad que yo muera, entonces moriré», ¡no estás pensando de forma positiva! Llegará el tiempo en que, efectivamente, hayas de aplicar la filosofía contenida en el aforismo «Lo que deba ser, será»; pero mientras ese momento no se presente, haz que tu voluntad sea férrea. «Jamás digas "morir"», solía aconsejarnos el Maestro.

Abriga siempre pensamientos positivos, no sólo con respecto a tu salud, sino en toda situación. La fe y el pensamiento positivo son, en esencia, lo mismo; no poner en práctica estas cualidades constituye una ofensa a nuestro potencial divino. No estoy aconsejándote que seas imprudente. Utiliza el sentido común: si te has fracturado una pierna, no te sientes a pensar «Dios habrá de sanarla». Recurre a las ciencias de la curación que Dios le ha permitido al hombre desarrollar; y al

---

[1] Publicado por *Self-Realization Fellowship*.

mismo tiempo, ten una completa fe en que todo marchará bien.

En ocasiones, lo que nosotros deseamos podría no ser lo que Dios quiere. Es en esos momentos cuando se pone a prueba nuestra fe. Pero es necesario mantener la firme convicción de que Él es más sabio: «Muy bien, Señor, si es tu voluntad, la acepto. Mi fe y mi confianza en Ti permanecen inquebrantables. Sé que cualquiera que sea tu voluntad, redundará en un mayor beneficio para mí. Ayúdame a ver el aspecto positivo de esta experiencia, de modo que pueda yo aprender de ella y estar más cerca de Ti».

Siempre sostuve con firmeza la idea de que quienquiera que realice una fervorosa peregrinación a un lugar espiritualizado por la presencia de Guruji —tal como este sitio, donde se halla ubicado el *ashram* de Mount Washington, o donde se encuentra su cuerpo[2]— y ore con fe recibirá una respuesta directa. Lo he podido comprobar en mi propia vida y en la de los demás. La idea es vincular nuestra fe con las bendiciones divinas.

En uno de mis viajes a la India, sufrí un ataque de bronconeumonía. Tuve que desplazarme de Singapur a Bangkok con una fiebre que alcanzaba los cuarenta grados de temperatura. Al llegar al hotel, en Bangkok, los devotos que me acompañaban se dieron cuenta de que yo estaba a punto de desplomarme, y llamaron a un médico. Él me envió a un hospital y ordenó que me hicieran radiografías. Después de estudiarlas, sentenció: «Usted padece de tuberculosis. Debe regresar a Estados Unidos».

Quedé atónita. Luego reaccioné y me dije: «¡Es im-

[2] Miles de discípulos de Paramahansaji llevan a cabo peregrinaciones a Forest Lawn Memorial-Park en Glendale (California), donde reposa el cuerpo de Guruji.

posible! ¡No pienso darme por vencida!». Antes de su fallecimiento, el Maestro me había pedido que cuidara de su obra en la India, y no estaba yo dispuesta a aceptar la derrota. Cuando se ha desarrollado la fe —mediante la práctica del pensamiento positivo y de la confianza en Dios—, ella nos sostiene en situaciones difíciles. En medio de una crisis de aquella magnitud, lo primero que hubiera pensado una persona común habría sido: «¡Moriré si no llego a mi país para ser hospitalizada!». Sin embargo, interiormente afirmé: «No, Maestro, no me trajiste hasta este remoto lugar tan sólo para enviarme de regreso».

Consulté con el médico qué otra medida podría tomarse. «Bien, la mantendremos aquí, en el hospital —fue su respuesta—. Ordenaré que le hagan nuevos exámenes y estableceremos un tratamiento. Este clima le favorece, así que la tendremos aquí durante un tiempo». Cumplí todas las prescripciones que dispuso el hospital y, en todo momento, mantuve la convicción de que tanto Dios como el Maestro estaban cuidándome a través del médico. Finalmente, las nuevas radiografías mostraron que ¡había desaparecido todo rastro de tuberculosis! Por supuesto, continué mi viaje hacia la India.

Sin embargo, tal vez como reacción a algún medicamento que se me había administrado, me sobrevino un sarpullido muy incómodo. Una tarde, uno de los devotos que había en el *ashram* me preguntó si me gustaría visitar Tarakeswar[3], en las afueras de Calcuta. Aun-

---

[3] Los hindúes consideran el templo de Tarakeswar con la misma reverencia que los católicos sienten por la Gruta de Lourdes. Se han producido muchas curaciones milagrosas en Tarakeswar. Además, como se describe en la autobiografía de Paramahansaji, su tío Sarada se curó como resultado de las oraciones que su devota esposa ofreció allí en su nombre. Paramahansaji mismo tuvo en ese templo una sorprendente visión del Señor Cósmico.

que en aquel momento no me vino a la mente la experiencia que el Maestro había tenido allí, acepté la invitación y fui, no como una mera turista sino con devoción —que es la única forma en que deberíamos visitar cualquier santuario—. Una gran multitud de devotos se arremolinaba en el templo; no obstante, yo me senté con el propósito de meditar. Recuerdo haber pensado: «Señor, sé que Tú estás aquí. Dame una señal: haz que desaparezca el sarpullido de este cuerpo». Entonces comencé a meditar y la idea del padecimiento se alejó por completo de mi mente. Cuando regresé al *ashram* esa noche, ya no tenía señal alguna del sarpullido. Ése es el poder de la fe. Por eso Cristo dijo: «Tu fe te ha salvado»[4]. Lo que necesitamos es fe, aunada al sentido común. Ambos deben ir de la mano.

Citaré otro ejemplo. Durante años, las amígdalas se me infectaban periódicamente. Yo me había resignado a vivir con ese malestar, pero llegó el momento en que empeoraron tanto que el Maestro me envió a consultar al doctor Kennell[5], que era laringólogo. Al examinarme las amígdalas dijo: «¡Santo cielo! Debemos extirparlas de inmediato». Así lo hizo, y luego me recomendó: «Ahora, ingiera solamente bebidas y alimentos fríos, y procure reposar. Lo mejor sería que guardara cama durante un par de días, para no fatigarse».

Esa noche, el doctor vino al *ashram* a visitar al Maestro, junto con otros devotos que habían sido invitados a cenar. Yo estaba ayudando a preparar la comida. Por lo general, Guruji también me pedía que sirvie-

---

[4] *San Lucas* 8:48, 17:19.

[5] El doctor Lloyd Kennell, ya fallecido, fue un dedicado y querido discípulo de Paramahansa Yogananda; colaboró dirigiendo los oficios y meditaciones en el templo de *Self-Realization Fellowship* en San Diego (California), desde 1942 a 1952.

En el Santuario del Lago de SRF, 1988

«Si buscamos a conciencia lo mejor de cada situación, esa positiva disposición de ánimo y ese entusiasmo obrarán como un maravilloso estimulante para la mente, los sentimientos y el cuerpo entero. La actitud correcta constituye una enorme ayuda para eliminar los obstáculos mentales y emocionales que nos apartan de los recursos divinos que yacen en nuestro interior».

En la escuela de niñas de *Yogoda Satsanga*,
Ranchi (India), 1972.

(*Arriba*) Saludando a los devotos después de un *satsanga* en el *ashram* de YSS, Ranchi (India), 1967; y *(abajo)* en la Sede Central de SRF, Los Ángeles (California), 1982.

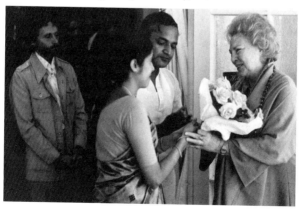

«*La forma de recibir amor es dar amor. Sin embargo, cuán pocas personas en este mundo saben cómo amar sincera y profundamente. A través de la meditación, al aprender a amar más a Dios y a sentir su amor, nos es posible amar, aun sin pedir nada a cambio*».

ra los alimentos. Cuando entré al comedor, el doctor Kennell me miró con sorpresa, y me dijo:

—¿Qué está haciendo aquí? ¿No ha guardado reposo?

—No. No necesité hacerlo —le respondí—. Además, el Maestro consideró que no era necesario.

«Desarrolla el poder mental —solía afirmar el Maestro—. No permitas que el cuerpo te controle. Fortalece la mente y permite que ella controle al cuerpo». Así fue como él nos enseñó a confiar más en el poder mental. En ese sentido, nos apoyamos firmemente en el principio de superioridad de la mente sobre la materia; pero evitamos caer en ningún extremo. ¡No quiero que ninguno de los presentes se convierta en un fanático!

El Maestro nos enseñó a desarrollar la fortaleza mental e insistió, una y otra vez, en que tomásemos plena conciencia del poder de la mente sobre la materia. Si cultivas este poder, te sorprenderá el caudal de energía que inundará tu cuerpo. Conforme medites más, serás consciente de la enorme cantidad de energía que rodea nuestras formas físicas; vivimos en el océano de energía cósmica de Dios. Una mente poderosa puede atraer esa energía.

Obviamente, a medida que el cuerpo envejece, comienza también a declinar su capacidad para almacenar y utilizar la energía. Pero incluso en esa etapa de la vida, no dejes de ejercitar el poder de la mente. Tengamos fe en que, hasta el último día de nuestras vidas, todos seremos útiles y estaremos activos. Una mente poderosa te ayudará a que así sea.

Nuestra mente conservará su poder si estamos afianzados en Dios. Guruji siempre hacía que nuestro pensamiento retornara a Dios. Cuando acudíamos a él con nuestros problemas, en ocasiones nos brindaba un

consejo concreto o nos sugería un curso de acción definido; pero, por lo general, su respuesta a todo tipo de
dificultad sólo era: «Mantén la mente en Dios», o bien,
«Pon la mente en Dios».

Dondequiera que estuviese el Maestro o cualquiera que fuese su actividad, su mente siempre se hallaba
absorta en Dios y unida a Él. A menudo, en medio de
una conversación —aun cuando pudiese haber estado
hablando de temas ordinarios—, cerraba repentinamente los ojos. Yo advertía que los tenía enfocados en
el centro crístico. Mientras él permanecía recogido en su
interior, todos los que le rodeábamos nos manteníamos
en silencio. Después de unos minutos, salía de ese estado y preguntaba: «¿Qué estaba diciendo?», tras lo cual
reanudaba la conversación.

Así es como se debe vivir en este mundo: haz de
Dios el centro de tu existencia. ¿Por qué convertir el
cuerpo, las ambiciones personales o cualquier otra cosa, salvo Dios, en la luz que guíe nuestras vidas?

Con frecuencia considero el camino espiritual como un desafío. En mi opinión, es un logro emocionante el hecho de estar enfrascado en algo y, a continuación, tener la capacidad de aquietar al instante los salvajes corceles de la mente; ésa es la forma de mantener
siempre los pensamientos bajo control. Convierte a
Dios en tu objetivo supremo, en el pensamiento central
alrededor del cual giren todas las acciones de tu vida
exterior, con independencia de las dificultades que puedas estar afrontando. Éste es el ideal del verdadero yogui.

Cómo anclar nuestra
vida en Dios

*Tomado de una charla dada a las monjas en la Sede Internacional
de Self-Realization Fellowship, Los Ángeles (California)*

En su *sadhana*, o práctica de la disciplina espiritual,
el devoto debe tratar de lograr, con todo el corazón, un
estado de percepción constante de Dios. Desde mi juventud, tuve fe en lo que enseñaba nuestro Gurú [Pa-
ramahansa Yogananda] y, al aplicarlo, solía pensar: «Si
uso mi tiempo con buen juicio y aprendo a practicar correctamente las técnicas y enseñanzas de Gurudeva,
conforme pasen los años alcanzaré, con toda certeza,
esos elevados estados de conciencia a los que él se refiere».

El objeto de la Técnica de concentración de *Self-
Realization Fellowship* es recoger por completo la mente, a fin de impedir que las perturbaciones provenientes de los mensajes transmitidos por los teléfonos de
los cinco sentidos puedan afectar la percepción que experimenta la conciencia interiorizada y distraigan la
atención haciéndola aflorar hacia el exterior. La calma
que resulta de dicho estado es la primera prueba de la
presencia de Dios. Cuando sientas esa paz, practica
Kriya Yoga prolongadamente y con intensidad, recor-
dando que la profundidad de la atención es de la máxima importancia.

Disciplina la mente para que perciba la Verdad

Ojalá pudieras darte cuenta de que el Ser Divino que buscas se encuentra dentro de ti y a tu alrededor. Dios nunca deja de percibirnos; somos nosotros los que debemos elevarnos por encima de este mundo finito, por medio de una mayor percepción de su presencia.

En cierto sentido, vivimos en un mundo muy falso. Guruji dijo en una ocasión sobre este tema: «El mundo no es como lo ves». ¡Cuánta razón tenía! Debido a *maya* —el engaño cósmico que nubla nuestra percepción de la verdad—, contemplamos como realidad este mundo de sólidos, líquidos y gases. Aceptamos como verdaderos los espejismos de nuestros sentidos y emociones, así como los estados de ánimo o las diferentes actitudes que mostramos cada día. Pero cuanto más nos anclemos en nuestro Ser real, más nos sumergiremos en la presencia interior de Dios —embriagados por un único impulso, un anhelo, un deseo: sólo Dios— y mayor será nuestra comprensión de qué es la Realidad. Todo nuestro ser permanecerá absorto, noche y día, en un solo pensamiento: Dios.

Dice el proverbio: «Porque cual es su pensamiento en su corazón, tal es él»[1]. No es el comportamiento de una persona lo que determina cómo es ella, sino sus pensamientos. Si el devoto observa en apariencia todas las leyes espirituales, pero en su interior anhela las cosas del mundo, esos pensamientos acabarán manifestándose, tarde o temprano. Lo mismo sucede con el devoto cuya mente está absorta por completo en Dios, que siempre piensa en Él, y que en todo momento se concentra en la Verdad y en el Amor Divino: tarde o temprano, los pensamientos que alberga también se reflejarán en su vida, a través de sus hábitos, palabras y acciones.

[1] *Proverbios* 23:7.

Para empezar a conocer a Dios se necesita la actitud apropiada. Si la tuviéramos, cada uno de nosotros podría comulgar con Dios en este momento. «La actitud adecuada» significa contemplar la vida tal como es, y estar siempre conscientes de la verdad. Y la verdad es: sólo Dios es real, y todo lo demás en el universo es irreal.

Si viésemos la verdad, contemplaríamos únicamente la grandiosa Fuerza divina —inteligente y amorosa— que se manifiesta en cada objeto que hay sobre la Tierra, incluso en un grano de arena. Pero aún no hemos alcanzado esa conciencia y, por consiguiente, debemos entrenar nuestra mente para pensar en esos términos. Deberíamos comenzar por fortalecer el control que ejercemos sobre la mente e intensificar la disciplina a la que sometemos el cuerpo. El alma debe estar al mando en todo momento. El cuerpo y sus apetitos deben subordinarse a ella. Aun ante la enfermedad, el alma debe ejercer su autoridad.

«Déjalo en manos de Dios»

Cuando el cuerpo esté indispuesto, déjalo en manos de Dios. Recuerdo una ocasión en la que el cuerpo me daba muchos problemas y me resultaba arduo concentrar la mente en el trabajo. Confié mis pesares a Gurudeva: «Es tan difícil, Maestro, estar con Dios. Cuando siento tanto malestar, incluso me cuesta trabajo llevar a cabo mis deberes».

¡Cuán sabio era! No se compadeció de mí y, sin inmutarse, me dijo: «Haz lo que esté dentro de tus posibilidades, y deja lo demás en manos de Dios».

En ese momento, pensé: «Él no me comprende. ¡Me siento morir!». Pero cuando me alejé de su presencia, comencé a darme cuenta de que él deseaba que yo aprendiera algo de su aparente falta de compasión, ya que no deseaba que yo le concediera atención a mi malestar. La lección era: «No prodigues demasiados cuidados al cuerpo». Recordé lo que Cristo expresó: «No andéis preocupados por vuestra vida, qué comeréis, ni por vuestro cuerpo, con qué os vestiréis»[2]. Y reflexioné también en el consejo de Swami Sri Yukteswar, que el Maestro citaba con frecuencia: «¿Por qué no le arrojas un hueso al perro y luego lo olvidas?». Es decir: da al cuerpo lo que le corresponde y deja los resultados en manos de Dios.

No importa con cuánto celo cuidemos de nuestro cuerpo, o que le administremos vitaminas, verduras, jugos de frutas y todas las sustancias nutritivas que se supone lo hacen más saludable: algún día, pese a todo, es probable que caiga presa de la enfermedad y, finalmente, llegará el inevitable momento en que deberemos despedirnos de él. Así pues, no le confieras demasiada importancia. Tal es el significado de las palabras del Maestro: «Déjalo en manos de Dios».

En una ocasión, el Maestro padecía un gran dolor físico debido a que había asumido el karma de otras personas[3]. Yo no podía soportar verle en tal estado de incomodidad durante tantas y tantas semanas. En me-

---

[2] *San Mateo* 6:25.

[3] Paramahansa Yogananda explicó el proceso por el cual las almas que conocen a Dios pueden aliviar la carga cósmica de los discípulos: «Si vieses a un hombre a punto de ser golpeado por otro, podrías interponerte entre ambos y recibir tú el golpe en su lugar. Esto es precisamente lo que hace un gran maestro. Él percibe el momento en el cual el efecto del mal karma pasado de sus devotos se encuentra a punto de descender sobre las vidas de éstos; si le parece oportuno, el maestro emplea entonces un método metafísico determinado, por medio del cual transfiere a su propia vida las consecuencias de los errores del discípulo. [...] Los santos son conscientes de Dios como Existencia Eterna y como Energía Vital Inextinguible y, por eso, son capaces de sobrevivir a golpes que matarían a un hombre común. Sus mentes son invulnerables a las enfermedades físicas y a las desgracias terrenales».

dio de mi aflicción, le dije: «¿Qué sentido tiene buscar a Dios si usted, cuya vida está dedicada por entero a Él, y que no piensa en su propia persona ni en su comodidad, sufre de esta forma para ayudar a los demás? No lo comprendo. ¿Dónde está la justicia de Dios?».

El Maestro se dirigió a mí con una mirada fulminante, y pude ver en sus ojos el poder que se halla detrás de todo el universo:

«No debes hablar así —me respondió—, pues no comprendes. En este malestar, a pesar del dolor, la Madre Divina me está prodigando un sinfín de entendimiento espiritual. No tienes idea de las majestuosas escenas que Ella me muestra a través de mi enfermedad física. *Jamás* critiques a la Madre Divina. *Nunca* le encuentres defecto alguno, aunque, exteriormente, alguna situación pueda parecer injusta».

Bajé la cabeza y sentí que había sido una tonta por haber hablado de esa forma, a pesar de que mis palabras estaban motivadas por el amor y el anhelo de verle libre del dolor. Sí, incluso en la enfermedad, su actitud era impecable, inmune al sufrimiento.

A nuestra humilde manera, también nosotros podemos expresar la actitud apropiada. No importa cuál sea el problema, jamás permitas que la mente vacile. Llegará el momento en que te contemples como el alma, que siempre posee un perfecto control de todo tu ser. El alma es el auriga que tira de las riendas de la mente y guía el carro del cuerpo. Ni los dolores físicos o mentales, ni los estados de ánimo, ni las emociones o los hábitos, podrán jamás controlar el alma.

Éste es el estado que todos aspiramos conseguir, y se logra por medio de la meditación. El Maestro decía: «Quiero que utilicen apropiadamente el tiempo que pasan aquí, a fin de que puedan llegar hasta Dios en esta vida». Me complace sobremanera saber que hay devotos que dedican tiempo adicional a la meditación... y siempre me doy cuenta de este hecho. Dondequiera que esté, jamás dejo de pedir a la Madre Divina que los bendiga a todos. Sé que si, con fervor y sinceridad, reclamas su presencia en profunda meditación, con toda certeza sentirás la respuesta divina —tal vez, cuando menos lo esperes.

El Ser Divino está en todo momento en el fondo de tus pensamientos. Para mí, ésta es la verdad que más cautiva mi corazón. Aun cuando medite durante un breve lapso, esa percepción me invade. Ahora, en solo un instante, mi mente puede zambullirse en el recogimiento interior; entonces, afirmo: «Madre Divina, detrás de mis ojos cerrados estás Tú; en el fondo de mi mente, estás Tú; en el fondo de la vida que anima mi cuerpo, estás Tú». Permite que tu mente se sumerja en ese estado de conciencia, mediante la repetida afirmación de dicha verdad y profundizando cada vez más en su significado. Así comprobarás con cuánta dulzura te bendice el Ser Divino.

«Plenos de vida y gozo»

Hay una verdad muy hermosa que solía citar el Maestro y que yo adoro: «En la vida espiritual, nos transformamos en niños pequeños: carentes de resentimiento y de apegos, plenos de vida y gozo». Haz una pausa y reflexiona en esto; debemos ser como niños: completamente confiados, totalmente entregados a la madre o al padre, todo inocencia y candidez, y dotados de un corazón puro. Si das un juguete a un niño, se entretendrá ávidamente con él durante un rato, pero luego dejará el objeto a un lado y lo olvidará. Debemos imitar su conducta: suceda lo que suceda, debemos vivir libres de apegos.

«No permitas que nada te lastime o perturbe —afirmó el Maestro—. Tanto interior como exteriormente, permanece en calma. Dedica tu tiempo libre a la meditación. Jamás conocí en este mundo un mayor placer que el gozo espiritual de *Kriya Yoga*. No lo abandonaría por todas las comodidades occidentales, ni por todo el oro del mundo. A través de *Kriya Yoga*, descubrí que es posible llevar mi felicidad siempre conmigo».

El desarrollo de la fortaleza interior

Con frecuencia he afirmado que quien adopte alguna de las verdades que el Maestro enseñó, aunque sólo sea una, y se dedique a ponerla en práctica, se volverá santo en esta vida. Elige un principio espiritual cada día y vive de acuerdo con él. Tal vez te digas: «Estoy tan abrumado por mis deberes que no dispongo de tiempo para mantener mi mente centrada en ese pensamiento». Pero no puedo aceptar esa excusa. Sé que el camino espiritual es arduo, y que es difícil conocer a Dios. Sin embargo, también sé que tus dificultades y obligaciones son precisamente las que te aportarán la fortaleza interior con la cual podrás encontrar a Dios. Jamás lo dudes, pues es exactamente lo que ocurrió en mi propia vida y lo que he visto en la de muchas otras personas.

Debes tener la plena seguridad de que, siendo hijo del Ser Divino, en tu interior posees todo el poder necesario para vencer tus debilidades. El Maestro hizo especial hincapié en ello. Él jamás permitió que gimiéramos, llorásemos o nos lamentáramos. Él nos colmaba de fortaleza divina.

Posiblemente pienses: «Si gozara de la libertad suficiente para dedicar todo mi tiempo a la meditación, lo lograría». Pero esa forma de vivir no te enseñaría la autodisciplina que necesitas. Desarrollamos la fortaleza interior al enfrentarnos con los problemas cotidianos y al aprender cómo disciplinar nuestra naturaleza rebelde. Si jamás levantaras un brazo, sus músculos pronto se atrofiarán. Ese miembro se volvería débil e inútil por la falta de uso. La fortaleza, la fuerza de voluntad y la fe —a las cuales bien podríamos llamar «músculos»— se desarrollan cuando se nos obliga a utilizarlas. Así pues, jamás pienses que si la vida fuese menos difícil te sería más fácil conocer a Dios, porque no es verdad. Los caminos por los cuales Dios te está disciplinando son los que requieres para tu propio desarrollo. Recuérdalo siempre.

El motivo que me impulsa a hacer tanto hincapié en este concepto es el siguiente: cuando desarrolles la sana actitud de aceptar la voluntad de Dios, progresarás a gran velocidad en el sendero espiritual y alcanzarás la meta divina muy rápidamente. Pero si existe resistencia o falta de voluntad, te estancarás. Toma la vida con calma; y ten fe en que, cuando hayas aprendido la lección que encierra una experiencia en particular, y la Madre Divina así lo disponga, Ella retirará la prueba que se encuentre en tu camino, puesto que no tendrá ya razón de ser.

«La soledad es el precio de la realización divina»

Sobre todo, tal como te exhorto una y otra vez con insistencia, desarrolla el amor por Dios. Ansía tener tan sólo un apego: el apego a Dios. Nada hay más maravilloso que el recogimiento, donde nuestra mente contempla sin interrupción al Amado Divino que mora en nuestro interior. Esto es lo que el Maestro enfatizó: «Dedica más tiempo a permanecer en soledad. La soledad es el precio de la realización divina». Mi deber espiritual consiste en alentarte a que dediques más tiempo a estar a solas con Dios. Crea el hábito de comulgar con Él. Camina con mayor frecuencia al aire libre, conversando con Dios. Guruji dijo: «Quiero verte con la mente siempre absorta en Dios». Si no llevas a cabo esta práctica en tu *sadhana*, jamás entenderás lo que quiero decir; nunca conocerás el valor de esa soledad espiritual en la que Dios se convierte en el Compañero Divino. Cuando Él está contigo, puedes disfrutar la compañía de todos.

No te dejes vencer por la inercia. Embriágate de Dios y del placer de conversar con Él. Estremece el éter hasta que sientas su respuesta dentro de ti. Ésa fue la base sobre la que edifiqué mi *sadhana*; por eso, yo solía llorar en las noches por Dios. Si pudiera sacudirte de tu letargo y hacer que surgiera en ti el ansia de Dios en todo momento, noche y día —de forma tal que, sin importar cuáles fueran tus deberes, buscaras a Dios en tu interior para satisfacer el anhelo de amor que hay en ti—, comprobarías cuán maravillosamente diferente se torna la vida. Llegará el día en que recuerdes estas palabras y pienses: «¡Cuánta razón tenía! Ella trató de avivar nuestros corazones como el Maestro avivó el de ella». Yo sólo puedo insistir en que lo hagas; pero eres tú quien debe comer el alimento para beneficiarse de él.

Nada hay en este mundo, ni existe compañía, que pueda compararse con el gozo que aporta la presencia de Dios. Guruji solía decirnos: «Cuando no me agrada este mundo, entro en otro». Cuando las condiciones se tornaban demasiado problemáticas, él simplemente desconectaba su conciencia sensible y, durante un tiempo, permanecía absorto en la vivificante dicha de la Conciencia Divina. Si yo no pudiera percibir a Dios de ese modo, creo que no podría llevar adelante mi existencia, ni física ni mentalmente. Pero, primero, es preciso desarrollar la capacidad de «desconectarnos», a fin de alcanzar esos elevados estados de conciencia. Éstos se presentan mediante la práctica de la autodisciplina y de la meditación profunda; es decir, gracias al entrenamiento espiritual que cada uno de nosotros recibe por medio de las enseñanzas de Guruji y de las circunstancias que acontecen en nuestra vida cotidiana. Debes tener la absoluta certeza de que la Madre Divina y el Maestro velan por tu vida: «Siempre me encontraré junto a quienes piensen que estoy cerca», afirmó Guruji. Esa cercanía significa que él bendice y cuida constantemente tu vida espiritual.

La Alianza Divina compromete a Dios, al Gurú y a ti. El Maestro señaló: «El éxito en el sendero espiritual se compone en un veinticinco por ciento del esfuerzo del devoto, en otro veinticinco por ciento de las bendiciones del gurú y en un cincuenta por ciento de la gracia de Dios». Así pues, piensa ¡cuán poco tienes que hacer! Pero debes cumplir al cien por cien con el veinticinco por ciento que te corresponde. Debes realizar *tu* parte; ésa es la clave del éxito.

Cuando algo no marche bien en tu vida, aférrate interiormente a Dios y clama por Él. Procura resolver tus problemas —yo no digo que no debas hacer el esfuerzo por corregir la situación—, pero, al hacerlo, tu mente debe permanecer siempre calmada y centrada en Dios.

Sri Gyanamata[4] afirmó: «Dios primero; sólo Dios».

---

[4] Sri Gyanamata («Madre de sabiduría») fue una de las primeras *sannyasinis* de la orden monástica de *Self-Realization Fellowship*. Con frecuencia, Paramahansa Yogananda elogiaba su santidad y estatura espiritual. Ella pasó a formar parte del *ashram* en 1932, cuando contaba con poco más de sesenta años; Sri Daya Mata había entrado al *ashram* un año antes, a la edad de diecisiete años. A menudo, Paramahansaji dejaba a Gyanamata a cargo de los devotos más jóvenes cuando él se encontraba fuera de Mount Washington. Sus inspiradores consejos espirituales pueden encontrarse en el libro *God Alone: The Life and Letters of a Saint*. (Nota del editor).

Permite que ese ideal tenga siempre prioridad en tu mente, sin importar lo que hagas. Una vez que te concentres en esa meta, comprobarás que es mucho más sencillo llevar a cabo tus responsabilidades y que éstas ya no te agobiarán más de la cuenta. Cumplirás con tus deberes a conciencia, pero tu mente estará tan profundamente anclada en el océano de la presencia de Dios que las olas que hay en la superficie no podrán perturbarla. Ésa es la forma en que los seres divinos conducen su vida; fue así como Cristo pudo soportar su prueba suprema. Sin importar las dificultades que se presenten, permanece anclado en Dios mediante la práctica de la meditación profunda. No permitas que las circunstancias externas te afecten. Recuerda la oración que pronunciaba el Maestro: «Cuando la salvaje tempestad de las tribulaciones resuena, cuando las preocupaciones aúllan ante mí, ahogo su clamor, cantando en alta voz: ¡Dios! ¡Dios! ¡Dios!».

«Nada podrá afectarte, si interiormente amas a Dios»

Cuán dulce me resulta evocar las palabras que el Maestro me dirigió en cierta ocasión: «Recuerda siempre que nada podrá afectarte, si interiormente amas a Dios». A lo largo de estos años, me he aferrado a esas palabras; y ahora, le digo a cada uno de los que me escuchan: «Nada podrá afectarte, si interiormente amas a Dios». Así pues, ámale de tal forma que seas plenamente consciente de la fortaleza que se encuentra en ti, y que proviene de Dios; de la fe que se halla dentro de ti, y que proviene de Dios; de que estás por completo unido al Amor que reside en tu interior, y que proviene de Dios.

Éste es el secreto; lo digo por experiencia propia. Independientemente de cuáles sean mis obligaciones, en cuanto dejo de concentrarme en alguna actividad en particular o en tomar decisiones respecto a mi trabajo, mi mente no se distrae con cuestiones banales, sino que se enfoca en Dios. Mi vida está centrada en Él. Mi mente está con Él y no en algún otro sitio. ¿Adónde más podría ir? Todo mi ser se halla sumergido como una efervescente fuente de gozo. Las aguas del amor divino inundan mi corazón, mi mente y mi alma. Puedes practicar esto dondequiera que te encuentres. Cuando viajes en automóvil como acompañante, o mientras permaneces en tu lugar de trabajo, cada vez que se presente un momento de inactividad, permite que en ese instante tu mente repose en Dios: «Mi Bienamado, mi Amor. No importa cuán ocupado esté yo exteriormente, Amor mío, siempre estoy pensando en Ti».

Jamás te satisfagas con algo inferior a la percepción de Dios. Apenas adviertas que tu vida espiritual está tornándose vacía, o presa de la indolencia o la ociosidad, ora a Dios para que te saque de ese estado. Siempre le digo: «No me importa lo que hagas de mí; bien sea que coloques en mi camino pruebas o felicidad, permite tan sólo que mi mente permanezca siempre absorta en Ti. No pido nada más. Haz conmigo lo que desees; me es indiferente. Sólo sé que mi pensamiento debe estar incesantemente contigo».

Te sorprenderá la forma en que la Madre Divina responde a ese anhelo cuando los pensamientos provienen del corazón y no se reducen a meras palabras. Ella observa tu corazón; debes sentir lo que dices. Hagas lo que hagas, aférrate a este flujo interno de devoción: en el fondo de tu mente mantén siempre tu atención centrada en Dios. Es posible hacerlo; cuanto más lo practiques, más fácil se tornará. En el sentido humano, ésta es la manera exacta en que se comporta un enamorado: en medio de sus actividades y deberes, el pensamiento del amante se concentra siempre en el objeto de su amor. El devoto es aquel que está enamorado de Dios; y es el más sabio, porque elige al verdadero Amante Eterno, el único Amado que jamás le decepcionará. El Amor Divino jamás nos defrauda, y es siempre nuevo, siempre verdadero, siempre constante.

Todo el mundo busca el amor y el gozo ideales. Dios es ese amor y ese gozo. Con excepción de Dios, todo lo que obtenemos en la vida produce finalmente desilusión, desgracia e infelicidad. Él, por sí mismo, nos satisface por completo. Por ese motivo Cristo dijo: «Buscad primero el Reino de Dios y su justicia, y todas esas cosas se os darán por añadidura»[5]. «Todas esas cosas» incluyen el logro de todo aquello que el corazón humano haya anhelado o deseado alguna vez. Nos inclinamos naturalmente hacia la duda, pero tú, por el contrario, ten fe.

Al principio, cuando el camino se tornaba difícil y, en ocasiones, me sentía un poco desalentada o me asaltaba la duda, me dirigía a Dios: «Muy bien, Señor, haré el siguiente trato contigo: utilizaré esta vida para buscarte, y dedicaré todo mi corazón, mi mente y mi alma a esa tarea. Perseveraré, sin importar lo que suceda». Si tomas una decisión de tal naturaleza, comprobarás que el Ser Divino no hace falsas promesas. Cuando Él dice «Todas esas cosas se os darán por añadidura», significa que encontrarás en Él la plenitud total: ningún anhelo quedará sin satisfacer.

Las escrituras hindúes nos enseñan a practicar la ausencia de deseos. Éste no es un estado negativo de conciencia, sino un estado que aporta una felicidad que

---

[5] *San Mateo* 6:33

se renueva sin cesar; es decir, una situación en la que nada se desea, porque todo lo hemos logrado. Cuando abrigamos numerosos deseos materiales, experimentamos, en efecto, la agradable expectativa de satisfacerlos; pero si no existe esperanza ni posibilidad de que así ocurra, nos sumimos en una frustración permanente. La consecuencia de los deseos insatisfechos es la infelicidad. El estado espiritual de ausencia de deseos significa obtener la suprema ganancia: aquel que la posee no necesita obtener nada más. Cuando hemos alcanzado el máximo logro, ya no queda nada que podamos desear. El devoto se regocija y piensa: «Estoy plenamente satisfecho».

Con frecuencia reflexiono en mi interior: «Estoy satisfecha. Estoy satisfecha. No estoy sedienta, porque bebo sin cesar de una Fuente inagotable». Así es el maravilloso estado de ausencia de deseos.

Ora conmigo: «Madre Divina, enséñame a ser como un niño: confiado y lleno de fe; que pueda yo buscarte y compartir contigo mis gozos, tribulaciones y problemas. No importa a dónde vaya yo, ni dónde pose mi mirada, permíteme contemplar tus bendiciones que se derraman sobre mí, tanto en la luz como en la oscuridad. Madre Divina, ayúdame a comprender que Tú estás más cerca que lo más cercano, que eres más amada que aquello que más amo, y que eres más íntima que lo más íntimo. Bendíceme para que en el fondo de todos mis pensamientos perciba que tu presencia me habla calladamente a través de mi conciencia y me guía en silencio para que mi mente pueda permanecer en sintonía contigo».

El gozo perfecto

Cómo resucitar la conciencia mediante el perfeccionamiento de nuestra actitud

Recopilación de charlas dadas durante satsangas de Pascua de Resurrección en la Sede Internacional de Self-Realization Fellowship y en el auditorio India Hall del templo de SRF en Hollywood (California)

A medida que se aproxima la bendita época de Pascua de Resurrección, he estado reflexionando sobre qué aspectos de la inspiradora vida divina de Jesucristo trataría en esta charla y, también, acerca de lo que significa su resurrección en nuestra vida cotidiana. Con frecuencia, Gurudeva Paramahansa Yogananda ensalzaba la figura de San Francisco de Asís por ser uno de los grandes devotos de Cristo, un modelo de lo que debería ser un seguidor de Cristo. Aquí mismo [la capilla de la Sede Internacional de SRF], Guruji tuvo una visión de San Francisco, que le indujo a escribir ese poema tan adorable titulado «¡Dios! ¡Dios! ¡Dios!». Y jamás podré olvidar la gran inspiración que inundó mi ser cuando estuvimos en la ciudad de Asís, a nuestro regreso de la India en 1959, y visitamos los lugares que tan impregnados están del espíritu de este venerado santo.

Existe un acontecimiento en particular de la vida de San Francisco que, en mi opinión, describe acertadamente la esencia misma de la vida espiritual. Durante mis primeros años en el *ashram*, nuestra reverenciada

273

Sri Gyanamata nos dio a los devotos más jóvenes una obra sobre la vida de este santo[1]. Me gustaría hoy leer algunos extractos de ese libro.

Un día de invierno, mientras San Francisco se dirigía con el Hermano León de Perugia a Santa María de los Ángeles, transido de frío, llamó al Hermano León, que caminaba delante de él, y le habló de esta manera:

—Hermano León, aun cuando los hermanos menores[2] brinden, en cualquier sitio que estén, buen ejemplo de santidad y de edificación, escribe y deja diligente constancia de que el gozo perfecto no ha de ser hallado en esas características.

A los pocos pasos, San Francisco llamó al Hermano León una segunda vez, y siguió diciendo:

—¡Oh, Hermano León!, aun cuando los hermanos menores devolviesen la vista a los ciegos, enderezaran a los tullidos, expulsaran a los demonios, hicieran oír a los sordos, andar a los cojos y hablar a los mudos y, lo que es todavía una obra mayor, resucitaran a quienes hubiesen estado durante cuatro días en sus tumbas, ten en cuenta que el gozo perfecto no se encuentra en esos actos.

Viajaron un trecho más, y dijo en voz alta:

—¡Oh, Hermano León!, si los hermanos menores conocieran todas las lenguas y todas las ciencias y todas las escrituras, de modo tal que pudieran predecir y revelar no sólo hechos futuros, sino también los secretos de la conciencia y del alma, ten presente que el gozo perfecto no se encuentra en dicho conocimiento.

A poco de seguir andando, San Francisco clamó otra vez, en voz alta:

[1] *Las florecillas de San Francisco de Asís.*

[2] Nombre que reciben los miembros de la orden de monjes fundada por San Francisco.

—¡Oh, Hermano León, pequeño cordero de Dios!, aun cuando los hermanos menores hablaran la lengua de los ángeles y conocieran el curso de las estrellas y las virtudes de las hierbas, y aunque les fueran revelados los tesoros ocultos de la Tierra, y conocieran las cualidades de los pájaros, los peces y todos los animales, así como del hombre, de los árboles y de las piedras y raíces y aguas, ten presente que ése no es el gozo perfecto.

Y cuando esta forma de hablar se había ya prolongado durante más de tres kilómetros, el Hermano León preguntó, con enorme curiosidad:

—Padre, te suplico que, en nombre de Dios, me digas: ¿dónde ha de encontrarse el gozo perfecto?

San Francisco le contestó de esta forma:

—Si cuando estemos por llegar a Santa María de los Ángeles, por completo mojados por la lluvia, ateridos de frío, y sucios de fango y atormentados por el hambre; y cuando golpeemos a la puerta, el portero salga furioso y pregunte: «Quiénes sois?». Y nosotros respondamos: «Somos dos de tus hermanos», y él replique: «No decís la verdad; yo creo que sois dos truhanes que os dedicáis a engañar a todo el mundo y a robar las limosnas a los pobres. ¡Marchaos!». Y no nos abra, y nos haga permanecer fuera, muertos de hambre y frío toda la noche, en medio de la lluvia y la nieve; entonces, si soportamos con paciencia esa crueldad, ese maltrato y ese rechazo sin quejarnos ni murmurar, y creemos con humildad y caridad que el portero en verdad nos conoce, y que es Dios quien le impulsa a lanzarnos una retahíla de insultos, ¡oh, Hermano León!, allí hay gozo perfecto.

Y si, obligados por el hambre y el frío, golpeamos una vez más y rogamos, con lágrimas en los ojos, que nos abra, por amor de Dios, y que sólo nos deje entrar; y cuando él, más insolente que nunca, grite: «Éstos son canallas desvergonzados; les pagaré como se merecen», y venga hacia nosotros con una fornida rama de árbol, y nos tome por la capucha y nos arroje sobre el suelo y nos haga rodar por la nieve, y esa rama lastime cada uno de los huesos de nuestro cuerpo; si soportamos con paciencia y gozo todas esas desgracias por amor a Cristo, escribe, ¡oh, Hermano León!, que en ello habrá de hallarse el gozo perfecto.

Y ahora, Hermano León, escucha la conclusión. Más allá de las gracias y obsequios que Cristo derrama en quienes le aman, se encuentra el vencerse a uno mismo y, con buena predisposición, soportar el dolor, los embates, las injurias y la incomodidad por amor a Dios.

Este relato expresa el ideal que todo el mundo debería seguir en el sendero espiritual, cuya expresión suprema se manifestó en la crucifixión y resurrección de Jesucristo: la espiritualidad no reside en el poder de sanar a los demás, ni en realizar milagros, ni en dejar atónito al mundo con nuestra sabiduría, sino en la capacidad de soportar con la actitud adecuada cualquiera de las cruces que debamos afrontar en nuestra vida cotidiana y, entonces, elevarnos por encima de ellas. Esta disposición nos confiere la fortaleza que todo lo conquista y la felicidad suprema.

Cómo superar las experiencias dolorosas

A cada uno de nosotros se nos presentan épocas de gran tribulación, y sentimos que es imposible soportarlas. Nos preguntamos: «¿Por qué me ha sucedido esto a mí? ¡Me parece tan arbitrario e injusto». Cuando quiera que me siento tentada a razonar así, recuerdo este episodio de la vida de San Francisco. Cada experiencia —gozosa o dolorosa— viene a nosotros por una razón:

para que podamos, gracias a ella, acercarnos al Amado Divino. El gozo perfecto se encuentra en tratar de obtener, sin egoísmo alguno, el mejor resultado y aceptar después con humildad lo que Dios nos otorgue.

Cuando las relaciones humanas son fuente de desilusión, la mayor parte de la gente se amarga. Jamás permitas que eso te suceda. Recurre a Dios, como el niño que corre hacia su madre en busca de consuelo. En compañía de los amigos verdaderos, disfrutamos del amor del único Amigo Divino. Por otro lado, de quienes nos malinterpretan o nos juzgan erróneamente, también recibimos la misma oportunidad de experimentar el gozo perfecto, pues nos impulsan a recurrir a Dios para buscar fortaleza y solaz. En esa relación con Dios, no podrás abrigar resentimiento hacia los que te maltratan. Considerarás tus sentimientos de haber sido lastimado, o de soledad, o de vacío interior, como un recordatorio para profundizar tu relación con el Ser Único que jamás te abandonará.

Esto lo aprendí cuando ingresé en el *ashram*. Había un cierto grupo de residentes que tenía la costumbre de excluirme de todas sus actividades. Me sentía ignorada y rechazada. Al principio, me dolía mucho (yo era aún una jovencita inmadura), y me preguntaba: «¿Por qué? ¿Por qué me desprecian?». Sin embargo, no albergaba resentimiento en mí. Me decía a mí misma que no había venido al *ashram* para buscar la compañía humana, sino a Dios. Acostumbraba salir a los jardines, sobre todo por la noche y, ¡oh!, cómo gemía mi corazón al clamar por el Amado Divino.

Cuando adoptamos una firme resolución interior y afirmamos: «Señor, te quiero a Ti, y sólo a Ti», en ese mismo instante la Divinidad es plenamente consciente de nuestra determinación. A partir de ahí, nos corresponde a nosotros hacer el esfuerzo para aceptar que toda circunstancia que se nos presenta cuenta con el consentimiento de Dios. Aprendemos así a considerar nuestras dificultades como una manifestación del amor de Dios, que nos exhorta a no estar apegados a otra cosa que no sea Él. Al afrontar y superar las experiencias dolorosas, rompemos las cadenas que aprisionan el alma en esta pequeña celda hecha de carne afligida por el dolor y de emociones nimias.

¿Por qué sufrimos?

No sé cómo la gente soporta sus problemas sin contar con ese entendimiento y sin amar a Dios. Me parte el corazón ver el sufrimiento de las numerosas personas que me piden ayuda. Pero, alma amada, debemos preguntarnos ¿por qué sufrimos? No es por causa de los demás; ni de las circunstancias en que nos encontremos; y tampoco es Dios el motivo. Somos nosotros quienes nos lastimamos cuando cometemos el error de depender de los objetos externos en nuestro afán de alcanzar la plenitud.

¿Sabes qué es lo que realmente anda mal cuando estamos llenos de emociones negativas, resentimiento y deseos inquietos? La causa de todos estos sufrimientos es la soledad y el vacío interior que provienen de no conocer a Dios. Nuestras almas recuerdan el amor perfecto del que una vez gozamos, cuando estábamos completamente unidos al Amado Divino, y clamamos en el desierto de este mundo por experimentar de nuevo ese amor.

¿Por qué sentimos celos e ira y somos posesivos en las relaciones humanas? Porque cada uno de nosotros ansía poseer ese algo que sea nuestro y único, con la certeza de que nada ni nadie podrá arrebatárnoslo. Buscamos un estado o entorno singular que nos brinde esa sensación de seguridad, anhelamos un amigo especial a quien podamos aferrarnos, un amor que podamos llamar nuestro. Cada ser humano tiene la apremiante necesidad de encontrar el amor perfecto y la unión perfecta con otro ser. Pero Dios es el único al que podemos poseer de esa manera. Todas las relaciones humanas finalmente terminan en una pérdida o en el desengaño, a menos que estén ancladas en la Divinidad; y así ha ocurrido desde el comienzo de los tiempos.

¿Por qué criticamos? Porque la verdadera naturaleza de nuestra alma es la perfección, e instintivamente la buscamos en las condiciones externas, en otras personas y en las organizaciones. Y cuando éstas, inevitablemente, no cumplen con nuestras expectativas, nos sentimos resentidos. El alma ansía la herencia divina que ha perdido; pero en tanto que dependamos del mundo para obtener la felicidad que buscamos, jamás conoceremos el gozo perfecto.

Las condiciones externas nunca serán perfectas; eso siempre lo tengo presente. Las posesiones, la posición social y el elogio de los demás son transitorios. Lo que poseamos o no en este mundo temporal no es tan importante para nosotros como nuestra actitud interior hacia lo que se nos presente cada día. Es al perfeccionar nuestra actitud como lograremos la fortaleza, el gozo y la percepción de nuestra divinidad innata.

¿Cuál es la actitud adecuada?

Todos los años, en la víspera de Año Nuevo, los miembros del *ashram* solíamos reunirnos en la capilla para meditar con el Maestro desde las once y media de la noche hasta pasadas las doce. Al concluir la meditación, con frecuencia Guruji nos sugería un pensamien-

to o cualidad en particular que él deseaba que cultivá-
ramos en el año que se iniciaba. En una de dichas ocasiones, nos dijo: «Sean humildes, no critiquen; aprendan a ser compasivos». Esos tres preceptos son la base
de la actitud adecuada de todo devoto.

La humildad nada tiene en común con el hecho de
mostrar una apariencia externa de piedad, sino que significa ser capaces de aceptar todas las experiencias de
la vida con la actitud adecuada, aun cuando se nos in-
sulte con palabras hostiles. San Francisco, a quien yo
llamaría el santo de la perfecta humildad, lo expresó bellamente así: «Aprende a aceptar la culpa, la crítica y la
acusación, sin quejarte y sin vengarte, aun cuando sean
falsas e injustificadas». Cuando tratamos de defendernos de la crítica, caemos en la autocompasión y en una
pretensión de superioridad. La verdadera humildad, en
cambio, nos permite permanecer incólumes, porque es
Dios a quien buscamos complacer, no al hombre. Al ser
fieles a Él, nos convertiremos en el tipo de persona cuyas cualidades también le resultarán agradables a nuestros semejantes.

Destierra el cáncer de la crítica

El siguiente punto sobre el cual el Maestro hacía
énfasis era que no deberíamos criticar. La actitud que se
centra en encontrar defectos en todo es como un cáncer
que corroe las raíces mismas de la paz interior. No podrás ser feliz si tu mente se encuentra llena de negatividad y continuas quejas.

En cierta ocasión, estuve presente cuando uno de
los devotos que residían en el *ashram* se acercó al Maestro y criticó sin piedad a otra persona. El Maestro escuchó con toda paciencia durante unos tres minutos. Finalmente, dirigió una sonrisa a este criticón y le dijo:

«Ahora, durante un período de tiempo similar, cuéntame cuáles son tus defectos». El devoto quedó atónito, ¡y dudo que volviera a expresar jamás alguna crítica ante Guruji!

Por supuesto, la crítica constructiva —la sugerencia sincera cuyo fin es mejorar a otra persona— puede resultar provechosa. Pero es fácil volverse demasiado analítico y caer en la crítica negativa. Si te das cuenta de que la mente es presa constante de olas de insatisfacción y animosidad que no te dejan en paz, ten por cierto que tu actitud no es correcta. Mientras abriguemos cualquier tipo de negatividad, sea o no justificado lo que sintamos, no podremos experimentar a Dios. La oscuridad y la luz no pueden coexistir en una misma habitación; de igual forma, sabiduría e ignorancia, o amor y odio, no pueden existir simultáneamente en la conciencia. Cuanto menos nos permitamos caer en el chismorreo y la crítica, y cuanto menos atención les prestemos, mayor será nuestra paz interior.

Dando se recibe

El último punto que el Maestro expuso en esa víspera de Año Nuevo fue el siguiente: aprende a ser compasivo. Es habitual que la gente piense que los demás carecen de esa característica; desearíamos que todos fueran más considerados con nosotros. Pero el cultivo de esa virtud debe comenzar en nosotros mismos, olvidando el egoísmo, pensando menos en nuestro propio bienestar y más en las necesidades de quienes nos rodean. Como dijo San Francisco: «Dando se recibe».

Sólo en un aspecto debemos ser egoístas: en el celoso cuidado de nuestra relación con Dios. De Él recibimos amor incondicional y comprensión para expresarlos en nuestras relaciones con los demás.

El gozo más grande de mi vida proviene de mi intenso amor por Dios. Yo no seguí el camino de la mayoría de la gente que busca amor humano y compañía. Pero me siento tan amada, *¡tan amada!* El Amado del Universo jamás me decepciona. Incluso en tiempos de dificultad, sé que su bendición se encuentra en el fondo de las experiencias dolorosas, y me impulsa a romper los apegos limitantes y a acercarme más a Él. Aquel devoto que expresa la actitud adecuada experimenta la dulzura aun en medio del dolor y de los contratiempos, en los cuales reconoce el amor de la Divinidad. ¡Oh, alma amada!, aprende a aceptar todas las experiencias de la vida con esa actitud. Y ten presente, además, que la bendición del Gurú se encuentra siempre contigo para ayudarte y jamás te defraudará.

Conforme se acerca la Pascua de Resurrección, hagamos un esfuerzo por resurgir de la falta de celo espiritual en la cual tendemos a caer cuando la vida se convierte en una carga excesiva o cuando nos identificamos demasiado con el aspecto material de la existencia. Procura unir tu corazón con el de tus semejantes en un clima de comprensión más profunda y compasiva. Ayuda a los demás, pero evita criticarlos. Tiende tu mano al prójimo, con amor sincero; pero sobre todo, ama al Amado Divino. Embriagarse con el anhelo de Dios significa liberar nuestra conciencia de las actitudes negativas que nos separan de su gozo perfecto.

Los pasos que conducen hacia la madurez emocional y espiritual

Sede Internacional de Self-Realization Fellowship,
Los Ángeles (California)

Cuando recuerdo y examino la disciplina, la orientación y el entrenamiento que nuestro gurú, Paramahansa Yogananda, nos proporcionó durante años a quienes estuvimos en contacto con él, comprendo cuán sabiamente nos condujo hacia la madurez mental y emocional. Uno de los problemas básicos de la humanidad es la inmadurez. Las guerras se suscitan debido a que nos comportamos como niños malcriados y desconsiderados. Los adolescentes recogen piedras y se las arrojan unos a otros; los «niños» más crecidos hacen lo mismo, pero con bombas. La cuestión es que peleamos y reñimos. Si alguien posee algún «juguete», nosotros lo codiciamos de manera infantil. Dicho de otra forma: todas las personas envejecen, pero muy pocas maduran mental y emocionalmente. ¿Quién puede en verdad decir que ha logrado la madurez? Sólo un Jesucristo, un Buda, un Mahavatar Babaji, un Paramahansa Yogananda o cualquier otro gran santo. El de ellos es un estado que todos deberíamos esforzarnos por alcanzar.

He aquí algunas características que definen la madurez emocional:

La capacidad de enfrentarse constructivamente a la realidad

1. *La capacidad de enfrentarse constructivamente a la realidad*. Reflexiona sobre este punto. Cuando somos inmaduros, no deseamos hacer frente a las realidades que nos disgustan, y preferimos casi siempre darnos la vuelta y huir de ellas. No deseamos, por supuesto, afrontar la verdad cuando ésta contradice nuestras convicciones y, en tales casos, tendemos a ocultarnos y a no escucharla. Por ejemplo, nos disgusta que nuestro Gurú o nuestro consejero espiritual nos diga algo acerca de nosotros que no deseamos oír.

No nos parece agradable que nuestros familiares nos formulen críticas, aun cuando pudieran tener razón. La crítica hace despertar en nosotros un deseo de tomar represalias. Si la esposa le dice a su consorte: «Fumas demasiado», lo primero que deseará hacer un esposo emocionalmente inmaduro es contestarle de forma descortés. El razonamiento implícito es: «Me has herido y, por lo tanto, yo hago lo mismo contigo». Los niños actúan de ese modo. En cambio, la persona emocionalmente madura mantendrá la calma y pensará, en primer lugar: «¿Será como ella dice? Sí; es verdad. Realmente, fumo demasiado. Bien, debo corregir ese hábito, porque me perjudica». Quizá él no responda verbalmente de esa manera a su esposa; tal vez, guarde silencio. Pero al menos, no le dará una contestación grosera ni albergara un ánimo vengativo. Contemplará la verdad y se comportará con madurez.

Millones de personas terminan en instituciones psiquiátricas o deben recibir tratamiento psicológico porque, verdaderamente, no desean conocerse a sí mismas ni afrontar su propia realidad y sus defectos. Pero éste es el primer paso que todo el mundo debe dar si ha de alcanzar la madurez.

¿Cuál es la razón por la cual nos resistimos a reconocer nuestras deficiencias? Como almas, abrigamos el concepto de que somos perfectos. Esta noción es esencial para nuestro entendimiento. *Somos* perfectos, sin duda alguna; pero la perfección está en el alma, no en el ego, que asume los impedimentos de nuestra forma física y acumula los defectos causados por los malos hábitos a lo largo de las encarnaciones. Es el ego el que no desea aceptar las correcciones de nadie.

Sin embargo, ¿no es verdad que nos beneficiamos cuando alguien nos critica y tomamos el consejo con la actitud adecuada? Poco importa si se nos censura con maldad o rudeza, o con benevolencia. Nos resultaría menos doloroso y redundaría en beneficio de quien nos critica, si éste lo hiciera con delicadeza; pero, en última instancia, la descortesía de esa persona constituye su propio problema. Tú debes preocuparte de la forma en que reaccionas tú.

Me referiré a San Francisco de Asís. Ésta es la verdad que él expresó y conforme a la cual vivió: «Aprende a aceptar la culpa, la crítica y la acusación, sin quejarte y sin vengarte, aun cuando sean falsas e injustificadas». Ésta es la exhortación de un ser emocionalmente maduro. Si pudiéramos llevar a la práctica aunque fuese una cincuentava parte de ese consejo, no sólo recibiríamos la admiración y el respeto de los demás, sino también de nosotros mismos.

La capacidad de adaptarse al cambio

2. *La capacidad de adaptarse al cambio.* Agradezco que el Maestro nos enseñara a adaptarnos de inmediato a cualquier cambio en nuestros deberes o en las circunstancias que nos rodeaban. En cualquier momento del día o de la noche, debíamos estar dispuestos a partir y

a trasladarnos de un *ashram* a otro. No teníamos tiempo de recoger todas nuestras pertenencias. Cuando llegábamos a Encinitas, siempre había invitados (no disponíamos, en aquel entonces, de un retiro para ellos). Les cedíamos nuestras habitaciones y nos dirigíamos a la sala de estar para dormir en el suelo con tan sólo una manta. Me encantaba hacerlo. Un rasgo típico del ser humano es que se aferra enormemente a sus propias costumbres y modo de vivir; pero la naturaleza del mundo dista mucho de ser rutinaria. Por eso es esencial que desarrollemos la capacidad para adaptarnos al cambio.

Descubre la felicidad que radica en el acto de dar

3. *La capacidad de sentir mayor felicidad y satisfacción en el hecho de dar que en el de recibir.* Cultiva un corazón generoso y abierto. Desarrolla el hábito de encontrar gozo en el acto de dar —no importa lo que des—. Busca la forma de hacer felices a los demás. No pienses si vas a recibir algo a cambio. Considera la Navidad, por ejemplo. Si al intercambiar un presente con otra persona piensas: «Caramba, éste no tiene tanto valor como el que yo le di», demuestras una actitud ¡vergonzosa! ¿Qué importa eso? Cuanto más generoso seas, mayor será tu satisfacción. Hay más bendiciones en el acto de dar que en el de recibir.

No es preciso que tu prodigalidad se limite a los objetos materiales. Ofrece tu corazón y comprensión. Aun cuando tu cuerpo te cause dificultades, si alguna persona deprimida, desalentada o negativa acude a ti, será maravilloso que al partir pueda sentirse reanimada debido a alguna palabra reconfortante que le hayas dicho para ayudarla en su camino. Con frecuencia, el Maestro citaba el ejemplo de San Francisco: si bien estaba ciego y sufría, él fortalecía y sanaba a los demás. Sus palabras, su dulce humildad y su amor por Dios han inspirado a millones de personas a lo largo de los siglos.

Aprende a amar

4. *La capacidad de amar.* El amor por los demás es una característica suprema de la madurez emocional, pero no guarda relación alguna con el hecho de proporcionar placer a través del amor sensual. Nos estamos refiriendo al amor divino, que no impone condiciones y que nada pide a cambio. La relación que tenemos con nuestro Gurú y la relación que tenemos con Dios se basan en el amor divino; éste es el tipo de relación que deberíamos desarrollar con todos.

Aprende a amar. Evita la palabra *odio.* Evita todo tipo de pensamientos y acciones que no reflejen amor. Cuando debas hablar con alguien acerca de algo desagradable, hazlo con amor. ¡Qué indescriptible gozo se experimenta cuando se está en verdad enamorado! No es necesario que demuestres con obviedad tus sentimientos; pero sentir amor genuino por la gente —por todos los seres vivos— y reverenciar la vida es una parte esencial del idealismo propio de un ser maduro. Nosotros fuimos testigos de cómo Guruji expresaba perfectamente estas cualidades.

Cuánto respetamos y amamos a quien siempre habla de sus semejantes con palabras amables. Tal vez no logremos en todo momento tener paz y buen entendimiento con los demás, pues no todos ellos nos comprenderán. Cristo tenía enemigos, pero él siempre les prodigaba amor. Contaba con la paciencia necesaria para esperar la comprensión de todos ellos. Y en respuesta a quienes le manifestaron odio, él tuvo la entereza de orar: «Padre, perdónalos, porque no saben lo que hacen». Estas palabras no fueron el mero reflejo de un noble sentimiento expresado para impresionar a la humanidad. ¡No! ¡Las dijo desde el corazón! ¿No podríamos practicar también nosotros ese mensaje? Debemos hacerlo, ya que constituye el camino hacia la paz, la felicidad, la madurez emocional y, en definitiva, la madurez divina. Cultivemos el hábito de utilizar con mayor frecuencia la palabra *amor*, sintiendo su significado. Amo a los pájaros; amo a los árboles; amo a toda la naturaleza. Me encanta alzar la mirada y contemplar el vasto cielo azul. Adoro a la gente; no identifico a las personas con sus imperfecciones.

Todos tenemos defectos irritantes y, a pesar de ello, Dios nos tolera. ¿Acaso no podemos los seres humanos tolerarnos mutuamente? Somos nosotros los que debemos tratar de reformarnos —eliminando la escoria de la imperfección y la ignorancia que cubre el resplandor de nuestra alma áurea—, a la vez que mostramos suma tolerancia con los defectos de los demás. No deberíamos sentir que tenemos la obligación o el derecho de ir por la vida corrigiendo a los demás «porque yo practico yoga y, por lo tanto, sé lo que es mejor». Eso se llama egoísmo espiritual. La manera más efectiva de influir en las personas consiste en brindarles nuestra comprensión sincera, nuestra bondad, nuestra compasión y nuestro amor.

A menudo, Guruji nos recordaba: «Los necios pelean, los sabios dialogan». Obviamente, ¡todos tratábamos de no ser necios! y hacíamos el esfuerzo sincero de razonar con los demás acerca de nuestras diferencias de opinión.

Somos hijos divinos que compartimos este camino hacia Dios con miles y miles de discípulos de Guruji en

Con Su Santidad Sri Jagadguru Shankaracharya Bharati Krishna Tirtha del Gowardhan Math, Puri (India), durante una visita a *Yogoda Math*, sede central de *Yogoda Satsanga Society of India*; Dakshineswar, mayo de 1959. Su Santidad era el líder eclesiástico de millones de hindúes y el miembro directivo más antiguo de la antigua Orden de los Swamis, en su calidad de sucesor apostólico de Adi Shankaracharya (ilustre filósofo indio del siglo XIX).

En 1958, el Jagadguru («maestro mundial») se convirtió en el primer Shankaracharya que haya viajado fuera de la India para dar conferencias en las principales universidades de Estados Unidos sobre la importancia de los principios eternos de la verdad transmitidos por la India. Esta histórica visita fue patrocinada por *Self-Realization Fellowship*.

(*Izquierda*) Con Swami Sivananda, fundador de Divine Life Society, en su sede de Rishikesh (India), en el Himalaya, 1959. Les acompaña la Hermana Revati de la Sede Internacional de SRF.

(*Arriba*) Con Ananda Moyi Ma, la «Madre colmada de bienaventuranza», en su *ashram* situado a orillas del río Ganges, Benarés (India), 1959.

«*Los más grandes amantes que el mundo ha conocido jamás son aquellos que han amado a Dios; ellos continúan siendo, a lo largo de los tiempos, una inspiración para toda la humanidad. Forjar verdaderos amantes de Dios, verdaderos conocedores de Dios, es el propósito de las enseñanzas de la India, lo que sus escrituras han proclamado al género humano*».

todo el mundo. «¡Cuán vasta es la familia que le has dado a este monje, Señor!», expresó Guruji en su *Autobiografía de un yogui*. Nos une el amor divino, la hermandad divina, la amistad divina y un objetivo común: buscar juntos a Dios y servirle en toda forma que podamos, a la vez que ayudamos a nuestra gran familia compuesta por todos los seres humanos.

Cómo superar las imperfecciones de la personalidad

Charla impartida a miembros monásticos en la Sede Internacional de Self-Realization Fellowship Los Ángeles (California)

La profusa guía espiritual de nuestro Gurú [Paramahansa Yogananda] abarcaba no sólo los principios de la meditación y de la acción correcta, sino también las medidas necesarias para lograr una salud psicológica equilibrada. Puesto que me siento responsable de ayudarte a comprender la vida espiritual, deseo señalarte cuáles son los rasgos negativos que destruyen nuestra paz, nuestra felicidad y nuestras relaciones con los demás, y que nos mantienen alejados de Dios.

El camino espiritual se asemeja al filo de una navaja. Si no seguimos fielmente los principios de este recto y estrecho camino, es muy difícil encontrar a Dios. No podemos lograr ese Tesoro invaluable sin realizar el máximo sacrificio: abandonar todas las imperfecciones del carácter que, al hacer que nos identifiquemos tan indisolublemente con esta forma física y con el ego, se interponen entre Dios y nosotros.

Entrena tu mente para que sea objetiva

La autocompasión es uno de los indicios de estar sumido en el pequeño yo o ego. Si albergamos autocompasión, nuestra actitud siempre será subjetiva y consideraremos todo a título personal; no podremos ser objetivos acerca de nada y, como resultado, constantemente sentiremos lástima de nosotros mismos. Ser objetivo significa pensar desde el punto de vista de cuál es la mejor actitud que debemos adoptar en el trabajo, en las relaciones con los demás y, sobre todo, en nuestra relación con Dios.

Cuando nos recreamos en una actitud subjetiva, nos volvemos extremadamente susceptibles; nadie se atreve a acercarse a nosotros para formularnos una crítica constructiva, porque estamos siempre a la defensiva. La actitud defensiva es un síntoma de autocompasión. Entrena tu mente para que se mantenga ecuánime y pueda analizar imparcialmente tanto cualquier situación como tus reacciones. Reconoce lo que haya de verdad en las observaciones que te hagan los demás.

Si te sientes triste, malhumorado o «hundido» porque alguien te ha criticado, ten presente que ése es uno de tus puntos débiles. Dios pone a prueba a cada uno de nosotros en esos aspectos de la personalidad en los que necesitamos desarrollar fortaleza. Él no surgirá de las nubes y se aparecerá ante nosotros para decirnos: «Actualmente, hijo mío, éstos son tus puntos problemáticos». En lugar de eso, Él introducirá en nuestras vidas aquellas circunstancias que nos brinden la oportunidad de reconocer y sanar todas las debilidades psicológicas presentes en nuestra conciencia.

La hermana gemela de la autocompasión es la autojustificación, es decir, la aparente necesidad de defender y exculpar siempre nuestra conducta. Resiste la compulsión de dar explicaciones cada vez que te señalen tus defectos y errores. Si, por ejemplo, alguien te dice que cuentas demasiados chismes, o que siempre miras el lado pesimista de las cosas, domínate y practica silenciosamente la introspección. Tal vez esa persona tenga razón y esté actuando como un verdadero amigo.

La autoestima proviene del interior

Otro defecto del ego es la vanidad: «Yo hice esto; yo hice aquello; a mí se me ocurrió esa idea». El falso orgullo proviene de atribuir demasiada importancia a nuestros logros, olvidando que Dios es el Hacedor y que sólo Él merece el reconocimiento por cualquier éxito que podamos alcanzar. El refrán que dice «El orgullo precede a la caída» es sumamente cierto. Apenas te entregues al falso orgullo, te hallarás encaminado a la caída.

Guruji solía citar los siguientes versos: «Muchísimas flores nacen para abrirse sin ser vistas / y derraman su fragancia en el aire del desierto»[1]. En verdad, no importa si recibimos o no el reconocimiento por nuestros actos. La necesidad de tener el reconocimiento de otras personas puede ser un escollo en el sendero espiritual y llevarnos muy lejos de él, sobre las alas de la adulación, pues sólo al ego le atrae esta imperfección.

El progreso espiritual reside en hacer lo correcto, no en recibir reconocimiento por ello. Tal vez pienses: «Bien, entonces, perdería mi motivación; ¡yo *quiero* ser apreciado!». No obstante, el aprecio que realmente tiene valor proviene del interior, cuando sabemos que contamos con la aprobación de *Dios*. Muchas personas han logrado fama terrenal y, sin embargo, han puesto punto final a sus vidas mediante el suicidio. La adulación que recibieron se convirtió en algo vacío de significado, porque carecían de esa satisfacción interior. En

---

[1] Tomado de *Elegy in a Country Churchyard,* de Thomas Gray.

cambio, si en tu corazón sabes que has ganado la gracia de Dios —que le complaces—, tu mente no se perturbará ni por los elogios ni por las críticas que los demás puedan prodigarte.

Cuando quiera que alguien elogiaba a Gurudeva, el respondía haciendo brillar en su rostro una sonrisa humilde, dulce y encantadora, y colocaba ese tributo a los pies de la Divinidad con unas simples palabras de agradecimiento: «Nada espero de nadie; pero soy muy feliz si, de alguna forma, puedo complacer a mi Dios». Él era un ser verdaderamente humilde, de modo invariable, y permanecía ecuánime en toda circunstancia.

Conserva una actitud equilibrada cuando cometas un error

Lo opuesto de la vanidad es la autocensura, que es igualmente destructiva. Hace muchos años, residió aquí un auténtico devoto de la autocensura. Siempre pensaba o hablaba sobre cuán indigno e imperfecto era él —«yo soy lo último de lo último, soy tan indigno, tengo tantos defectos, yo, yo, yo…»—, a tal grado que quienes le rodeaban sentían ganas de decirle: «¿Quieres olvidar el "yo" por un momento? Piensa que eres polvo, si lo deseas, ¡pero no hables tanto de ello!». La autocensura y la humildad no son lo mismo. El ego está poderosamente presente en la autocensura, pero está totalmente subyugado en la humildad.

No te condenes con demasiada rapidez. Todos cometemos errores, y no creo que a Dios le preocupen, ni siquiera un poco. Él sólo está interesado en que deseemos ser mejores y en que nos esforcemos por lograrlo. Él espera de nosotros que adoptemos la siguiente resolución: «Señor, puedo tambalearme una y otra vez, pero seguiré haciendo el intento de mejorar hasta que se apague mi último aliento de vida».

Sé sincero contigo y con Dios

La insinceridad es un defecto grave. Constituye una indicación externa de un profundo conflicto psicológico interior. No es posible ser hipócrita y tener la mente en Dios, que es la Verdad misma. Es imposible mantener los pies en dos botes diferentes que van en direcciones opuestas: uno lleva a la Verdad y el otro hacia la insinceridad.

Pero ¿debemos decir siempre la verdad, incluso si herimos a otros? El Maestro lo explicaba de esta forma: «Si ves a un ciego caminando por la calle y, puesto que estás decidido a ser franco, le llamas diciendo "¡Eh, señor ciego, espere un momento!", eso sería cruel». Utiliza tu poder de discernimiento para comprender qué *significa* decir la verdad.

A raíz de un incidente, alguien hizo un comentario descortés a otra persona, y la situación fue sometida a la consideración del Maestro. Él interrogó a la persona que hizo el comentario, cuya contestación fue: «Se me formuló una pregunta y supuse que debía dar una respuesta sincera». Esta persona no tenía derecho a juzgar a la otra, dado que el problema no era de su incumbencia y, además, no contaba con toda la información. Después de explicarle esto, el Maestro ilustró la situación con un ejemplo, para ayudarle a comprender el principio de la rectitud espiritual: «Supón que un ladrón armado con un cuchillo persigue a un hombre. Tú eres un transeúnte. El ladrón te pregunta qué dirección tomó el hombre al que perseguía, y tú respondes: "Se escondió en ese árbol". Fuiste veraz, pero tu respuesta causará un gran daño. Por lo tanto, ese tipo de sinceridad no es correcta. Sería muchísimo mejor permanecer en silencio, o incluso indicar otra dirección, que hacer algo que ocasione un resultado pernicioso». El discernimiento debe ser nuestra guía en este mundo de relatividad.

En primer lugar, trata de ser interiormente sincero con Dios. Jamás finjas, ante Él, ser diferente de lo que eres; Él ya te conoce. Esfuérzate por estar en sintonía con el juicio que Él haga de ti. En lugar de tratar de defenderte, sométele tus errores: «Señor, fui impaciente; perdí los estribos. Sé que está mal, porque ya no me siento en paz dentro de mi corazón. Perdóname».

Si eres sincero, te sentirás mejor por haber acudido a Dios como lo harías con tu padre, tu madre o cualquier otro ser querido. Ocultarte de Dios o de ti mismo hace que, gradualmente, se desarrollen en tu interior profundos sentimientos de culpabilidad. Llega un momento en que realmente no quieres volver tu rostro a Dios; no deseas dirigir la mente hacia tu interior y mirar allí, porque te sientes avergonzado de las cosas horribles y repulsivas que crees albergar dentro de ti. A menudo, estas personas necesitan tratamiento psiquiátrico, porque pierden la capacidad de ser objetivas acerca de sí mismas.

La meditación te proporcionará una adecuada comprensión acerca de Dios y de su gran compasión, así como de tu relación con Él. Gradualmente, comenzarás a apartar todas las capas de problemas psicológicos que te separan de Él. Por medio de la meditación, serás capaz, finalmente, de analizarte con sinceridad —tomando en consideración todas tus debilidades— y no sentir culpa ni miedo de Dios. Aborda tus defectos, uno a uno, y conviértelos en virtudes del alma.

Paciencia y determinación

La impaciencia es otro defecto de la personalidad. Todos podemos impacientarnos momentáneamente, sobre todo cuando nos encontramos bajo gran presión. Se trata de una reacción normal y humana. Pero este rasgo psicológico puede convertirse en un verdadero obstáculo para mantener una buena relación con los demás y para afianzar nuestro progreso espiritual.

La persona que no sabe cómo practicar la paciencia no es constante en su búsqueda de Dios. Necesitamos contar con la determinación espiritual que expresa el canto de Gurudeva: «En el valle del pesar, tanto si he de permanecer mil años o hasta mañana, yo esperaré para verte a Ti, a Ti, a Ti: sólo a Ti»[2]. Eso es paciencia: «No importa, Señor, si Tú vienes a mí ahora o dentro de mil años, seguiré buscándote de igual forma». Esa determinación paciente y amorosa atraerá a Dios hacia ti. Pero si amenazas con abandonar la búsqueda si Él no responde dentro del lapso que tú consideras justo, ya has decretado tu fracaso. No puedes darle órdenes a Dios; Él vendrá cuando lo considere oportuno. Sobre todo, Él vendrá cuando decida que *estás* preparado. Si fijamos un límite de tiempo u otra condición a nuestra búsqueda, no cabe esperar que Él responda. Es preciso practicar la paciencia.

Gurudeva nos ayudó a adquirir paciencia haciendo que la practicáramos. En cierta ocasión, él nos dejó a otro devoto y a mí esperando durante varias horas en el puente «Golden Gate» de la ciudad de San Francisco. Cuando estuvimos demasiado cansados para permanecer de pie más tiempo, decidimos que no nos importaría lo que pensara la gente y nos sentamos en la acera del puente. El viento se tornó horriblemente frío antes de que el Maestro y el conductor del automóvil volvieran con éste a recogernos. ¡Hasta se me ocurrió pensar

[2] Tomado de *Cosmic Chants*, de Paramahansa Yogananda.

que me estaba amoratando y que podría morir de frío! No obstante, me abstuve por completo de quejarme o mostrar irritación. En otra oportunidad, el Maestro llevó a un pequeño grupo, del que formábamos parte mi hermano Dick Wright y yo, a la Feria Mundial de Chicago de 1933[3]. Él se fue con mi hermano y me indicó que esperara. ¡Pasaron cuatro horas antes de que regresaran! Él me había dicho «No te alejes de aquí», así que no vi nada de la Feria Mundial, salvo el edificio en el que yo estaba esperando, que resultó ser el edificio de Ford Motors... que, por cierto, ¡no me despertaba mucho interés!

Alguien podría criticar ese entrenamiento y decir que era irrazonable. Tal vez muchas personas se mostrarían impacientes y se enojarían. Cualquiera que adoptara esa actitud y careciese de comprensión espiritual no permanecía durante mucho tiempo cerca de Guruji. Lo que le importaba a nuestro Gurú era que desarrolláramos las cualidades necesarias para encontrar a Dios, y no que estuviéramos siempre cómodos o que fueran satisfechos hasta nuestros más mínimos deseos. Siento un profundo agradecimiento hacia Gurudeva por toda la disciplina que me inculcó y por su influencia decisiva en la formación de mi personalidad; sin ellas, yo no conocería la satisfacción interior, la fortaleza espiritual, el amor y el gozo que bendicen mi vida en este momento.

El odio y el resentimiento corroen la vida interior

El odio es un defecto de la personalidad peligrosamente corrosivo. Es imposible estar en armonía con

---

[3] Paramahansaji había ido a Chicago con el propósito de dar un discurso en la Hermandad Mundial de las Religiones, el 10 de septiembre de 1933, al mismo tiempo que se celebraba la Feria Mundial.

Dios si hay odio en el corazón. El odio es una fuerza tre-
mendamente poderosa; sólo una cosa lo supera: el poder del amor. Cuando el corazón se encuentra en sintonía con el odio, esa emoción negativa corroe las entra-
ñas mismas de la vida espiritual. Ésta es una de las mayores pruebas que tiene que afrontar el ser humano.

Jesús pudo haber reaccionado con un intenso odio
cuando su cuerpo estaba siendo tan cruelmente des-
truido por sus enemigos. Sin embargo, no lo hizo. Él
practicó la benevolencia, la compasión y el amor divino que son propios del alma y constituyen la verdadera naturaleza de cada ser viviente.

Ten presente que si en tu corazón sientes odio hacia alguien, no importa cuán justificado pueda parecerte, estarás atormentado interiormente hasta que lo
superes. Ninguna persona cuyo corazón sea un canal
de esa vibración maligna puede conocer a Dios.

El resentimiento está emparentado con el odio. Es
una reacción humana natural que se suele producir
cuando sentimos que hemos sufrido un daño o una
ofensa; por ejemplo, cuando algo que hemos dicho
vuelve a nosotros distorsionado, o cuando alguien dice
algo sobre nosotros que, según nuestro criterio, no se
corresponde con la realidad. Al igual que el odio, el resentimiento también destruye la vida espiritual. En
cuanto permites que el resentimiento te afecte, pierdes
tu percepción de Dios. Elimínalo de tu conciencia. Y cada vez que trate de entrar en ti, arrójalo fuera.

Supera los celos y la envidia

Los celos son el resultado de un profundo sentimiento de inseguridad. Cuando estamos en armonía
con Dios, ya no encontramos motivo para sentir celos.
Nos sentimos conformes con lo que tenemos, pues re-

conocemos que proviene de Él. No deseamos nada que otra persona posea, porque nos hallamos satisfechos y no necesitamos nada más. Los celos son habituales en individuos cuyos pensamientos se apegan a lo terrenal, pero esta imperfección no puede permanecer en los corazones de quienes buscan a Dios. El Maestro brindó una ilustración acerca de los celos con un ejemplo que siempre ha permanecido grabado en mi memoria. Hace años, él les dijo a algunos de los devotos: «He aquí mi mano, con sus cinco dedos. Este dedo no puede tomar el lugar de este otro, y aquél no puede ocupar el lugar del siguiente. Los necesito a todos para hacer mi trabajo. Cada uno de ustedes tiene su legítimo lugar en mi corazón y en el amor de Dios». Y cada uno encontrará su legítimo lugar dentro de su familia o su comunidad si ofrece lo mejor de sí mismo. Así pues, no hay justificación para los celos.

En íntima relación con los celos se encuentra la envidia. A veces, Guruji daba deliberadamente algo a un discípulo y no a los demás. Los que entendían al Maestro sabían que él lo hacía para sacar a la superficie toda inclinación hacia la envidia, a fin de que pudiera ser reconocida y erradicada.

Pondré un ejemplo. Todos los años, Guruji solía obsequiar a sus discípulos con pequeños regalos en Navidad, pero siempre me daba el más diminuto a mí. La primera vez, me pregunté el porqué. Pensé: «Tal vez no le agrado realmente tanto como los otros devotos». Luego, me avergonzó mucho ese pensamiento y me di cuenta de lo reprochable que era pensar de esa forma. Sé que es una reacción humana; pero no me gustaba ver esa imperfección en mí ni en ninguna otra persona. Entonces, analicé la situación: «¿Realmente te importa? Nunca deseaste bienes materiales. Lo que quieres es

que él vele por ti, pero él no necesita demostrarte su ca-
riño mediante regalos especiales en Navidad». En ese
preciso momento fue cuando aprendí lo que significaba superar la envidia. Desde entonces, jamás he permitido que surgiera en mí esa emoción.

El Maestro no toleraba en absoluto los celos ni la
envidia; no permitía tal egocentrismo en los discípulos
que deseaban estar cerca de él. Solía decir: «Mira tu propio plato y no te preocupes de lo que haya en el plato
ajeno. Sólo puedes tener lo que te corresponde, y eso,
con toda seguridad, llegará a ti». Ésa fue una gran lección para mí: en verdad, no importaba qué relación tuviera el Maestro con cualquiera de los otros discípulos;
lo importante era si yo estaba profundizando en mi
propia relación con Dios y con mi Gurú.

Intensifica tu motivación para buscar a Dios

Obtenemos de la vida exactamente lo que inverti-
mos en ella. Por lo tanto, la pereza es una de las imperfecciones que debemos superar si hemos de triunfar en
nuestra búsqueda de Dios, o en cualquier otro cometido. Guruji ha dicho: «Puedo perdonar al hombre físicamente perezoso, pero no al mentalmente perezoso». Podría haber razones de salud para la inactividad física,
pero la pereza mental implica falta de voluntad o de entusiasmo. No hay excusa para que la mente de ninguna
persona que se encuentre en el camino espiritual esté
tan entorpecida y falta de interés como para no hacer el
esfuerzo de buscar intensamente a Dios. Si no llevamos
a cabo el trabajo, la meditación y el resto de nuestras
responsabilidades con entusiasmo incondicional —con
motivación divina—, jamás encontraremos a Dios ni la
verdadera felicidad que estamos buscando; sin ese ingrediente, no es posible lograrlo. Nadie más que nos-

otros puede proporcionarnos ese ímpetu; así pues, debemos transformar nuestra actitud mental.

Como joven discípula durante los inicios de la obra del Maestro en Estados Unidos, a menudo analizaba mis propios motivos, porque notaba que quienes vivían aquí con cierta desgana, sólo para «ir pasando», carecían de algo: no estaban perfeccionándose, no estaban acercándose a Dios. Me di cuenta, sin embargo, de que no era mi responsabilidad, en ese momento, preocuparme de si alguna persona había venido a buscar a Dios o no. Yo había venido a buscar a Dios, y decidí no perder mi tiempo e incluso ser egoísta en este sentido: permanecería sola si la compañía de los demás no me resultaba inspiradora. Mantuve mi mente en Dios. Ésta es la forma en que viví, y gracias a ese recogimiento y a un entusiasmo inquebrantable logré gran entendimiento y fortaleza espiritual.

Aplazar las decisiones constantemente es un pertinaz retoño de la pereza. Quien posterga todas sus decisiones dice: «Mañana haré un esfuerzo intenso; pero hoy, déjame hacer lo que quiera». Esa situación puede prolongarse durante todos los días de tu vida. Quien constantemente pospone las cosas jamás logra sus objetivos. Esfuérzate al máximo ahora, hoy... durante todos los «hoy».

Supera las condiciones negativas pensando positivamente

Abrigar pensamientos negativos es un cáncer para el alma. El Maestro escribió: «Aunque mi mar esté oscuro y mis estrellas se hayan desvanecido, aún veo el sendero, gracias a tu divina misericordia»[4]. El pensamiento positivo es absolutamente esencial para triunfar

---

[4] Tomado de *Cosmic Chants*, de Paramahansa Yogananda.

en cualquier empeño y, particularmente, en el camino espiritual.

En este mundo de relatividad, todo tiene dos caras. Un lado de la mano o de la moneda, por ejemplo, no podría existir sin el otro. Igualmente, hay dos formas de ver cada situación: la positiva y la negativa. Asegúrate siempre de mirar el lado positivo. Jamás te permitas entregarte a la negación; si lo hicieras, no tendrías paz interior, y te resultaría muy difícil, en verdad, estar en íntima comunión con Dios.

A veces, alguien me dice: «Trato de meditar y de sentir a Dios, pero me parece que no llego a ninguna parte». Entonces yo le pregunto: «¿Realmente mantienes tu mente colmada con el poder divino de los pensamientos positivos?». La mente de las personas negativas está siempre agitada y llena de desaliento. En cierta ocasión, el Maestro dijo que el pensamiento positivo establece la diferencia entre el hombre común y el hombre divino. Cierto es que existen innumerables problemas en este mundo; pero no deberíamos sentirnos desvalidos. Debemos evitar que nuestras mentes sean arrastradas hacia la negatividad por las circunstancias externas.

¿De dónde provienen los pensamientos negativos y vulgares?

Los peores pensamientos negativos surgen en ocasiones de la mente subconsciente. Sirva de ejemplo lo que alguien me escribió hace poco: «Cada vez que me siento a meditar, vienen a mi mente pensamientos vulgares y desdeñables. ¿Por qué me sucede esto cuando precisamente estoy tratando de meditar?». Mi respuesta es: por la simple razón de que no estás aún meditando realmente. Por primera vez en tu vida, tal vez en muchas vidas, estás aprendiendo a recoger la mente en tu interior para conocerte. La mente es el depósito de todas las experiencias pasadas, lo cual incluye los pensamientos negativos, el chismorreo y la mundanidad. Si existe un predominio de estas reminiscencias poco espirituales, es natural que, cuando mires dentro de ti por primera vez, sea eso lo que veas.

La conciencia del principiante en la meditación es semejante a un vaso de agua turbia; sin embargo, a medida que te disciplinas para aquietar la mente, las impurezas que constituyen los pensamientos oscuros comienzan gradualmente a sedimentarse o a desaparecer, y surge el agua límpida de la percepción divina. La naturaleza del agua es limpia y pura. Sólo la encuentras sucia cuando las impurezas se han mezclado con ella. La naturaleza de la conciencia del hombre también es pura; no obstante, los pensamientos negativos y triviales, el chismorreo, los celos, la envidia, el odio, y todos los defectos que ya hemos mencionado, oscurecen esa pureza. Cuando aprendes a aquietar la mente en la meditación, te das cuenta de que las aguas de tu conciencia se purifican de nuevo.

Concéntrate en perfeccionar tu relación con Dios

Es provechoso repasar las pautas espirituales. El Maestro solía reunirnos de vez en cuando para hablarnos sobre las cualidades básicas que son esenciales para el éxito espiritual. La base fundamental de estos requisitos espirituales está constituida por el deber más importante de nuestras vidas: concentrarnos en perfeccionar nuestra relación con Dios, nuestro amor por Él. No podremos hacerlo, no tendremos tiempo de pensar en Él, si nuestras mentes están llenas de negatividad y ocupadas atendiendo a cualquiera de esas imperfecciones psicológicas. Dile al Señor, una y otra vez: «He venido a este mundo para transformarme. Ayúdame. Dame la disciplina que Tú sabes que necesito. Sólo sé que te amo y te deseo. Quiero perfeccionarme para poder encontrarte».

No podemos vivir sin amar algo. Permite que ese algo sea Dios: no nuestro ser, ni nuestras pasiones y hábitos, ni nuestros deseos, sino sólo Dios. Dirige toda tu concentración y anhelo hacia Él. Aun cuando, por momentos, el cuerpo, la mente y el ego traten de desmoralizarte, no cedas al desaliento. Sigue invocándole silenciosamente: «Dame amor por Ti. Revélate, revélate».

Ora para que se afiance esa relación íntima con Dios en la que tú sabes que Él es real y que en verdad te responde. Eso transformará tu vida. El Maestro me dijo, hace muchos años: «Algún día, Faye[5], tu vida será tan diferente, tu conciencia será tan diferente, que no reconocerás a la persona que eres hoy. Será como si hubieses nacido de nuevo». Eso es lo que sucede y, entonces, al igual que los Apóstoles de antaño, sólo sabes que tienes un único deseo: «Te ofrendaré mi vida, Señor». Existe un gozo inmenso en ello; no se trata de una tarea fatigosa ni tediosa. Constituye un gran gozo ser utilizado por Dios en cualquier forma que Él desee: uno sólo anhela poder tener mil millones de voces para pronunciar su nombre y mil millones de corazones para expresar y recibir su amor.

Jamás ceses en tus intentos por perfeccionarte y espiritualizar tu vida en todos los aspectos. Recuerda: la única diferencia entre un santo y un pecador es que el santo jamás se dio por vencido.

---

[5] Nombre de pila de Daya Mata

La humildad radica en la perpetua quietud del corazón

Compilación de dos charlas dadas en la Sede Internacional de Self-Realization Fellowship, Los Ángeles (California)

Una de las personas aquí presentes me ha escrito: «Le ruego que en algún *satsanga* nos hable sobre el deseo de ser famoso. ¿De qué manera interfiere este deseo con el progreso espiritual? ¿Cómo se logra un equilibrio saludable entre la confianza en uno mismo y la verdadera humildad?».

El deseo de reconocimiento se encuentra en todo corazón humano y forma parte de nuestra naturaleza, en el sentido que explicaré a continuación: al igual que Dios es eterno e infinito, el alma del hombre o *atman*, hecha a imagen de Dios, cuenta con esas mismas cualidades y es siempre consciente de su existencia eterna y de su unidad con todas las cosas. Por lo tanto, es comprensible que esta inmortalidad y omnipresencia intrínsecas se expresen como el deseo de ocupar un lugar en la historia, de ser recordados y apreciados no sólo dentro del círculo de los familiares y conocidos, sino en el mundo entero. El problema reside en que la mayoría de las personas comete el error de buscar la satisfacción de este anhelo en el reconocimiento mundano.

El renombre que se obtiene entre los seres humanos es efímero y nos deja insatisfechos; incluso la celebridad de los grandes artistas o escritores es temporal:

aun cuando persista después de la muerte, las almas de aquellos personajes famosos no recordarán en su siguiente encarnación los elogios que alguna vez les brindaron. La única forma en que el hombre puede sentir realmente satisfecha esa aspiración de expandir su ser es mediante la percepción de sí mismo como alma inmortal y unida a Dios.

Si analizas profundamente el deseo de fama, comprobarás que lo que quieres conseguir es el aprecio de los demás, así como la seguridad de saber que cuentas con la aprobación y la estima de tus semejantes. El modo más elevado de satisfacer este anhelo consiste en borrar de la mente el deseo egoísta de aclamación humana, que es a todas luces voluble, y buscar, en cambio, el reconocimiento de Dios, cuya bendición es eterna. Cuando se comulga con el Ser Divino, el deseo de ser valorado queda satisfecho por completo y para toda la eternidad.

El significado de la humildad

Incluso el deseo de progreso espiritual debe tener la motivación correcta. Es equivocado pensar que podremos lograr la estatura de un santo si buscamos la adulación de los demás. Con frecuencia, Gurudeva Paramahansa Yogananda nos prevenía ante el hecho de que muchas almas elevadas descienden de su alto nivel espiritual como resultado de esa trampa que el ego nos tiende. La actitud correcta consiste en desear la santidad porque es el estado en el que humildemente amamos a Dios y comulgamos con Él.

No hay humildad en aquel que dice: «Soy humilde». El hecho mismo de afirmarlo significa que se carece de esa cualidad. Quien declare que es humilde, cae en una contradicción, porque al decirlo denota que tiene una opinión pomposamente elevada de sí mismo.

Suponer que reconocemos en nosotros una virtud y, luego, hacerla saber a todo el mundo no es humildad. Quien en verdad es humilde no habla de ello: ni siquiera se percata de que posee esa gran virtud.

Ora a Dios para que te conceda humildad. Pídele en tus meditaciones que te muestre cómo es la verdadera humildad. Sin esta cualidad básica, podemos avanzar mucho en el sendero espiritual y, después, caer repentinamente en las profundidades de la ignorancia espiritual. Lo primero que el Maestro indagaba cuando los estudiantes venían a vivir al *ashram* era si los animaba la motivación correcta. Cuando alguno de ellos pensaba que su misión en la vida consistía en convertirse en un gran instructor espiritual, o en un salvador de la humanidad, y expresaba esa convicción al Maestro, él sólo sonreía y callaba. Ninguna persona que se sienta tan importante puede convertirse en un ser verdaderamente elevado.

Una de las formas en que Guruji fomentaba la humildad en sus discípulos era la siguiente: en cuanto advertía en alguien la inclinación a destacar, a atraer su atención o a colocarse por delante de los demás, inmediatamente y de manera patente dejaba de hacerle caso a esa persona, o la mantenía a distancia. Él sabía que a esa alma no le haría ningún bien si él respondía a su deseo egoísta —consciente o inconsciente— que exigía: «¡Repare en mi presencia! ¡Dedíqueme su tiempo! ¡Présteme atención!». Gracias a ese entrenamiento, el devoto receptivo aprendía a corregirse y a estar satisfecho con ocupar la posición menos prominente del grupo.

La forma de practicar la humildad consiste en relacionarlo todo con Dios: «Señor, Tú eres el Hacedor, no yo». Cada vez que recibas un elogio, recuerda que es Él —la fuente de todo poder— quien te ha prestado todas tus aptitudes. En realidad, sólo existe un Ser que suministra energía a nuestro cerebro, palpita en nuestro co-razón y trabaja a través de nuestras extremidades; y ese Ser es Dios. ¿Cómo podríamos aceptar la adulación si somos incapaces de lograr nada solos? No obstante, la percepción de nuestra total insuficiencia como huma-nos no debe producir en nosotros un complejo de infe-rioridad. Por el contrario, esta noción nos enseña a de-pender gozosamente del amor de nuestro Creador. Cuanto más nos apoyemos en Dios, más comprendere-mos en qué consiste la verdadera humildad y en mayor grado se llenará nuestra vida de la confianza, la forta-leza y el poder divinos.

La verdadera humildad no es sinónimo de debili-dad, sino que implica fijar siempre la mente en Dios y vivir pensando: «Señor, hágase sólo tu voluntad, y no la mía». Si lo afirmamos con sinceridad, de inmediato podremos dejar de lado nuestros deseos personales y la frustración de no verlos materializados, y permanece-remos satisfechos en el elevado anhelo de hacer lo que Dios quiera de nosotros. Ésa es la verdadera humildad: colocar a Dios y sólo a Dios en el lugar más importante de nuestra vida.

Fortaleza para soportar las críticas

En cuanto sentimos que debemos defendernos an-te una crítica, estamos practicando el egoísmo. Natu-ralmente, si alguien ofende nuestros principios esencia-les, tenemos el deber de oponer resistencia; pero no hay que responder vengativamente cuando recibimos críti-cas personales. Observa en tu interior para averiguar si existe algo que debas corregir, pero no te sientas per-turbado. Con frecuencia, me digo a mí misma: soy lo que soy ante Dios y el Gurú —nada más, y nada me-nos—. No pretendo ser perfecta, ni poseer grandes talentos o habilidades; mi afán en esta vida es perfeccionar sólo una cosa: mi amor por Dios.

Cuando nos esforzamos en lograr esa humildad que coloca a Dios por delante de nuestros deseos y ambiciones personales, desarrollamos una enorme fortaleza interior y nos volvemos capaces de soportar no sólo cualquier crítica, sino todas las cruces que nos depare la vida.

«Una bendita morada en mi interior»

Durante muchos años he tenido sobre mi escritorio la siguiente cita inspirativa:

> «La humildad consiste en la perpetua quietud del corazón. Es no tener ninguna aflicción. Es no sentirse jamás incómodo, o humillado, o irritado, o herido, o decepcionado.
>
> »Es no esperar nada, no asombrarme ante nada de lo que puedan hacerme, no sentir jamás que algo se hace en mi contra. Es permanecer tranquilo cuando nadie me alaba, así como también cuando se me condena y se me desprecia.
>
> »Es poseer una bendita morada en mi interior, donde puedo entrar, cerrar la puerta y arrodillarme secretamente ante mi Padre, y sentirme en paz, como en un profundo océano de calma, mientras la agitación reina en todo a mi alrededor y por encima de mí»[1].

Esa seguridad y esa paz se pueden alcanzar manteniendo la mente fija en Dios.

Después de años de realizar esta práctica, me sucede que, aun en tiempos de enormes dificultades o presiones, cuando recojo la mente en mi interior —aunque sea por un instante—, siento gran gozo y devoción.

---

[1] Canon T. T. Carter (1809-1901).

¡Qué inmenso mundo de amor y gozo se encuentra dentro del alma! Mas no tenemos que adquirirlo, pues ya es nuestro. Sólo debemos descorrer la oscura cortina del ego, y rasgar la cubierta de pensamientos y conductas egoístas que oculta el brillo divino del alma. Cuando albergamos cualquier forma de egoísmo o mezquindad, no podemos conocer ese estado sublime, pues nos encontramos confinados en una cárcel en la que sólo somos conscientes de «yo, mi y mío». La escapatoria de esa prisión se logra a través de la puerta que conduce hacia el Ser Divino.

Embriágate de amor por Dios, y el pequeño ego se fundirá en Él; entonces, Él te utilizará de las formas más esplendorosas que jamás hayas podido concebir. Es Dios mismo quien labora a través del devoto humilde y receptivo.

La receptividad implica estar siempre entregado interiormente a Dios: «Señor, Tú eres mi vida; haz conmigo lo que desees. Colócame en una posición elevada o utilízame sólo como "fertilizante" de tu obra. No me importa. Señor, quiero perfeccionar a tal grado mi amor por Ti que, al buscar tu guía, jamás trataré de indicarte cómo debes utilizarme. Sólo sé que te amo».

Ésta es la actitud de un ser humilde, de alguien que desea sinceramente conocer a Dios. Una persona así trata de llevar a cabo todas sus tareas con el mayor entusiasmo, de modo tal que permanece absorta en el amor divino, tanto si tiene que realizar difíciles trabajos de ínfimo reconocimiento como si ha de hablar ante multitudes que valoran sus palabras. Cuando en verdad amamos a Dios, no tenemos ningún otro anhelo: no nos preocupa la fama ni recibir alabanzas, porque hemos encontrado el Gozo en nosotros mismos.

El gurú: un guía hacia la libertad espiritual

Ranchi (India)

Muchos devotos de Paramahansaji me han pedido que haga un relato de las diversas experiencias que viví a lo largo de los veintiún años en que gocé del bendito privilegio de estar junto a Gurudeva. Vienen a mi memoria incontables recuerdos de aquellos años vinculados a esa extraordinaria relación divina fundada en la reverencia, el respeto, la justicia y, sobre todo, en el amor incondicional. En mi opinión, la relación entre un gurú y su discípulo es la más dulce y pura que puede existir entre dos almas. Un verdadero gurú —aquel que ha tomado plena conciencia de su Ser— no tiene pensamientos egoístas, ni desea atraer la adoración de los demás. Todo el amor que el devoto le prodiga, él lo ofrenda a los pies del Amado Divino. A menudo, Guruji solía decirnos: «El único propósito del gurú es conducir al discípulo hacia Dios; Dios es el verdadero Gurú».

El propósito del gurú

La ayuda del gurú es esencial para que una persona común pueda encontrar a Dios. Habrá quienes argumenten: «Sí, pero hay muchos buscadores espirituales que le han encontrado sin la intervención de un gurú». Tal vez parezca así, pero esas almas vinieron ya a este mundo con un grado muy elevado de desarrollo espiritual y, para lograr ese singular estado, tuvieron que contar en vidas anteriores con un guía espiritual. Si alguien deseara ser médico o científico, no podría obtener el conocimiento suficiente de esas disciplinas por el solo hecho de estudiar libros o recibir clases: es fundamental que posea experiencia directa. Todo aspirante a médico deberá someterse a una capacitación intensiva y prestar sus servicios como interno, de modo que pueda ser guiado por alguien que haya logrado ya el éxito en ese sendero y que pueda mostrarle el camino. Sólo entonces sabrá cómo sanar el cuerpo físico.

De igual forma, no es posible conocer al Ser Divino mediante la simple lectura de libros que traten sobre Él, o escuchando sermones y discursos sobre la Verdad o el Infinito. Debes contar con alguien competente que te oriente. Nos acostumbramos de tal manera a nuestros comportamientos y hábitos que somos incapaces de reconocer los defectos que tenemos. Sólo cuando alguien dotado de amor incondicional se ofrece a ayudarnos y nos sugiere: «Hijo mío, corrige esta imperfección», recibimos la comprensión diáfana y el incentivo que en verdad necesitamos para transformar nuestras vidas.

El gurú es como un espejo perfecto, y quien se coloca delante de ese espejo se contempla a sí mismo tal como es. Cuando el discípulo ve su propio ser con esa nítida claridad, sabe qué debe hacer para desechar todas las impurezas que han cubierto su alma perfecta.

El deber del gurú consiste en escudriñar las profundidades de la conciencia del discípulo y señalarle todos sus «puntos débiles». Por ejemplo, durante la niñez, yo solía ser muy sensible y extremadamente tímida. Un día, poco después de que hube ingresado en el *ashram*, Guruji se encontraba sentado con un grupo de devotos. Él jugaba con un trozo de periódico, y reía y charlaba con los discípulos que le rodeaban. Pero yo no me uní a ellos, sino que permanecí en un lugar apartado. Vi que estaba haciendo un sombrero —un gorro de tres puntas— de los que se conocen en Estados Unidos como «bonete de burro». Me pregunté: «¿Qué se propone hacer con él? Algo está tramando». Mi raciocinio afirmaba: «Es obvio que no va a colocárselo a ninguno de sus discípulos más antiguos. Él se lo pondrá al más joven, es decir: a Daya Ma. Acabo de tomar mis votos y prometí obediencia incondicional a mi Gurú; pero eso no significa que le haya dado libertad para burlarse de mí ante todos sus discípulos». Así era como yo razonaba entonces, y pensé: «No permitiré que se sobrepase ese límite».

Cuando terminó de hacer el gorro de papel, miró a todos sus discípulos. Yo debería haber estado con el mismo ánimo festivo que los demás; pero, en cambio, me aferraba a mi susceptibilidad. Cuando me señaló y me dijo «Ven aquí», yo respondí «no» con la cabeza, pensando que, tal vez así, él llamaría a otro de los devotos.

A lo largo de los años, pude comprobar que Guruji no hacía nada sin una razón bien fundamentada, pues poseía un profundo entendimiento divino.

—Ven —me llamó otra vez.

—No —respondí yo.

—¡Ven! —me dijo una vez más, pero en esta ocasión su sonrisa comenzaba a desvanecerse.

Yo estaba decidida a no ceder. Cuanto más trataba él de persuadirme, más obstinada me mostraba yo.

—No, Guruji, eso no —insistí.

Finalmente, su sonrisa desapareció; el Maestro se

quedó en completo silencio. Le recuerdo perfectamente, sentado allí, con la mirada muy seria y recogida en su interior. Cada vez que miraba de esa manera, los discípulos se preguntaban: «¿Qué estará pensando? Algo va a ocurrir».

—Muy bien; ahora pueden retirarse —les dijo a los demás devotos.

Me levanté con rapidez, dispuesta también a irme, porque pensé: «Es el momento de huir».

—No, tú quédate —me indicó Guruji. Supe entonces lo que me esperaba; pero yo todavía me mantenía muy firme en mi postura.

—¿Crees que te has comportado de forma correcta delante de esas personas? —me amonestó.

Yo me hallaba aún disgustada, y le pregunté:

—Maestro, ¿es correcto que el gurú se burle de un discípulo delante de todos los demás? —Como se puede constatar, yo estaba tratando de vencerle con mi lógica.

—Estar tan atada al ego no te conducirá a Dios —respondió.

—Maestro —repliqué todavía muy airada—, no puedo aceptar la idea de que se me reprenda y se me ridiculice delante de los demás.

—Muy bien —las palabras de Guruji se volvieron entonces muy severas—; hasta que comprendas lo que trato de enseñarte, permanece de pie en ese rincón.

Todavía puedo verme allí, una devota de diecisiete años a la que se le dijo que se quedara de pie en un rincón. Jamás me había ocurrido algo semejante.

Tan sólo unas semanas antes, Guruji me había dirigido las siguientes palabras: «Cuando me presenté ante mi Gurú, él me dijo: "Aprende a comportarte". Y ahora yo te aconsejo lo mismo: La forma de conocer al

Infinito consiste en aprender a comportarse». En ese momento, pensé: «Yo no tengo mal carácter y me llevo bien con la gente. Creo que no tendré ningún problema para aprender a comportarme. Será sencillo». ¡Pero saber comportarse es una tarea mucho más profunda y compleja de lo que uno se imagina!

—Quédate de pie en ese rincón —fue la orden de Guruji. Me dirigí allí, y pensé: «Eso es fácil. Puedo obedecerlo».

—Date la vuelta y mira hacia la pared —continuó. Yo obedecí.

—Y ahora, mantente sobre un solo pie —dijo finalmente.

Para entonces, yo estaba horrorizada ante ese primer encuentro con la disciplina y aún permanecía indignada. Todos conocemos la reacción natural de los seres humanos: cuando nos surgen problemas con los demás, lo primero que hacemos es enojarnos. Luego, por regla general, solemos pasar del enfado a la autocompasión: nos deshacemos en lágrimas. Presta atención la próxima vez que te enojes: primero, enfado; después, llanto, que no es otra cosa que lástima por uno mismo —salvo que las lágrimas se derramen por la humanidad, por otro ser humano o por Dios.

Yo rompí a llorar y comencé a sentir pena por mí: «Jamás le he visto burlarse de otros ni reprender a ninguno de sus discípulos delante de mí. ¿Por qué me escogió a mí, antes que a cualquiera de los demás? —Y pensaba—: Pobre Daya Ma, te están maltratando».

Pero cuanto más tiempo permanecía de pie frente a la pared, mayor era la claridad con la que comprendía. Yo reflexionaba: «Me pregunto: ¿A qué vine aquí?». Si te interrogas siempre con sinceridad, e indagas con franqueza sobre tus motivaciones, lograrás sintonizarte de nuevo con los principios de la buena conducta. La mayoría de nuestros problemas en la vida tienen como origen el hecho de que no tenemos presente el verdadero sentido de nuestros actos. Patanjali se refiere a esta trampa. Al comenzar el curso de una acción, nos dirigimos hacia alguna meta —espiritual o material—, pero lo primero que advertimos es que, en algún lugar del trayecto, hemos perdido de vista el objetivo.

Allí me encontraba yo, de pie, razonando conmigo misma: «¿A qué vine aquí? Es evidente que vine porque deseo encontrar a Dios. —Y entonces, me pregunté—: ¿Crees que con este comportamiento obtendrás aquello por lo cual viniste? ¿De verdad te importa lo que piense la gente de ti? Si es así, será preferible que regreses al mundo. Tu conducta de hoy no pertenece a este lugar».

Apenas capté esta verdad, razoné: «Estoy equivocada». Me di la vuelta y caminé hacia el Maestro.

—Perdóneme — le supliqué—. Coloque el gorro sobre mi cabeza.

—Ya no es necesario —me dijo—. Quería que comprendieras que no debe afectarte en absoluto lo que otra persona diga o piense de ti. Si todo el mundo está complacido contigo, pero Dios o tu Gurú están decepcionados, has fracasado en la vida. Pero si todos se vuelven contra ti —te critican y te cubren de reproches— y, sin embargo, cuentas con el elogio y la aprobación de Dios y de tu Gurú, debes saber que has triunfado en este mundo.

¡Qué ciertas son aquellas palabras! Observa al género humano y estúdialo. Los mismos individuos que ensalzan y adoran a una persona, al siguiente instante se desilusionan y la censuran.

Pasado el episodio, comprendí lo que Guruji trataba de enseñarme. Él sabía que yo era una jovencita muy susceptible, y consideró que eso constituía una imperfección que Daya Ma debía superar. A partir de aquel momento, a lo largo de los años, él me reprendió sin restricción alguna delante de todos. Admito que, en ocasiones, yo corría a mi habitación a llorar; pero jamás permití que se enterara, pues yo sabía que él estaba haciendo lo correcto. Cada vez que Guruji me instruyó mediante la disciplina durante los veintiún años que estuve con él, jamás pude encontrar un error en sus juicios. Siempre supe que él estaba en lo cierto: yo debía *corregirme*. Ésa fue la lección que aprendí aquel día.

Sé un pilar de fortaleza sobre el cual los demás puedan apoyarse

En cierta ocasión en que me sentí triste por haberle decepcionado, le pregunté:

—Maestro, ¿soy realmente mucho peor que los demás discípulos para que usted me reprenda constantemente?

—No, en absoluto —me respondió—. Te impongo esta disciplina porque debes ser como el acero en tu interior.

¡Oh! Cómo resonaron esas palabras en mis oídos: «Debes ser como el acero en tu interior».

—Pero, Maestro —le dije—, no me gusta la gente insensible y despiadada.

—No me malinterpretes —replicó Guruji—. Yo no dije «insensible». Debes parecerte al acero, que puede doblarse pero no se quiebra, y volverte tan fuerte que nadie pueda lastimarte.

Luego comprendí que ser como el acero significa no permitir que la vida nos aplaste y, al mismo tiempo, ser gentil y compasivo, y convertirse en un pilar de fortaleza sobre el cual otros puedan apoyarse siempre que

sea necesario. Con distintas palabras se trataba básica-
mente de la misma idea que Guruji expresó en otra ocasión: «Ama tanto a Dios en tu interior que nada pueda
afectarte jamás». Si adoptas este pensamiento y meditas en él, ¡te infundirá una enorme fortaleza!

En los últimos años, un día él me reprendió en el
ashram ante un gran grupo de discípulos. Esto no me
perturbó porque yo ya había aprendido a no dejar que
mis sentimientos interfirieran con la verdad. Me dije:
«Él tiene razón; cometí el error que él me ha señalado.
Debo corregirme». Ésta es la forma apropiada de aceptar la disciplina.

Cuando abandoné el salón, él se dirigió con dulzura a los demás discípulos y comentó: «¿Ven cómo se
comporta? Así lo ha hecho durante años. No importa
cómo le hable, siempre permanece calmada y receptiva
en su interior. Todos deben aprender de ella». Cuando
me lo contaron, muchos años más tarde, los ojos se me
llenaron de lágrimas y dije: «Ésa fue una bendición del
Gurú. Estoy eternamente agradecida por la fortaleza y
la comprensión que me prodigó».

Un gurú es un médico del espíritu. El Maestro solía decir: «El deber del gurú consiste en ver y sanar las
heridas psicológicas que se encuentran en lo más profundo de la conciencia de los devotos». El médico común suprime las enfermedades del cuerpo mediante la
cirugía o la medicación; el médico divino aniquila el padecimiento espiritual y psicológico a través de la sabiduría y disciplina que imparte. Si Guruji no le hubiera
conferido fortaleza a Daya Ma mediante su sabia disciplina, ¿cómo podría ella llevar a cabo sus deberes en la
actualidad? Amada alma, no te quepa la menor duda
de que cuando se tiene la responsabilidad de dirigir
una organización, la cabeza del dirigente sobresale de

la multitud —por así decirlo— y se convierte en un blanco muy fácil para los demás. Si Guruji me hubiera permitido fomentar mi excesiva sensibilidad, hoy estaría yo perdida. Pero gracias a su sabia y maravillosa disciplina, aprendí a tratar de complacer siempre a mi amado Dios. En Él es donde se halla fija mi mirada. Si al complacer a Dios puedo satisfacer a las personas, soy feliz. Si no puedo hacerlo, no dejaré de complacer a mi Amado para obtener el elogio o la aprobación de la humanidad.

En cierta ocasión, el Maestro expresó: «Te he proporcionado todo este entrenamiento espiritual para que jamás tengas que doblegarte ante persona alguna». Esas palabras significan que nunca debemos permitir que nadie pueda «comprarnos» mediante la adulación o cualquier otra estratagema; ésta es la forma en que tenemos que conducir nuestra vida y servir a la obra de Guruji. Tal como digo constantemente a los devotos: si deseas ganar el amor de Daya Ma, ama a su Dios. Eso me llena de dicha. Cuando veo devotos que aman a mi Amado, el gozo me embriaga. Ninguna otra cosa puede tocar de ese modo el corazón de Daya Ma —nada que sea de tipo personal—. Amo a quienes aman a Dios; y amo a quienes le buscan. Amo a quienes se esfuerzan por avanzar en el camino espiritual. No me inquieta cuáles sean sus debilidades, aunque puedan sumar miles de millones; eso no me importa, pues sé que si son sinceros en sus esfuerzos por amar a Dios y seguir la guía del Gurú, superarán con certeza tales impedimentos y encontrarán la perfecta libertad que constituye nuestro derecho inalienable, como almas que somos.

Paramahansa Yogananda: tal como le conocí

Recopilación de diversos escritos y de charlas ofrecidas en la India y en Estados Unidos

Conforme pasan los años, la mente registra nuevas experiencias, a la vez que el tiempo atenúa el recuerdo de aquellos sucesos que ocurrieron en un pasado lejano. Sin embargo, los acontecimientos que ejercen influencia en nuestra alma jamás se desvanecen; por el contrario, se convierten en una parte perenne y vibrante de nuestro ser. Eso es lo que sucedió con el primer encuentro que tuve con mi gurú, Paramahansa Yogananda.

Era yo una jovencita de diecisiete años para quien la vida parecía un largo y vacío corredor que no conducía a lugar alguno. Una oración rondaba incesantemente en mi conciencia, pidiendo a Dios que guiara mis pasos hacia una existencia plena de sentido y mediante la cual pudiera buscarle y servirle.

La respuesta a tal anhelo llegó en una súbita percepción que tuvo lugar cuando, en 1931, entré a un enorme y concurrido auditorio en Salt Lake City y vi que Paramahansaji estaba de pie sobre el estrado, hablando de Dios con una autoridad como yo jamás había visto. Quedé sumergida en un estado de total absorción; mi respiración, mis pensamientos y el tiempo mismo parecían haberse suspendido. El amor y el agrade-

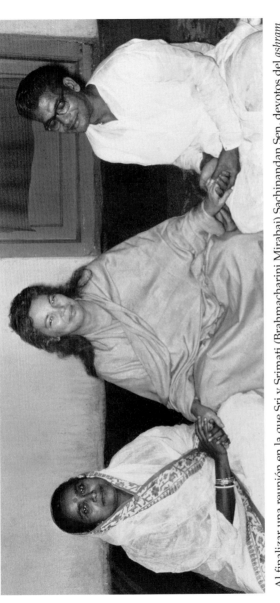

Al finalizar una reunión en la que Sri y Srimati (Brahmacharini Mirabai) Sachinandan Sen, devotos del *ashram* de YSS y destacados instructores de música clásica india, interpretaron cantos espirituales, Ranchi (India), 1964.

«*Debemos aprender a cultivar y expresar amor y amistad por todos. Comencemos por amar a quienes Dios nos ha enviado como miembros de nuestra familia y, luego, hagamos extensivo ese amor a nuestros vecinos, a nuestro país y, finalmente, a todas las naciones [...] hasta que, con el tiempo, lleguemos a concebir y aceptar a todo el mundo como nuestra familia. De esa forma expresamos el amor universal de Dios*».

Con una estatuilla de San Francisco de Asís recibida como obsequio de Navidad, 25 de diciembre de 1973.

Durante un *satsanga* en Roma, 1969, cuando realizaba una gira por Europa de tres meses para dar conferencias, en la que además se impartieron clases e iniciaciones en *Kriya Yoga* en Londres, Munich, Stuttgart, Colonia, Berlín, Viena, Zurich, Milán y París.

«Constituye un gran gozo ser utilizado por Dios en cualquier forma que Él desee: uno sólo anhela poder tener mil millones de voces para pronunciar su nombre y mil millones de corazones para expresar y recibir su amor».

cimiento que sentí por la bendición que se derramaba sobre mí trajo consigo la certeza de una profunda convicción surgida de mi interior: «Este hombre ama a Dios; le ama de la forma en que siempre he anhelado yo amarlo. He aquí alguien que *conoce* a Dios. ¡Le seguiré!».

Él mantuvo siempre los ideales de honor e integridad

Yo tenía un ideal preconcebido acerca de cómo debía ser un maestro espiritual. Podríamos decir que yo había dispuesto en mi mente un pedestal sobre el cual entronizaría a tal persona. Con reverencia, coloqué mentalmente allí a mi Gurú; y durante los numerosos años en que tuve el privilegio de hallarme en su presencia, ni sus pensamientos ni sus actos le hicieron jamás descender de esa gran altura.

Aunque en la época actual la integridad, el honor y el idealismo parecen haber desaparecido bajo las olas del egoísmo, Gurudeva jamás sacrificó esos valores espirituales eternos, y siempre se los inculcó a sus discípulos. Recuerdo cierta ocasión, en 1931, cuando era preciso reunir fondos con urgencia. Durante ese período, los recursos financieros eran tan escasos que nuestro Gurú y sus discípulos subsistíamos a base de sopas diluidas y pan, o bien ayunábamos por completo. Era preciso efectuar el pago de la hipoteca que pesaba sobre el edificio de Mount Washington, nuestra Sede Central. Paramahansaji se dirigió a la casa de la acreedora a fin de solicitarle una prórroga del vencimiento. Esta comprensiva señora gentilmente concedió un plazo mayor. Pero aun así, parecía imposible reunir a tiempo el dinero necesario.

Un día, poco tiempo después, un promotor de negocios asistió a las clases de Gurudeva y se interesó en sus enseñanzas. El hombre captó no sólo el valor espiritual de las enseñanzas, sino también las posibilidades de lucro que representaban. Su promesa fue: «Permita que me haga cargo de la promoción de su sociedad y, en el plazo de un año, le conocerá el mundo entero. Tendrá decenas de miles de estudiantes y estará nadando en dinero».

Este individuo delineó su plan para comercializar las sagradas enseñanzas. Gurudeva lo escuchaba cortésmente. En verdad, ese proyecto habría significado el fin de sus preocupaciones económicas y de las penurias que sabía que aún le aguardaban. Pero sin vacilar ni por un segundo, le agradeció su propuesta y respondió: «¡No! Nunca utilizaré la religión como si fuera un negocio. ¡Jamás traicionaré esta obra ni mis ideales por unos cuantos míseros dólares, sean cuales sean las necesidades económicas que tenga que afrontar!».

Dos meses más tarde, mientras impartía estas enseñanzas en Kansas City, Missouri, Paramahansaji conoció a Rajarsi Janakananda, un elevado discípulo de muchas vidas anteriores que estaba destinado a desempeñar un importante papel en *Self-Realization Fellowship*. Esta gran alma, que adoptó al Gurú como su maestro divino y sus enseñanzas como una forma de vida cotidiana, facilitó los fondos con los que se canceló la totalidad de la hipoteca. Grande fue el júbilo cuando, en el «Templo de las hojas», en Mount Washington, se encendió una hoguera y los documentos de la hipoteca fueron arrojados a las llamas. Siendo una persona de mente pragmática, Gurudeva aprovechó la oportunidad para asar patatas entre las brasas. Los devotos se reunieron alrededor de la hoguera junto al Gurú y disfrutaron de las patatas, mientras los documentos de la hipoteca seguían asándose... ¡hasta que estuvieron bien tostados!

La seguridad de contar con la presencia de la Madre Divina

Permanecen en mi memoria otros episodios y aspectos de la fuerza divina de Guruji. En cierto momento, sintió sobre sus hombros el peso de una organización creciente, con numerosos discípulos a quienes alimentar, albergar y mantener. Puesto que deseaba que su fervoroso anhelo de comunión constante con Dios se hallara libre de distracciones, se retiró al desierto de Arizona. Allí permaneció en soledad y en meditación, y oró a su amada Madre Divina para que lo liberase de las cargas y de las distracciones que las responsabilidades de la organización traían consigo. Una noche, mientras él meditaba «como si el corazón fuera a estallarme por el intenso anhelo de recibir la respuesta de la Madre Divina» —según refirió posteriormente—, Ella se apareció ante él y le dirigió estas consoladoras palabras:

La danza de la vida o la danza de la muerte,
ambas provienen de Mí; tenlo presente y regocíjate.
¿Qué más deseas, si me tienes siempre a Mí?

Embargado por el gozo de saber con certeza que su adorada Madre Divina estaba con él en todo momento, tanto en medio de la vida como en la muerte, retornó lleno de paz y amor, dispuesto a asumir de nuevo y sin reservas la misión que Ella había colocado sobre sus hombros.

Gurudeva poseía los grandes poderes espirituales que manifiestan en forma natural quienes están en comunión con Dios. Paramahansaji explicó que tales poderes obedecían, simplemente, al funcionamiento de leyes elevadas. En los primeros días de su ministerio, a veces demostraba públicamente esos poderes con el fin de alentar la fe de una sociedad escéptica. Yo fui una de las numerosas personas que él curó instantáneamente.

Gurudeva habría de decir, años después: «Si exhibiera los poderes con que Dios me ha dotado, podría atraer a miles de personas. Pero el camino hacia Dios no es un circo. Yo le devolví mis poderes a Dios, y jamás los utilizo a menos que Él me lo indique. Mi misión consiste en despertar el amor a Dios en las almas. Prefiero una sola alma a una multitud, pero amo las multitudes de almas». Tras apartarse de las masas, Gurudeva comenzó a concentrarse en el crecimiento cualitativo de su obra más que en el cuantitativo. Él buscó entre las multitudes a esas «almas» que respondían a los elevados ideales y objetivos espirituales de sus enseñanzas.

El servicio, la sabiduría y el amor divino

En cierta ocasión, un periodista me preguntó durante el transcurso de una entrevista: «¿Diría usted que Paramahansa Yogananda fue un *bhakti yogui*, un *guiana yogui*, o un *karma yogui*?»[1]. Yo respondí: «Él poseía múltiples facetas. Y fue preciso que apareciera un ser de una naturaleza, una estatura espiritual y una comprensión muy especiales como para poder llegar a los corazones y las mentes del pueblo estadounidense; y estos atributos le permitieron salvar la distancia entre el modo de vivir en la India y en Estados Unidos. Sus enseñanzas expresan una cualidad universal, válida tanto para Occidente como para Oriente».

Como *karma yogui*, Paramahansaji trabajó para Dios y para la elevación de la humanidad, con una dedicación poco frecuente en este mundo. Jamás vimos

---

[1] *Bhakti yoga, guiana yoga* y *karma yoga* son tres de los principales senderos que conducen hacia Dios, que hacen énfasis en la devoción, en la sabiduría fundada en el discernimiento y en el servicio altruista, respectivamente.

que eludiera el servir o ayudar a alguien cuando tenía la oportunidad de hacerlo. Se lamentaba por aquellos que sufrían, y trabajaba infatigablemente para erradicar la raíz de todo sufrimiento: la ignorancia.

Como *guiani*, la sabiduría fluía en abundancia a través de sus escritos, conferencias y consejos personales. Su *Autobiografía de un yogui* ha sido reconocida como un fidedigno libro de texto sobre el Yoga, y se utiliza en numerosas universidades tanto como obra de consulta como para la docencia. Esto no significa que Paramahansaji fuera un mero teórico: para él, la erudición sin la percepción de la verdad era tan inútil como un panal sin miel. Él despojó a la religión de todos los velos del dogma y del análisis teórico, y reveló el corazón de la verdad: esos principios esenciales que brindan a la humanidad no sólo la comprensión de lo que es Dios, sino también la forma de percibirle interiormente.

Para sus discípulos, Paramahansa Yogananda es conocido, sobre todo, como un *premavatar*, o encarnación del amor divino, un *bhakta* supremo. Algo que se destacaba en su personalidad era su ardiente amor a Dios, a quien reverenciaba en la forma de Madre Divina. Jesús dijo que el primer mandamiento era: «Amarás al Señor tu Dios con todo tu corazón, con toda tu alma y con toda tu mente». Paramahansaji manifestaba ese amor, ya fuera cuando hablaba ante las multitudes —en sus primeros días en Estados Unidos—, o en la administración de la creciente obra mundial de *Self-Realization Fellowship* y *Yogoda Satsanga Society*, o través de la guía que ofrecía a aquellos que habían acudido a él en busca de formación espiritual.

Paramahansaji era capaz de desplegar un gran ardor cuando se requería disciplina espiritual, pero siempre existía en él una compasión ilimitada y, también, paciencia cada vez que ésta era necesaria. Recuerdo bien las palabras que nos dirigió cuando, en cierta ocasión, nos indignamos por un ataque que recibió su obra por parte de algunos críticos hostiles: «Jamás pronuncien palabras hirientes contra otros instructores o sociedades. Nunca traten de parecer más altos cortando cabezas ajenas. En este mundo hay suficiente lugar para todos, y debemos responder a la descortesía y al odio con bondad y amor».

Él proporcionó al mundo una «Oración universal», cuyo tema resume la esencia de su vida: «Amado Dios, que tu amor brille para siempre en el santuario de mi devoción, y que pueda yo despertar tu amor en todos los corazones».

«Sólo el amor podrá reemplazarme»

Cerca ya del final de su vida, Gurudeva estaba preparándose para recibir al embajador de la India, el Dr. Binay R. Sen (que a la mañana siguiente iría a visitar a Guruji en la sede central de *Self-Realization Fellowship*). Guruji convocó a sus discípulos en la cocina del *ashram* y anunció: «Hoy vamos a preparar *curry* y golosinas indias para el embajador». Cocinamos todo el día, y Guruji se encontraba en un estado de gran gozo.

Por la tarde, me llamó y dijo: «Ven, vamos a caminar». El *ashram* es un edificio grande de tres amplios pisos; mientras caminábamos por el pasillo del tercer piso, se detuvo ante un retrato de su gurú, Swami Sri Yukteswarji, y se quedó contemplándolo durante bastante tiempo, sin siquiera parpadear; luego, muy suavemente, se volvió hacia mí y dijo: «¿Te das cuenta de que, en cuestión de horas, me habré ido de este mundo?». Las lágrimas inundaron mis ojos. Intuitivamente supe que lo que decía habría de suceder. Un poco antes, cuando me habló de abandonar su cuerpo, yo le había dicho sollozando: «Maestro, usted es el diamante que resplandece en el anillo de nuestros corazones y de su sociedad. ¿Cómo podremos seguir adelante sin usted?». Con dulcísimo amor y compasión, mirándome con ojos que parecían suaves manantiales de dicha divina, respondió: «Cuando me haya ido, sólo el amor podrá reemplazarme. Deben embriagarse con el amor divino, de modo que sólo experimenten la presencia de Dios; luego, brinden ese amor a todo el mundo».

En el día final, Guruji tenía que hablar en un banquete organizado para el embajador en el centro de Los Ángeles. Los que le servíamos nos levantamos muy temprano al amanecer y acudimos a su habitación, para preguntar si podíamos ayudarle en algo. Cuando llegamos allí, él estaba sentado, muy sereno, en el sillón que solía utilizar para meditar y en el que a menudo entraba en éxtasis. Cuando no deseaba que habláramos, colocaba un dedo delante de sus labios, con el fin de indicar: «Estoy en silencio». Cuando hizo ese gesto, vi cómo su alma se retiraba; él estaba cortando gradualmente cada uno de los lazos ocultos que unen el alma al cuerpo. El pesar se adueñó de mi corazón y, sin embargo, sentí fortaleza, porque sabía que, independientemente de lo que ocurriera, mi Gurú jamás abandonaría mi corazón, gracias a la devoción que yo sentía por él.

Durante todo aquel día permaneció en ese estado de recogimiento interior. Al atardecer, fuimos con él al gran hotel donde iba a ofrecerse el banquete. Habíamos llegado temprano, por lo que Guruji esperó en una pequeña habitación de uno de los pisos superiores, meditando en silencio. Nosotros, sus discípulos, nos sentamos alrededor de él, en el suelo. Pasado un rato, nos miró fijamente, uno a uno; recuerdo que, cuando él me miró, pensé: «Mi amado Gurú me está dando su *darshan*[2] de despedida». Luego bajó al salón donde iba a tener lugar el banquete.

Había una gran concurrencia, que incluía funcionarios de la ciudad, del estado de California y del gobierno de la India. Yo estaba sentada a cierta distancia de la mesa de los oradores, pero mi mente y mi mirada jamás abandonaron el rostro de mi bendito Gurú. Finalmente, llegó el momento en que él debía pronunciar su discurso. Gurudeva era el último orador antes de que el embajador Sen dirigiera la palabra a los presentes. Mientras Guruji se levantaba de la silla, mi corazón dio un vuelco y pensé: «¡Oh, ha llegado el momento!».

Cuando comenzó a hablar, expresando un amor incomparable hacia Dios, la totalidad de los presentes parecían ser una sola persona. Estaban absortos ante la monumental fuerza del amor que el corazón de Guruji derramaba sobre todos ellos. Las vidas de muchas personas cambiaron esa noche —incluidas algunas que, tiempo después, ingresaron al *ashram* como renunciantes y muchas otras que se hicieron miembros de *Self-Realization*— debido a esa experiencia divina. Sus últimas palabras hicieron referencia a la India que él tanto amaba: «Allí donde el Ganges, los bosques, las cuevas del Himalaya y los hombres sueñan con Dios, santificado estoy: mi cuerpo ha tocado ese suelo»[3].

Mientras pronunciaba estas palabras, elevó sus

[2] «Contemplar lo divino», como por ejemplo al propio gurú; en otras palabras, la bendición que se derrama sobre quien contempla a un ser que ha alcanzado la comunión divina.

[3] Versos finales de «Mi India». Este inspirado poema, escrito por Paramahansa Yogananda, está incluido en el libro *Songs of the Soul*, publicado por *Self-Realization Fellowship*.

ojos al centro *Kutastha*, y su cuerpo se deslizó hacia el suelo. De inmediato —nuestros pies parecían no tocar el piso— dos de nosotros estuvimos a su lado[4]. Pensando que podía haber entrado en *samadhi*, suavemente cantamos *Om* en su oído derecho (durante nuestros años de aprendizaje, él nos había dicho que, cuando entrara en estado de éxtasis, si después de un determinado lapso su conciencia no regresaba, podíamos hacerle volver de ese estado entonando *Om* en su oído derecho). Mientras lo hacíamos, tuvo lugar en mí una experiencia milagrosa. No sé cómo describirla, pero, cuando estaba arrodillada al lado de mi bendito Gurú, vi que su alma abandonaba el cuerpo; y, entonces, una increíble fuerza entró en mi ser. Y la califico de «increíble» porque se trataba de una incontenible y gozosa fuerza de amor, paz y comprensión. Recuerdo haber pensado: «¿Qué es esto?». Mi conciencia se elevó de tal manera que no sentí pesar, ni derramé lágrimas; y así ha sido desde aquel día hasta hoy, porque sé, más allá de toda duda, que él verdaderamente está conmigo.

La muerte no pudo apoderarse de él

Alguien me preguntó: «¿Se le ha aparecido nuestro Gurú después de que él abandonase su cuerpo?». Sí, lo ha hecho, y ofreceré más detalles conforme avance en mi relato. Miles de personas vinieron a ver la forma mortal de Guruji por última vez. Su piel tenía un color dorado, como si la hubiera bañado una luz áurea; y en sus labios se dibujaba la más dulce y benigna de las

---

[4] Sri Daya Mata y Ananda Mata. Fiel discípula de Paramahansa Yogananda desde 1931 y hermana de Daya Mata, Ananda Mata ingresó al *ashram* en 1933 a la edad de 17 años. En la actualidad, desempeña un cargo administrativo y es miembro del Consejo Directivo de SRF/YSS. (*Nota del editor*).

sonrisas, a manera de bendición para todo el mundo. Durante los veintiún días que siguieron al momento en que Guruji abandonó su cuerpo, éste permaneció en un estado de perfecta conservación, sin dar muestras del menor signo de descomposición. Incluso en Occidente, tan pragmático y realista, los periódicos dieron cuenta, en titulares y artículos, de este milagroso suceso. Los directores de pompas fúnebres que observaron su cuerpo afirmaron: «El caso de Paramahansa Yogananda es único en nuestra experiencia».

Al cabo de no mucho tiempo, la responsabilidad íntegra de la dirección de la obra de Gurudeva recayó sobre mis hombros[5].

Cuando un gran maestro abandona este mundo, suele ocurrir que surgen opiniones diferentes respecto de la forma en que debe dirigirse la misión iniciada por el gurú. Y en efecto, tras asumir mi nuevo puesto como presidenta, justo a la mañana siguiente, se plantearon algunas dudas durante el debate acerca del trabajo que teníamos que realizar: ¿debería estar la dirección de la obra en manos de los miembros laicos, o bajo la responsabilidad de los miembros monásticos? Guruji nos había dicho que habría de ser dirigida por renunciantes leales, como él mismo; pero esa directiva encontraba resistencia por parte de algunos de sus miembros. Es verdad que el amor que Guruji prodigaba a todos los devotos era el mismo. Tampoco sentía yo diferencia alguna; entonces, ¿por qué dejarse limitar por las apariencias externas? Un verdadero devoto es aquel que ama a Dios, y no necesariamente el que viste una túnica color ocre. Pero yo me sentía preocupada.

---

[5] Rajarsi Janakananda, sucesor de Paramahansa Yogananda, prestó sus servicios como Presidente de *Self-Realization Fellowship/Yogoda Satsanga Society of India* durante el período 1952-1955.

Esa noche, busqué la respuesta de mi Gurú, meditando profundamente y dirigiendo a él mis oraciones. Era ya muy tarde, y aún estaba yo meditando cuando, repentinamente, vi que mi cuerpo se levantaba de la cama, caminaba por el corredor y entraba en la habitación de Gurudeva. Al hacerlo, vi de reojo que su *chuddar* (su chal) se agitaba, como movido por una suave brisa. Me volví, ¡y allí estaba mi Gurú! Con cuánto gozo corrí hacia él y me prosterné para tomar el polvo de sus pies, sujetándolos junto a mí[6]. «Maestro, Maestro —sollocé—, usted no está muerto. ¡No se ha ido! La muerte no se ha apoderado de usted». ¡Con cuánta dulzura se inclinó hacia mí y me tocó la frente! En ese mismo instante supe la respuesta que debía dar en la reunión del día siguiente. Guruji me bendijo, y me vi, nuevamente, sentada sobre mi cama.

A la mañana siguiente, me reuní con los directores de la sociedad y les di la respuesta que Guruji me había proporcionado; desde entonces, su obra ha permanecido unida y crece incesantemente. Así de inmensa es la bendición de Dios.

El Gurú eterno

Paramahansa Yogananda siempre será el Gurú y supremo director espiritual de *Self-Realization Fellowship* y *Yogoda Satsanga Society of India*. Todos los que llevamos adelante la obra que él comenzó, le servimos humildemente como discípulos. Nuestro único deseo es que la atención y la devoción de todos los que recorren este sendero se dirijan hacia Dios y hacia nuestro divino Gurú, que les guiará hacia Dios. Gurudeva siempre

---

[6] El respeto que se profesa a los santos en la India es de tal magnitud que hasta el polvo de los pies de un ser sagrado se considera santificado y pleno de bendiciones para quien lo toca.

nos recordaba que, en última instancia, sólo Dios es el
Gurú. El único deseo de Gurudeva, como instrumento
de Dios, es conducirnos hacia la Fuente Divina, de la
que podemos recibir, como de nadie más, lo que buscan
nuestras almas. Ser leal al Gurú significa ser leal a Dios;
y servir al Gurú y a su obra es servir a Dios, porque es
a Él a quien ofrecemos nuestra fidelidad primordial.
Nuestro Gurú es un canal espiritual designado por la
Divinidad, y mediante sus bendiciones e inspiradas enseñanzas encontramos nuestro camino de regreso a
Dios.

Yo solía pensar que sería muy difícil que los devotos comprendieran el significado de la relación entre
gurú y discípulo después de que el Maestro se hubiera
marchado de este plano terrenal. Jamás manifesté esta
inquietud a Guruji, pero con frecuencia él respondía a
nuestros recónditos pensamientos. Una tarde, mientras
permanecía sentada a sus pies, me dijo: «Todos los que
piensen que estoy cerca, me tendrán cerca. Mi cuerpo
nada significa. Si están apegados a mi forma física, no
podrán percibirme en mi forma infinita. Pero si van
más allá de mi cuerpo y me ven como realmente soy, sa-
brán entonces que estoy siempre a su lado».

No logré captar totalmente la verdad de esa afirmación sino hasta después de algún tiempo. Una tarde,
mientras estaba yo meditando, vino a mi mente un
pensamiento que me hizo reflexionar sobre todos los
discípulos que se reunieron alrededor de Jesucristo durante los escasos años de su ministerio en la Tierra. Algunos pensaban mucho en él; otros, le servían desinte-
resadamente. Pero ¿cuántas personas, de entre las multitudes, realmente le comprendieron y le siguieron hasta el fin? Durante su ardua prueba, y en el momento de
su muerte, ¿cuántos estuvieron a su lado y le conforta-

ron? Muchos de los que habían conocido a Jesús y habían tenido la oportunidad de seguirle le abandonaron mientras aún vivía. Sin embargo, mil doscientos años después de que Jesucristo abandonara la Tierra, vino un humilde devoto, dulce y sencillo que, merced a su hermosa vida y perfecta sintonía y comunión con Cristo, fue un ejemplo de todo cuanto Jesús había enseñado y, de ese modo, encontró a Dios. Aquel humilde hombrecillo fue San Francisco de Asís, a quien Guruji tanto amaba. Me di cuenta de que la misma ley espiritual por la que San Francisco pudo estar perfectamente en sintonía con su gurú, que había nacido en la Tierra siglos antes que él, aún opera hoy en día.

Un gurú verdaderamente designado por Dios es eterno; ya sea que esté encarnado o no en el mismo plano que el discípulo, él sabe quiénes pertenecen a su rebaño y los ayuda. Todos los que se esfuercen por mantenerse en sintonía con Gurudeva, a través de la devoción y de la práctica profunda de la meditación según fue enseñada por él, sentirán con certeza su guía y sus bendiciones, tanto hoy como en cualquier momento en el futuro, del mismo modo que cuando él se encontraba con nosotros en su forma física. Este hecho debe constituir un gran consuelo para todos aquellos que han llegado después del fallecimiento de Paramahansa Yogananda y lamentan no haber tenido la oportunidad de conocer a este ser bendito durante su encarnación terrenal: tú *puedes* conocerle si te sientas en silencio a meditar. Profundiza cada vez mas en tu devoción y en tus oraciones, y sentirás su sagrada presencia. Si los que hemos quedado aquí para proseguir en su lugar no experimentáramos la presencia de Guruji, seríamos incapaces de servir a su obra. Gracias a que sentimos sus bendiciones y su guía, y sabemos que se encuentra tan cerca de nosotros hoy como cuando residió en su cuerpo físico, contamos con la fortaleza, la decisión, el entusiasmo, la devoción y la convicción que se requieren para cumplir con nuestro papel en la difusión del mensaje de *Self-Realization Fellowship*.

La vida y la obra de Paramahansaji ya han influenciado en gran medida el curso de la historia, y estoy convencida de que éste es sólo el comienzo. Él se une al cónclave de almas divinas que vivieron en la Tierra como encarnaciones de la luz de la Verdad para iluminar el sendero de la humanidad. Tarde o temprano, el mundo deberá recurrir a esa luz, porque no es la voluntad de Dios que el ser humano perezca a manos de su propia ignorancia. Existe un mañana mejor, que sólo espera a que la humanidad abra sus ojos y vea el amanecer. Paramahansa Yogananda y otros que, como él, reflejaron el Fulgor Divino son los portadores de la luz de ese nuevo día.

Sólo el amor salvará al mundo

Compilación de charlas dadas en la India y en Estados Unidos

El mensaje de Paramahansa Yogananda está difundiéndose con rapidez en todos los países del mundo, tal como él predijo. Miles de personas siguen el sendero del *Raja Yoga* y practican *Kriya*. Hoy en día necesitamos, más aún que en siglos pasados, no sólo predicar la ley del amor sino, además, ponerla en práctica. El mundo se encuentra al borde de la destrucción, y no estoy exagerando. Bastaría una sola palabra del líder de una nación poderosa para precipitar el desastre. ¿No te horroriza esa posibilidad? Una sola orden de un hombre, y su palabra obrará la destrucción; tal es el poder del odio. Hay personas en este mundo que protestarán contra la maldad que encierra el odio. Sin embargo, el único camino para superarlo consiste en prodigar amor. Ése es el motivo de que contemos en la actualidad con el mensaje de *Self-Realization Fellowship/Yogoda Satsanga*.

Todas las cosas de este mundo dependen las unas de las otras; nada es independiente. El equilibrio mismo del universo resulta afectado por los pensamientos de los seres humanos. A menos que los habitantes de todas las naciones comiencen a colmar de amor y concordia sus pensamientos, hay pocas esperanzas de paz en este mundo. Muchos de los diversos tipos de catástrofes que padecemos se deben al mal que existe en los corazones y las acciones de la gente. La fuerza de contrapeso que ejerce el bien contra el mal se está debilitando.

A fin de estabilizar el equilibrio, todos debemos cambiar. Lo que hace falta es amor.

La necesidad de perdonar

Muchas son las personas que se hallan bajo el dominio de sus reacciones emocionales y caminan por la vida con el corazón lleno de amargura a causa de algo que los demás dijeron o hicieron. Mas ésta no es la actitud correcta. El perdón debe estar presente en nuestros corazones.

En cierta ocasión, Guruji estaba meditando y oró así: «Madre Divina, Jesús dijo que deberíamos perdonar a otra persona setenta veces siete[1]. Pero ¿no es demasiado? Cuando la persona que nos ofende reincide, ¿deberíamos continuar perdonándola?».

La Madre Divina respondió: «Hijo mío, he perdonado a mis hijos día tras día desde el comienzo de los tiempos. ¿No puedes tú perdonar setenta veces siete?».

No hay momento en que el Ser Divino no nos perdone. Dios siente una enorme compasión por nuestras debilidades humanas. Las flaquezas de la carne son el resultado de los dictados que nos impone la Naturaleza. Por lo tanto, en última instancia, no las hemos instituido nosotros. Dios creó este cuerpo mortal y le otorgó la capacidad de interaccionar con su entorno material; de esa predisposición surgió la tendencia a satisfacer todos sus deseos y requerimientos. Si al buscar tal satisfacción transgredimos las leyes de Dios, nos invade el sufrimiento; y Dios, entonces, se apena por nosotros.

Pero no importa lo malvados que sean nuestros ac-

---

[1] «Pedro se acercó entonces y le dijo: "Señor, ¿cuántas veces tengo que perdonar las ofensas que me haga mi hermano? ¿Hasta siete veces?". Dícele Jesús: "No te digo hasta siete veces, sino hasta setenta veces siete"» (*San Mateo* 18:21-22).

tos, o cuán dolorosas y duraderas resulten sus consecuencias, no existe el llamado «castigo eterno». ¿Cómo
podría haberlo, si todos estamos hechos a imagen de
Dios? Qué osadía la de quien adjudica a Dios la crueldad de sentenciar a sus hijos a una condena eterna. El
dogma que afirma: «Eres un pecador y, si no cambias
tus hábitos, Dios te arrojará al fuego eterno y al sufrimiento» no es lo que Cristo enseñó, aun cuando mucha
gente haya malinterpretado sus palabras hasta llegar a
dicha conclusión. Esa simple idea sume al pecador en
tal depresión y sentimiento de insuficiencia, que ahoga
en él toda esperanza de redención. Cuando Cristo col-
gaba de la cruz, tuvo el valor y el amor suficientes para poner de manifiesto el perdón divino: «Padre, perdónalos, porque no saben lo que hacen»[2].

El concepto de pecado es un desacierto: los seres
humanos erramos por ignorancia, como reconoció Jesús.
Ya a la edad de ocho años, me rebelaba contra la idea del
fuego del infierno y de la condenación de los pecadores.
No era ése el Dios al que yo buscaría. Mi concepción era
la de una Deidad compasiva que, al contemplar a cada
uno de sus hijos —todos los cuales han cometido multitud de errores—, diría: «Hijo mío, permite que Yo te le-
vante; déjame enjugar tus lágrimas[3]; déjame que tran-
quilice tu conciencia y te dé paz». Yo seguiría a ese Dios.
¿No son así las madres? ¿Podría un padre o una madre
ser más amante y compasivo que el Señor?

Relataré una historia que guarda relación con este
tema. En cierta ocasión, el Maestro se encontraba conversando con un individuo que tenía nociones muy
dogmáticas sobre la verdad. Él le preguntó al Maestro:

---

[2] *San Lucas* 23:34.
[3] «Y enjugará toda lágrima de sus ojos» (*Apocalipsis* 21:4).

—¿No cree usted en el infierno y la condenación eterna?

—No —respondió Guruji—; considero que el hombre engendra su propia desgracia, aquí y ahora. Él hace que su vida y este mundo se conviertan en un cielo o en un infierno, dependiendo de cual sea su conducta; y es aquí donde experimentamos el sufrimiento.

El hombre insistió con sus dogmáticos argumentos. Guruji, que poseía una gran intuición, cambió el tema de la conversación y, después de un rato, le preguntó:

—¿Verdad que tiene usted un hijo que le causa grandes disgustos porque se entrega a la bebida y sigue una conducta que deja mucho que desear?

El hombre se quedó boquiabierto.

—¿Cómo lo sabe? En efecto, él ha sido la pena más grande de mi vida.

—¿Puedo hacerle una sugerencia?

—Sí —respondió el hombre, ansioso por hallar una solución.

—Muy bien; uno de estos días, lleve a su hijo a dar un paseo por las colinas, y haga que dos amigos suyos de confianza le esperen allí. Cuando ustedes pasen por el lugar acordado, indique a esos amigos que se abalancen sobre él y le aten. Luego, haga que enciendan un fuego y, cuando las llamas alcancen un buen tamaño, ¡arroje a su hijo a la hoguera!

—¿Está usted loco? —exclamó el hombre mientras miraba atónito al Maestro—. ¡Cómo se atreve a sugerir eso! ¡Qué atrocidad! —Guruji había logrado demostrar lo que deseaba.

—¡Exacto! Y, sin embargo, usted atribuye esa misma conducta a Dios, que fue quien le creó y le inculcó amor por su hijo. ¿Cómo se atreve usted a adjudicarle al Señor sentimientos tan impíos y vengativos, hasta el extremo de declarar que Él tomará a todos sus hijos que hayan errado y los arrojará a las llamas eternas?

Así es como el Maestro rebatió el dogma con la verdad. En efecto, ¿cómo nos atrevemos a imputar a Dios una conducta brutal que ni siquiera a nosotros se nos pasaría por la imaginación llevar a cabo? Él es un Dios compasivo, un Dios de amor infinito.

Cómo el amor transforma a los demás

En respuesta a la infinita tolerancia que el Ser Compasivo nos muestra, ¿acaso no podemos amarnos y perdonarnos los unos a los otros los errores que cometamos? En cuanto lo hacemos, se libera el corazón; jamás permitas que éste permanezca encadenado a los sentimientos hostiles que abrigues con respecto a alguna persona, no importa quién sea ella ni qué haya hecho. Debemos preguntarnos: «¿Con quién tengo yo que ver? Sólo con Dios, para complacerle. ¿No puedo, entonces, mostrar amor incondicional a esas almas que Él me envía y que son sus hijos? ¿Qué puede impedirme tratar de ayudarlos mediante mi ejemplo y mi amor?». Sé que esta forma de proceder es efectiva. Lo he comprobado por mí misma.

Hace varios años, poco después de haber sido designada presidenta, hablé en una reunión que se celebraba en uno de los templos de *Self-Realization Fellowship*. Durante el banquete que precedió a mi charla, se sentó cerca de mí una mujer a quien yo jamás había visto anteriormente. Ella no era miembro de *Self-Realization Fellowship*, pero había decidido que era su deber criticar a nuestra sociedad y a su administración.

Durante toda la tarde, mi mente había permanecido absorta en el gozoso amor de la Madre Divina. Repentinamente, sin embargo, esta persona atrajo mi atención; fue un tremendo impacto advertir lo que su mirada transmitía: me di cuenta de que ¡ella me odiaba! Por un instante, mi mente se turbó. Pero volví a mi interior y me pregunté: «¿De qué sirve mi amor por Dios, si es tan superficial que la hostilidad de los demás puede hacer que descienda mi estado mental y que mi atención se aparte de Él? ¿Acaso no puedo practicar lo que he predicado? ¡Claro que puedo!». En ese instante, retornó a mí la bienaventurada percepción de la presencia de Dios.

Conforme transcurría la comida, esta dama se ocupaba de hacer comentarios desdeñosos sobre mí, hablando a quienes estaban a su alrededor con voz suficientemente alta como para que yo pudiera oírla. Tal como Gurudeva nos enseñó, comencé a enviarle ondas de amor desde mi corazón.

Dado que yo no había permitido que mi mente se sintiera afectada, cuando llegó el momento en que debía dirigirme a los asistentes, las palabras fluyeron de la inspiración que procedía de mi alma. Posteriormente, cuando los asistentes a la charla se reunieron a mi alrededor para saludarme, esta mujer rompió a llorar de súbito y me pidió: «Por favor, debo hablar con usted». Accedí a verla después de la reunión, y esto fue lo que me dijo: «Le suplico que me perdone por lo que le hice esta noche. Ahora sé que Paramahansaji eligió a la persona adecuada para dirigir esta sociedad». Yo la abracé con todo el amor de mi corazón.

Es el amor a Dios lo que mantiene vivas las enseñanzas espirituales

Jamás deseé tener un puesto directivo. Cuando se me hizo saber que los miembros de la Junta Directiva me elegirían para estar al frente de la obra mundial de Guruji, yo les dije:

—No puedo aceptarlo; por favor, libérenme de esa obligación.

—Imposible —respondieron ellos; ése fue el deseo del Maestro. Él nos dijo que lo hiciésemos así.

Me dirigí a mi habitación; y durante una semana medité, lloré y oré a la Madre Divina para que no hiciera recaer esa responsabilidad sobre mis hombros. Yo no deseaba abandonar el ideal de ser sólo una humilde discípula de Gurudeva, el ideal de amar a Dios y de servir a su obra desde alguna tarea anónima dentro de su organización. Yo no anhelaba otra cosa que a Dios.

Conforme oraba, le decía a la Madre Divina:

—Yo no soy una administradora. Carezco de esa formación. Lo único que sé es lo que aprendí aquí, en el *ashram*. No soy la persona adecuada para dirigir esta gran organización internacional.

Repentinamente, oí a la dulce Madre Divina que me hablaba así:

—Te preguntaré una sola cosa: ¿Me amas? ¿Me amas? —Ese pensamiento colmó mi conciencia y desterró por completo cualquier otra consideración.

—Madre Divina —clamé bañada en lágrimas—, eso es lo único que tengo para ofrecerte. Nada soy y nada poseo; carezco de cualidades especiales que ofrecer. Pero hay algo que sé: te amo. Y en esta vida trato de cultivar un amor siempre creciente por Ti.

—Eso es suficiente —fue la contestación de la Madre Divina—. Es lo único que te pido.

—Muy bien —respondí—; entonces, acepto.

Esa experiencia fue tan hermosa, tan divina, que no puede expresarse adecuadamente con palabras. Desde aquel día hasta hoy, ese pensamiento me ha acompañado siempre. El amor a Dios es lo que mantiene vivas las enseñanzas espirituales. Un hombre divino y un hombre común pueden pronunciar las mismas palabras, pero uno te inspirará y el otro no. ¿Por qué? Porque el Espíritu mora en las palabras de quien ama a Dios.

Cuando me nombraron presidenta, se suscitaron los inevitables pequeños malentendidos. Mi corazón sufría ante el impacto de la desarmonía, y yo solía orar: «Madre Divina, ¿por qué? Sólo trato de hacer tu voluntad».

Durante mi visita a la India, en 1964, tuve muchas experiencias interiores maravillosas. Un día, oré a Mahavatar Babaji: «Muéstrame el camino; haré cualquier cosa que me ordenes». En ese instante, recibí la respuesta. El amor es el camino para ayudar a la gente y transformarla. Tal vez se requiera de largo tiempo y paciente perseverancia para lograr el resultado deseado con el solo hecho de prodigar amor, pero su efecto es perdurable. Quien lo recibe, llega a comprender que no albergas más que amor y bondad por él, y que no deseas nada de él, excepto su amor y buena voluntad.

Por ejemplo, durante mi primer viaje a la India (en 1958-59), tuve que afrontar numerosos obstáculos. Debido a que Guruji había estado ausente de la India durante muchos años, quienes allí estaban a cargo de la obra se hallaban muy aferrados a sus propios hábitos. Puesto que yo había servido como secretaria de Guruji en lo concerniente a todos los asuntos relativos a la India, conocía a fondo sus deseos. Pero algunas de estas personas me consideraban una intrusa y una amenaza para sus puestos. La gran mayoría de los devotos me recibieron con el corazón abierto, ansiosos de oír las enseñanzas del Maestro; pero a los ojos de una minoría, Daya Ma era una estadounidense (y, además, ¡mujer!) y no tenía derecho a enseñar a los indios su propia religión y sus tradiciones. Pero reafirmé interiormente mi determinación de que, sin importar qué se dijera acerca de mí, yo nunca tomaría represalias, pues jamás lo he hecho ni lo haré.

Un día, después de que una de esas personas se enfrentara a mí en una fuerte discusión, yo debía dar una conferencia —que se había programado previamente— ante una congregación de devotos. Antes de la reunión, me senté a meditar frente a un retrato del Maestro. Conforme mi oración se hacía más profunda, su forma viviente emergió de esa fotografía. Guruji me bendijo, y la divina inspiración de su presencia inundó mi alma.

En ese estado de conciencia, me dirigí a quienes participaban en la reunión de aquella tarde. La persona que lideraba a quienes trataban de impedir mi labor, decidió retirarse de la conferencia, esperando que, tal vez, los demás harían lo mismo. Pero algo maravilloso ocurrió. Al volver la mirada hacia él, ya no pude verle: tan sólo contemplé al Ser Divino que se manifestaba en esa forma. Me di cuenta, entonces, de lo que Dios trataba de enseñarme: «Contémplame en *todos* los seres, no sólo en quienes te aman». Esa comprensión ha permanecido siempre conmigo.

A partir de aquel momento, la actitud de los otros «enemigos» cambió por completo. Uno de ellos se acercó a mí al final del *satsanga,* me saludó haciendo un *pranam* y me dijo: «Perdóneme». Se lo agradecí humildemente, en bien de la unidad entre los seguidores de Guruji en la India. Desde entonces, la obra de *Yogoda Satsanga* se ha expandido enormemente.

La moraleja es muy sencilla: vacía tu corazón de sentimientos hostiles; permite que sólo ame y perdone. No pienses: «Pero esa persona me ha maltratado». Todos hemos tenido alguien que nos ha acosado; esto es algo común y cabe esperar que seguirá siéndolo. Pero jamás dejes que los sentimientos o las acciones erróneas de los demás te provoquen amargura. Si lo consientes, estás perdido, pues no podrás ayudarte a ti mismo ni ayudar a tus semejantes. Mantén tu corazón libre de malicia, sin importar cómo te traten los demás, o lo que hagan. Si prodigas amor, tu alma tendrá paz.

Oímos hablar de estos principios y leemos acerca de ellos en nuestras escrituras, pero pocas personas los practican. ¡Cuántas guerras se han librado en nombre de la religión! Pensamos que debemos luchar; pero de esa forma nada perdurable podremos lograr. Jesús dijo: «Todos los que empuñen espada, a espada perecerán»[4]. Los verdaderos conquistadores de la humanidad no fueron los que se apoderaron de un poco de territorio —los «Napoleones»—. Los conquistadores de corazones han sido los auténticos grandes líderes de todos los tiempos. En verdad, ellos se ganan el amor de la humanidad y cambian el destino del mundo.

Defiende tus principios sin crear enemistad

Hay momentos, claro está, en los que debemos hablar con firmeza, pues no pronunciarnos a favor de una determinada posición sería un error. Sin embargo, nunca hemos de permitir que nos invada un sentimiento de enemistad. Guruji solía relatar el siguiente cuento para ilustrar este punto:

En cierta aldea, había una vez una cobra cuya mordedura le había costado la vida a varias personas. El dirigente de la comunidad se presentó ante un sabio y le expuso el problema:

---

[4] *San Mateo* 26:52.

—Esta situación no puede continuar; esa serpiente está matando a todos los aldeanos. ¿Podría usted hacer algo para ayudarnos?

El sabio accedió a ofrecerles auxilio y fue a visitar a la cobra.

—Mira, debes dejar de matar a esas personas —le dijo el sabio al reptil—. No tienes necesidad de hacerlo, y estás cometiendo actos erróneos. Déjalas en paz.

—Muy bien —asintió la cobra—; seguiré su consejo. Practicaré la no-violencia.

Después de transcurrido un año, el sabio pasaba de nuevo por la aldea y se preguntó qué habría sucedido con la cobra. Comenzó a buscarla, pero no la halló en su nido habitual. Finalmente, encontró a la desdichada criatura, cuyo largo cuerpo lacerado yacía tendido bajo el sol y a punto de expirar.

—Pero ¿qué te ha ocurrido? —preguntó el sabio.

—Señor Sabio —respondió el reptil—, éste es el resultado de seguir sus enseñanzas acerca de practicar la no-violencia. Mire lo que los aldeanos me han hecho. Yo permanezco aquí, tranquila; pero debido a que ellos ya no tienen motivo para temerme, ¡vienen y me apedrean!

—No comprendiste —replicó el sabio—. Te aconsejé que no mordieras, ¡pero nunca te dije que no silbaras!

Siempre que sea necesario, cuando la defensa de algún principio se halle en juego, no hay que dudar en «silbar». No debemos convertirnos en «felpudos» y dejar que nos pisoteen. Defiende la verdad, pero jamás «muerdas». Ésta es una ley divina.

No es difícil prodigar amor, pues la naturaleza misma de nuestras almas es Amor. Si, por momentos, no podemos brindarlo a los demás, se debe a que no lo encontramos dentro de nosotros, ya que nuestra conciencia se encuentra en la superficie, operando a través de los sentidos y las emociones. Si volvemos nuestra conciencia hacia el interior mediante la práctica de la meditación profunda, y comulgamos con Dios —aunque sólo sea un poco cada día—, comenzaremos a experimentar gradualmente ese Amor que, en realidad, constituye nuestra verdadera naturaleza. Si sentimos amor dentro de nuestro ser, será muy sencillo darlo a los demás.

Cómo vivir una vida centrada en Dios

Tomado de una charla dada en la Sede Internacional de SRF inmediatamente antes de que Sri Daya Mata partiera hacia la India en una prolongada visita a los ashrams, centros y grupos de meditación de Yogoda Satsanga Society, la organización fundada en ese país por Paramahansa Yogananda

Mientras esté ausente, visitando la India, todos los asuntos concernientes a la obra de *Self-Realization Fellowship* continuarán como de ordinario. ¿A quién deberán dirigirse todas las preguntas relativas a la guía y los asuntos espirituales? A la Madre Divina, como siempre. ¡Ella no viajará a ningún sitio! No piensen que sólo porque Daya Mata se va de viaje, todo se desplomará. Ningún ser humano es indispensable en este mundo. Ya tuvimos que experimentar la mayor de las pérdidas que jamás conoceremos, cuando quedamos privados de la presencia física de nuestro Gurú. En comparación, ninguna otra pérdida es en verdad importante.

Recuerdo la forma en que el Maestro reforzaba nuestra confianza: «Cuando me haya marchado de este mundo, sólo el amor podrá reemplazarme. Al frente de *Self-Realization Fellowship* siempre habrá alguien que en verdad refleje ese amor divino, el amor de Dios y de los Gurús. Hace tiempo, Babaji seleccionó a quienes es tán destinados a llevar adelante su obra». Ésa fue la predicción del Maestro; así pues, no hay necesidad de que se suscite preocupación alguna al respecto.

La vida de quien preside la sociedad fundada por Guruji tiene un único propósito: no atraer a las almas hacia su propia persona, sino llevarlas a los pies de Dios, el Amado Divino. El regalo más grande que puedes darme consiste en ofrecerle tu corazón a la Madre Divina. Eso me hará feliz porque, cuando le entregas tu corazón a Ella, sé que, independientemente del sendero que siga tu vida, te salvarás. Ése es mi único interés con respecto a cada devoto y es, también, lo que Gurudeva desea para ti.

«Madre Divina, permíteme conquistar corazones para Ti»

Anoche mientras meditaba, viví la más maravillosa de las experiencias (soy renuente a hablar de estos temas, salvo para inspirar a los demás con el mensaje de Dios). Mientras estaba sumida en profunda oración y conversaba con la Madre Divina, todo mi ser se inundó de repente con un amor extraordinariamente embriagador y dulce. Ella me transmitió interiormente este mensaje: el propósito exclusivo de la vida es amar a Dios; ésa es la única razón por la cual fue creado el ser humano. Yo le pedí: «¡Oh, Madre Divina!, permíteme conquistar corazones para Ti. Ése es mi único deseo en este mundo. Permíteme conquistar corazones para Ti».

Cuando adoptamos con seriedad un sendero que nos brinda la oportunidad de buscar y amar a Dios, comenzamos a dar cumplimiento al verdadero objetivo de la vida; entonces, nos damos cuenta de que se ha iniciado nuestra auténtica vida. Puedo afirmar en verdad que el único momento en que sé que vivo plenamente es cuando comulgo con Dios. Todo lo que no esté incluido en ese estado es tan sólo parte del drama cósmico de Dios. Hoy estamos aquí desempeñando un papel particular. Pero ¿durante cuántos años y cuántas encarnaciones se ha repetido este drama de la vida y la muerte? ¿Cuántas veces, en vidas pasadas, se han cruzado nuestros respectivos caminos? En las vidas futuras, ¿cuántas veces nos encontraremos otra vez? ¿Cuál es el objetivo de estas constantes idas y venidas, en las que entramos y salimos de este «recinto» del mundo finito y de los espacios que conforman el mundo astral?[1] El propósito de todo esto es tan sólo que, a partir de las lecciones que nos brindan nuestras experiencias, podamos alcanzar la realización del Ser, es decir, la total y completa conciencia de que somos parte del Ser Único: Dios.

Cada vez que nos extraviamos en esta obra teatral, debemos sacudirnos ese engaño. No derrames lágrimas por las cosas del mundo. La mayoría de nosotros no puede recordar el motivo por el cual lloró hace cinco años, o ni siquiera hace un año. Derrama tus lágrimas sólo por el Ser Divino, por Dios. En la medida que permitamos que nuestra conciencia sea zarandeada de un lado a otro por las olas del cambio, estaremos sujetos a los perturbadores contrastes del placer temporal y del doloroso pesar. Pero cuando sumergimos nuestro pensamiento por debajo de las olas del cambio y buceamos en las profundidades del océano de la conciencia de

---

[1] «En la casa de mi Padre hay muchas mansiones» (*San Juan* 14:2). Las esferas astrales elevadas e inferiores, hechas de luz sutil y de las energías de los vitatrones, constituyen el cielo (o infierno) al cual se dirigen las almas después de la muerte del cuerpo físico. El lapso de nuestra permanencia allí está predeterminado kármicamente. En la medida en que tengamos deseos materiales no satisfechos o karma terrenal (efecto de las acciones pasadas que aún no hemos expiado), deberemos reencarnar en la Tierra para continuar nuestra evolución y poder regresar a Dios.

Dios, esas fluctuaciones externas ya no nos afectan. Por esta razón, el Señor Krishna afirmó: «Ánclate, ¡oh, Arjuna!, en aquello que es inmutable»[2]. Al realizar el esfuerzo de llegar a ese estado, comienza a presentarse la verdadera experiencia de unión con Dios.

Cuando te veas asolado por los problemas, recuerda estas palabras: «¿Por qué se convirtieron en santos los santos? Porque estaban alegres cuando era difícil estar alegre; fueron pacientes cuando era difícil ser paciente; siguieron adelante cuando querían detenerse; guardaron silencio cuando deseaban hablar; se comportaron amablemente cuando deseaban ser desagradables. Eso es todo».

En otras palabras, como Guruji solía aconsejar: «Aprende a hacer de buen grado lo que debes hacer, cuando lo debes hacer». Eso es santidad y libertad.

El servicio al Gurú

Uno de los devotos me ha solicitado que trate el tema del servicio al Gurú. Me encantaría hablar de ello de manera concisa, pero no con la respuesta que podría esperarse. El servicio al Gurú se puede sintetizar en estas breves palabras: mantén la mente en Dios. Ésa era la primera condición que había que cumplir para servir al Maestro. Durante su vida, siempre había mucho trabajo por hacer, y el Maestro agradecía toda ayuda, pero jamás aceptaba el servicio de ningún discípulo cuya mente no estuviera en Dios. La forma de entrenamiento que nos daba Guruji consistía en abordar directamente lo que estábamos pensando más que lo que decíamos, pues los pensamientos son la verdadera prueba del es-

---

[2] «¡Oh, Arjuna!, Libérate de las triples cualidades y de los pares de opuestos. Siempre calmado, exento de pensamientos que versen sobre recibir o retener, céntrate en el Ser interior» (*Bhagavad Guita* II:45).

tado de conciencia de una persona. Un devoto que no realizara el esfuerzo necesario para conservar la sintonía interior con Dios, se encontraría con muchas dificultades para mantener su equilibrio emocional cerca del Maestro, debido a la estricta y sutil disciplina de Guruji. Es preciso que nos mantengamos siempre alerta, para que nuestra mente no se vea tentada a expresar pensamientos negativos.

El menor signo de celos de cualquier discípulo constituía la forma más rápida para ser excluido de la presencia del Maestro. Él no toleraba a su alrededor ese tipo de emociones mundanas egoístas. El Gurú sentía que los celos, la ira y el odio son emociones negativas humanas que pueden y deben superarse. Él contaba con numerosos recursos para ayudarnos a eliminar esos defectos de nuestra naturaleza.

Supera los estados de ánimo negativos

En los primeros días en el *ashram*, uno de mis problemas —que me había acompañado desde la infancia— era cierta tendencia a la melancolía. No se trataba de estados negativos muy intensos, sino de cambios mentales: en determinado momento, me sentía feliz y, al instante siguiente, me preguntaba «¿Por qué soy infeliz?». Siempre había amado los rostros radiantes, felices y sonrientes, y cuando me encontraba en una atmósfera sombría, inarmónica o triste, ésta me afectaba. Las disposiciones de ánimo tienen un origen kármico, en el sentido de que son el resultado de los hábitos de vidas pasadas que regresan a nosotros en esta vida. Esta carga kármica es uno de los primeros fardos de los que debemos librarnos en el sendero espiritual. Concuerdo con quienes han dicho: «Un santo triste es un triste santo». ¿Por qué ser mensajeros del pesimismo en este mundo? Aquellos estados de ánimo negativos me atribulaban, porque mi objetivo era mantener la mente en la Madre Divina. Así pues, decidí que jamás dejaría que el Maestro me viera mientras yo estuviese en una disposición de ánimo indeseable.

Una mañana, cuando desperté, el cielo estaba nublado; todo parecía sombrío y sin sentido. El Maestro me mandó llamar y yo pensé: «Santo Cielo, no me siento demasiado bien hoy. Debo hacer todo lo que esté a mi alcance para evitar que se dé cuenta de que estoy triste». Fingí una amplia sonrisa, y me sentí muy orgullosa de mí misma porque iba a mantener mi estado de ánimo oculto en mi interior, y el Maestro no iba a ver ni un solo surco en mi frente. Apenas había yo entrado a su habitación cuando, de manera por completo inesperada, me señaló con el dedo (como a veces hacía cuando quería hacer hincapié en algún tema) y exclamó con vehemencia: «¡No vuelvas a venir ante mí cuando estés en un estado de ánimo negativo!». Había tocado donde más me dolía: mi Gurú estaba disgustado conmigo.

Pasé tres días luchando contra ese estado de ánimo. ¿Sabes qué sucede cuando estamos de mal humor? Sentimos pena por nosotros mismos, resentimiento y, luego, nos disgustamos. Nos convencemos entonces de que, mediante nuestra conducta, castigaremos a nuestros seres queridos por no habernos comprendido. En mi interior, pensaba con persistencia: «Muy bien, el Maestro no desea que esté cerca de él; así que me alejaré». Cuanto más tiempo me mantenía a distancia, mejor pude comprobar que era *yo* quien sufría; mi conducta no modificaba la actitud que el Maestro había adoptado respecto a mí. Entonces, pensé: «¿Quién es responsable de este malhumor? *¡Tú!* Entonces, ¿quién debe deshacerse de él? Tú debes hacerlo». Cuando apli-

Paramahansa Yogananda

«Con dulcísimo amor y compasión, mirándome con ojos que pare-cían suaves manantiales de dicha divina, respondió: "Cuando me ha-ya ido, sólo el amor podrá reemplazarme. Deben embriagarse con el amor divino, de modo que sólo experimenten la presencia de Dios; luego, brinden ese amor a todo el mundo"».

A los pies de su gurú, Paramahansa Yogananda; Sede Internacional de SRF, en el día de año nuevo de 1937. Daya Mataji está sentada en el centro y viste un sari color claro. Un gran grupo de discípulos y estudiantes se reunió para dar la bienvenida a Paramahansaji después del viaje que efectuó durante diecisiete meses por Europa y la India.

qué esta lógica, llegué a la conclusión de que sólo una sola persona debía cambiar. No era el Maestro, ni las personas que me rodeaban. Quien debía cambiar era *yo*.

Ésa fue una gran lección para mí; y desde ese día del año 1932, jamás permití que los estados de ánimo negativos se apoderaran de mi persona. Aprendí que *es posible* controlarlos y vencerlos. Al respecto, el Maestro solía puntualizar: «Recuerda: nadie puede hacerte feliz si has decidido ser infeliz, y nadie puede hacerte infeliz si has decidido ser feliz». Ten en cuenta estas palabras, porque son verdad.

Siempre me he aferrado a la verdad, tal como consta en las escrituras, de que hemos sido hechos a imagen del Ser Divino; y si la naturaleza de Dios es dicha y amor, entonces mi naturaleza es dicha y amor. Por lo tanto, es mi deber disociarme de todas las cualidades humanas negativas que no forman parte de la verdadera naturaleza de mi alma. Cuando los estados emocionales indeseables, la negatividad, el odio y la desdicha traten de invadir nuestra conciencia, debemos afirmar: «¡Yo no soy eso! Yo soy dicha; soy gozo; soy sabiduría; soy paz», y esforzarnos por manifestar esa verdad en nuestro comportamiento.

«Y conoceréis la verdad y la verdad os hará libres»

La libertad se obtiene al aferrarnos a la verdad[3] —aquello que es real— y negando lo que es falso. El odio, la deshonestidad, la oscuridad y el mal son falsos; surgen del engaño y existen en el mundo de la relatividad. Son parte del velo de *maya* que cubre el hermoso rostro de la Madre Divina. Descorre ese velo y contempla siempre al Amado Divino.

---

[3] «Y conoceréis la verdad y la verdad os hará libres» (*San Juan* 8:32).

Mantenerse libre del engaño y de sus oscuras cualidades es la única forma de vivir en este mundo. A la naturaleza humana le resulta muy fácil reñir, odiar y pensar negativamente, porque éste ha sido su hábito durante incontables encarnaciones. Pero hemos llegado al sendero espiritual porque un cierto despertar ha suscitado en nosotros la siguiente pregunta: «¿Qué es la realidad?». Tal vez no hayamos utilizado estas mismas palabras, pero ése fue nuestro anhelo interior. Si esa urgencia no es profunda o si no la alimentamos como corresponde, podemos volver a caer en nuestros antiguos hábitos y maneras; de ese modo, las verdades se convierten en palabras inspiradoras pero ya no nos resultan reales. Para algunas personas, la verdad entra por un oído y sale por el otro, porque, como Guruji solía señalar, ¡no hay nada en medio que la retenga! Debemos cultivar la receptividad espiritual que atrapa la verdad y la absorbe.

El problema del mundo es que los seres humanos no suelen no captar lo que es acertado. En cambio, están ocupados en absorber lo que otros les han hecho o dicho, o la forma en que los demás los tratan; es decir, todas las actitudes que tienen que ver con el aspecto mundano de la vida. ¿Quién acoge lo que el Ser Divino trata continuamente de transmitirnos? ¿Quién escucha esa dulce y simple Voz, llena de verdad, que se encuentra justamente en nuestro corazón? Ése es el Único Ser al que adoro hablar; es el único que siempre responde al devoto.

No te preocupes tanto de lo que hagan los otros. Vela más por la forma en que tratas a los demás, en lugar de concentrarte en cómo te tratan a ti. Ésa es la actitud madura y correcta. La persona que permite que su mente sea vulnerable al daño que puedan ocasionarle los demás es siempre desdichada. En lugar de quejarnos —«Él me lastimó; ella difundió habladurías sobre mí; ellos me acosan»—, deberíamos decir: «Señor, no importa tanto lo que otros me hagan, sino lo que yo les haga. Ayúdame a ser noble, aun cuando las palabras mordaces de algunas personas lleguen a herirme. Deposito a tus pies todas las ofensas que se dirijan contra mí. Permíteme aprender de ellas y lograr el recto entendimiento». Cuando conseguimos una comprensión total, alcanzamos también la realización del Ser.

Nada se presenta por accidente

Recuerda esta verdad: ninguna experiencia se presenta por accidente, aun cuando pueda parecer, en algún momento, que así es. El Ser Divino es sumamente organizado. De igual modo que existe un tiempo y una estación para todas las cosas que pueblan el universo, también hay un tiempo y una estación para todos los acontecimientos que ocurren en nuestras vidas[4]. Jamás deberíamos culpar a ningún ser humano o a circunstancia alguna por las situaciones que afrontamos. Sólo debes decir: «Bien, Madre, ha sucedido esto. ¿Cuál es su significado?». Y luego, no te desesperes si Ella no responde de inmediato.

Parte de la tarea de amar a Dios consiste en poseer una infinita paciencia. Posiblemente parezca contradictorio decir que debemos tener fervor por Dios y, al mismo tiempo, tener paciencia para esperar su respuesta, pero no lo es. Cuando llegamos a estar absortos en el pensamiento de Dios y en las obras que realizamos para Él, el tiempo deja de ser un asunto que haya de considerarse, pues cesa de existir. Toda la vida del devoto

---

[4] «Todo tiene su momento, y cada cosa su tiempo bajo el cielo» (*Eclesiastés* 3:1).

se convierte en una prolongada búsqueda de Dios y en una continua experiencia de comunión con Él, tanto al meditar como en la actividad.

La forma más efectiva de lograr esta constante comunión con Dios reside en conversar interiormente con Él, con todo tu corazón, y en continuar esa conversación con infinita paciencia y devoción hasta que su dulce respuesta comience a llegar. La mayoría de las personas desisten de sus esfuerzos porque abrigan la idea de que Dios no les responde; pero lo cierto es que Dios nos da a conocer su presencia a su propio tiempo y manera. Uno de los problemas es que ¡nos olvidamos de escuchar! Escuchar es parte de la conversación con Dios. Como dice la Biblia: «Aquietaos y sabed que Yo soy Dios»[5].

Si desde hoy en adelante cultivases el hábito de comulgar y conversar calladamente con Dios, esperándole y escuchándole con fidelidad, comprobarías que Él responde a las llamadas que brotan de tu corazón. Y no podría ser de otra manera: Él responde incluso en medio de nuestras actividades. Pero si exteriormente te hallas tan ocupado —charlando, envuelto en ajetreos, prodigando cuidados a la forma física o abrigando pensamientos inquietos—, que no te das tiempo para escuchar, dejarás de percibir sus delicados susurros.

Para mí, la manera más fácil de recibir una respuesta de Dios consiste en invocarle interiormente con todo mi corazón, diciéndole: «Amor mío, Amor mío». Debes continuar repitiéndolo, aun cuando al principio no lo sientas. Llegará el día en que esas palabras expresarán fielmente tus sentimientos. «Mi Dios, mi Dios; mi Señor, mi Señor. Tú lo eres todo, sólo Tú». No hace falta decir nada más.

---

[5] *Salmos* 46:11.

La práctica de la presencia de Dios

Alguien ha preguntado: «¿Cómo podemos practicar con mayor efectividad la presencia de Dios durante nuestras horas de trabajo?». La respuesta es muy simple, como Guruji me indicó: «Al iniciar el día, di en tu interior: "Señor, ayúdame a hacer lo correcto en mi trabajo". Luego, a lo largo del día, piensa constantemente: "Señor, estoy haciendo esto para Ti. Lo haré lo mejor que pueda, por el gozo que me produce realizar para Ti esta tarea"». Practicar así la presencia de Dios no debe mantenerte distraído. ¡Permanece alerta! Al igual que el enamorado, el devoto realiza un magnífico trabajo para su Amado.

Si somos sinceros en nuestra resolución, no hay nada en esta vida que no pueda ofrecerse al Señor. Es preciso separar de nuestra vida las cosas que no nos conducen hacia Dios —los deseos, las acciones y los pensamientos contradictorios—, mediante el poder del discernimiento. A su debido tiempo, todas las tendencias materiales se desprenderán como hojas secas de un árbol. No es necesario arrancarlas por la fuerza; caen solas porque dejan de tener significado y ya no aportan placer alguno. El devoto encuentra un gozo trascendente en Dios.

Si meditamos con regularidad y practicamos la presencia de Dios, el pensamiento del Ser Divino comenzará a girar sin cesar en el fondo de la mente. Al comentar este tema, el Maestro solía utilizar la analogía de una vaca y su ternero. La vaca permite que retoce en el pasto su ternero, y pareciera que no presta atención a la ubicación de éste. Pero si alguien se acerca a su cría, ¡verás cómo reacciona la vaca! Ella siempre está muy atenta a la presencia del ternero. Guruji solía decir que el devoto debería ser como la vaca. Cumplamos con nuestros deberes en este mundo, pero siempre, en el fondo de la mente, mantengamos la percepción de Dios. No permitamos que nada distraiga nuestra atención de Él.

Cuando mi mente se encuentra fija en la Madre Divina, todo marcha mejor. Nada abruma mi corazón; estoy libre de preocupaciones, siento paz y entusiasmo. No importa dónde vaya o qué haga, la Madre Divina está conmigo. Esto me sucede así porque he cultivado esa concentración durante muchos años; tal estado de conciencia se presenta sólo mediante la práctica. A ti también te es posible desarrollar este tipo de relación íntima con Dios. Piensa en la Madre Divina; hazla tuya. Yo sé que Ella está contigo.

Si pones en práctica estas sugerencias, llegará el momento en que tu conciencia permanecerá continuamente en el estado meditativo, es decir, siempre con Dios. Con el tiempo, el devoto llega a ser como el Hermano Lorenzo: tanto si se encontraba barriendo el suelo como adorando a Dios ante el altar, el Hermano mantenía su mente absorta constantemente en Él[6]. Ése es el estado que deseas adquirir, pero requiere esfuerzo: no es posible alcanzarlo por medio de la imaginación. Con el tiempo, comprobarás que si concentras la mente por un instante en tu interior —incluso mientras estás cumpliendo con tus deberes—, sentirás dentro de ti un burbujeante manantial de devoción, de gozo y de sabidu-

---

[6] «El tiempo que dedico a la actividad no se diferencia del tiempo que destino a la oración; y en el ruido y estrépito de la cocina, en que distintas personas requieren diferentes cosas al mismo tiempo, poseo a Dios en mi interior con la misma serenidad que si estuviera orando de rodillas». Citado de *La práctica de la presencia de Dios*, del Hermano Lorenzo.

ría, que te hará exclamar: «¡Ah! ¡Él está conmigo!» Ése es el fruto de la meditación del cual se puede gozar en cualquier momento, ya sea durante la quietud de la comunión con Dios o en medio de la actividad diaria.

Cómo encontrar la guía y la fortaleza que necesitas

Se me ha preguntado: «Cuando recibimos habitualmente la "inspiración" de acortar u omitir una meditación a fin de llevar a cabo un servicio, ¿constituye ésto una forma de tentación?».

Sí, se trata de una especie de tentación. Es en la meditación donde encontramos la orientación y la fortaleza que necesitamos para llevar a cabo nuestro servicio a Dios. Así pues, ¿por qué habríamos de abandonarla? A menudo, nuestro problema reside en que tendemos a vivir demasiado conscientes del tiempo —la mente siempre se siente apresurada y preocupada— y esta situación perturba nuestras meditaciones. Cuando medito, no pienso en nada, excepto en el hecho de que estoy meditando. Si atraviesa mi mente un pensamiento acerca de algún aspecto de mi trabajo, me digo: «Dios es mi realidad. Él es a quien busco. ¿Por qué debería yo abrigar otro pensamiento? Realizaré su trabajo después de la meditación».

Para lograr el equilibrio en la vida espiritual, son necesarias tanto la meditación como la actividad. Si nos limitamos a meditar, la mente se tornará indolente y nuestro cuerpo, perezoso. Si sólo trabajamos, nos volveremos demasiado inquietos, hasta el punto de no poder permanecer nunca en calma ni dirigir los pensamientos hacia Dios. Es posible combinar y equilibrar la actividad y la meditación, aunque a veces pueda parecer difícil. Debes decidirte a lograrlo.

Utiliza tu tiempo de la mejor manera

Numerosos devotos comparten la opinión de que pueden atender ya sea a Dios o al trabajo, pero no a ambos. Yo no pienso así. Sé que uno y otro podrían combinarse si tuvieras en tu vida menos «actividades de relleno», como las charlas ociosas y las ocupaciones inútiles que te hacen desperdiciar los momentos libres y las pausas que se producen a lo largo del día. Si aprendes a utilizar tu tiempo en la forma correcta y eliminas esas actividades infructuosas, comprobarás que dispones de mucho tiempo para meditar en Dios y para servirle.

Durante los años que estuvimos con el Maestro, nos hallábamos siempre muy atareados. Trabajábamos dieciocho horas al día o más —no estoy exagerando— y aun así no dejábamos de meditar. Algunas noches no teníamos tiempo para dormir, pero no por ello nos desmayábamos o quedábamos agotados. Contábamos con la inspiración, la voluntad y la convicción de que podíamos cumplir con todas nuestras obligaciones; por ese motivo, podíamos hacerlo. Como puede verse, todo está en la mente. Para quienes pensaban que era demasiado difícil, *era* demasiado difícil: sus mentes encontraban millones de razones por las que no podían nunca dejar de ir a dormir, que les impedían trabajar demasiado tiempo, o que les exigían acortar u omitir sus meditaciones.

Debemos entender lo siguiente: el Señor observa lo que somos en nuestro interior; Él sabe cuándo procedemos con sinceridad y cuándo damos explicaciones aparentemente razonables o interponemos excusas. No deberíamos tratar de ocultarle a Dios, ni a nuestra propia alma, los verdaderos motivos que albergamos o la conducta que seguimos. «Sé fiel a tu propia alma y, tan seguro como que la noche sigue al día, no podrás actuar con falsedad ante ser humano alguno»[7]. Ser sinceros con nosotros mismos es uno de los principales factores con que contamos para sanarnos de esa enfermedad llamada «ignorancia».

Un programa de meditaciones más prolongadas

Durante aquel período de mi vida en el *ashram* me prometí que, además de trabajar las jornadas completas, reservaría un tiempo para meditar durante seis horas, una noche a la semana. Ese día yo daba por concluido mi trabajo a las cinco en punto, me dirigía a mi habitación y meditaba desde las seis de la tarde hasta la medianoche. Deberías seguir esta práctica; no tienes idea de cuánto hará cambiar tu vida.

Si tienes obligaciones familiares y no te es posible dedicarte a meditar durante seis horas, una vez a la semana, también te favorecerá emplear todo momento de que dispongas y obtener el máximo provecho con sincero esfuerzo. Es lo único que puedes hacer. Dios aprecia al devoto que hace cuanto está a su alcance. Si sólo te resulta posible llevar a cabo una meditación profunda de media hora, ese acto significa tanto para Dios como una meditación de seis horas de quienes puedan efectuarla. Ofrece a Dios todo el tiempo libre con que cuentes; eso es lo que Él desea[8]. Sé sincero con Él en tu corazón: si puedes dedicar sólo una hora a la meditación profunda, destina esa única hora con todo tu entusiasmo al Señor.

La meditación es diferente del recogimiento. Éste

---

[7] *Hamlet*, acto I, escena 3.

[8] «Porque Yahvé tu Dios es un fuego devorador, un Dios celoso» (*Deuteronomio* 4:24).

implica reservar tiempo para pasarlo en soledad; tal vez un domingo, un fin de semana, o una o dos horas de un día entre semana. Es un momento de relajación, introspección y estudio; también puede incluir períodos de meditación. El Maestro estableció nuestros retiros de *Self-Realization Fellowship* para ofrecer a los devotos la oportunidad de permanecer en recogimiento; es decir, para que pudieran sustraerse de vez en cuando de todas sus preocupaciones terrenales, a fin de pensar en Dios y meditar durante más tiempo y con mayor profundidad[9].

Cómo combatir la «aridez» en la meditación

Si la «aridez» espiritual —esa sensación de falta de devoción a Dios— se presenta en nuestra meditación, ¿cuál es la mejor forma de combatirla? Sólo hay una: rehusarnos a desistir. Mantén la continuidad en tus esfuerzos por meditar y, finalmente, lograrás superar ese obstáculo.

La mente de una persona débil sugerirá: «Bien, abandonaré la meditación de hoy, porque no siento progreso alguno y tengo muchas tareas que realizar». Desde mi punto de vista, se trata de un falso razonamiento. Por el contrario, el devoto debería pensar: «¡La vida puede concluir en cualquier instante! Jamás pondré la excusa de que meditaré más tarde; lo haré ahora mismo. ¡Después podría ser demasiado tarde!». Mi costumbre siempre fue la siguiente: apenas pensaba en meditar, me ponía a meditar. No existía vacilación al respecto.

Aportaré un ejemplo: en las últimas semanas, se suscitaron enormes presiones y asuntos de último mo-

---

[9] Se puede obtener información acerca de los retiros de *Self-Realization Fellowship* solicitándola a la sede internacional de la organización.

mento —muchos impedimentos se presentaron para tratar de interrumpir mi partida hacia la India—. Cuando me siento a meditar, mi mente tiende, de forma natural, a pensar en estos problemas; pero hago uso de toda mi voluntad y les digo a los pensamientos inoportunos: «¡Fuera de aquí!». Mi experiencia me dice que todo el trabajo pendiente bien puede llevarse a cabo cuando concluya la meditación. No hago concesión alguna en lo relativo a mis esfuerzos por comulgar con Dios.

Anoche, mientras meditaba, me invadió la arrolladora presencia de la Madre Divina. «¡Ah! —suspiré—, Madre Divina, basta un solo y breve momento de tu gozo y de tu dicha para que ni cien millones de conflictos puedan apartar mi mente de Ti». Dicho gozo permanece contigo cada vez más, y perdura a lo largo de las actividades del día. Estas evidencias que provienen de Dios se atesoran en tu mente, de modo que puedes sentir un continuo caudal de comunión divina. Vives, te mueves y hallas tu ser en esa conciencia. Este estado se presenta al perseverar en la meditación, ya sea que sientas o no la respuesta de Dios.

Así pues, la próxima vez que experimentes aridez en la meditación, no desistas. Continúa hablándole en tu interior a la Madre Divina; pídele que te conceda más devoción. No ceses de dirigirle a Ella tus oraciones cada día en meditación, todo el tiempo que sea necesario. Además de los períodos de meditación, cultiva a lo largo del día el hábito de invocar el nombre de Dios interiormente, sobre todo cuando te sientas muy presionado. No es preciso que los demás lo sepan. Haz que tu mente repita, una y otra vez: «Tú, Dios mío; Tú, Tú, Tú», hasta que tu conciencia arda con un solo pensamiento. Si así lo haces, te darás cuenta, cuando menos lo esperes, de que Dios te responde.

Podemos conquistar a Dios a través del amor incondicional

Nuestra búsqueda de Dios debe ser incondicional, lo cual significa «sin restricción alguna». Si condicionamos su búsqueda a uno, tres o cinco años, pensando «Señor, te voy a dedicar un cierto tiempo, pero si no respondes para entonces, te diré adiós», Dios replicará: «No deseo ese tipo de amor». No podrás atraer a nadie de esa forma. ¿Quién querría contraer matrimonio con una persona que razonase de semejante manera? El verdadero amante brinda su amor «en la prosperidad y en el infortunio, hasta que la muerte nos separe y en el más allá». Ésa es la actitud que el devoto debe tener con el Ser Divino; debe entregarse a Dios. Confía en Él; ofrécete a Él. Permite que te utilice como Él lo desee. Dios no te usará de manera errónea; tenlo por seguro. Te empleará con sabiduría, ternura y amor.

Existe tanta incertidumbre con respecto a la vida, que inconscientemente depositamos en todo momento nuestra fe en el Señor. Nunca sabemos con certeza si al minuto siguiente ¡estaremos aún en este mundo! Debemos hacer que esa confianza inconsciente se vuelva consciente. Ama a Dios en el silencio de tu corazón, y ten la certeza de que Él cuenta con el poder de cambiar cualquier situación desfavorable —y lo hará, a su debido tiempo, si así lo crees.

Todos los seres humanos pueden encontrar a Dios

Una pregunta del auditorio: «¿Cuál es la mejor forma de afrontar el hecho de vivir o trabajar con personas que son muy negativas o materialistas?».

Cuando los cónyuges, de común acuerdo, pueden buscar a Dios unidos y con amor incondicional, se genera una maravillosa relación de compañerismo. Ellos se vuelven amigos divinos, y se ayudan mutuamente en el sendero espiritual. Benditos son los que gozan de tal relación. Pero si estás casado y tu matrimonio no es como acabo de describir, no te desanimes. Es posible cambiar a los demás; no mediante las palabras, sino a través de tu propia conducta. Puedes conquistarlos por medio del amor. Pero éste debe ser incondicional, no el que exige —«Le prodigaré mi amor *siempre y cuando* él (o ella) me responda como deseo»—. No te preocupes en exceso acerca de la respuesta de tu cónyuge; déjala en manos de Dios, y confía en el poder de su divino amor.

Si los demás critican nuestros esfuerzos espirituales, debemos persistir en ellos de igual manera, pero en silencio y con discreción. Nada debemos comentar a quienes no nos comprenden, y nunca deberíamos tratar de impresionarlos.

Poco antes de pasar a formar parte del *ashram*, cuando vivía en mi hogar, solía levantarme en mitad de la noche, cuando todos los demás dormían, e iba a otra habitación para permanecer en silencio y orar; luego, regresaba a hurtadillas a la cama (yo era muy tímida y no quería que los demás se enteraran de mi profundo sentimiento por Dios). Si alguien notaba que había estado despierta y preguntaba la razón, yo respondía: «No tenía ganas de dormir, así que fui a la otra habitación por un rato». No había necesidad de realizar una gran exhibición de lo que yo hacía. Si en verdad deseamos a Dios, siempre habrá la manera de encontrar el tiempo y la oportunidad para estar con Él.

Otra forma de manejar la incomprensión de los demás consiste en brindarles sin cesar tu amor; no necesariamente con palabras, sino expresando en tu conducta la bondad de tu alma. Sé considerado, amable al hablar, altruista, servicial y comprensivo. No es preciso que los demás estén al tanto de tus inclinaciones religiosas y creencias personales. Tus acciones expresarán lo que piensas y lo que alberga tu corazón; ellas ejercerán, más que cualquier otra cosa, un efecto benéfico sobre las personas.

Admito que tal vez sea difícil llevar a cabo todas estas sugerencias; pero con la práctica se vuelve sencillo. Un medio que será de ayuda para fortalecerte consiste en reunirte a menudo con personas con las que puedas comunicarte en un ámbito espiritual; por ejemplo, en una iglesia, en un grupo de meditación, en un *satsanga*. En esas reuniones obtenemos gran fortaleza, la cual nos ayuda a persistir en la actitud adecuada, teniendo siempre presente que Dios nos liberará, a su debido tiempo, de las inarmonías de nuestro medio ambiente.

No hay ser humano que no pueda encontrar a Dios si lo desea, independientemente de las circunstancias por las que atraviese. No existen excusas válidas; el éxito depende de la intensidad de nuestro deseo. Si alguien anhela algo con fervor, se dedicará a lograrlo sin que le importen los obstáculos, pues posee la voluntad para hacerlo. Estamos dotados de todos los recursos necesarios para alcanzar nuestro objetivo de encontrar a Dios. Pero debemos mostrarle que vamos completamente en serio. Debemos concentrar todo nuestro interés y voluntad en encontrar a Dios. De ese modo, recibiremos su respuesta.

Antología de consejos

Palabras de guía e inspiración tomadas de satsangas y cartas a miembros de Self-Realization Fellowship

La respuesta a todos los problemas

Qué útil e inspirador mensaje transmiten estas palabras de Gurudeva Paramahansa Yogananda:

> En Dios se encuentran las respuestas a todos tus problemas. Él se revela a través de la ley divina, y si acatas la ley, obtendrás su respuesta. Camina en el sereno valle de la fe, y Dios caminará contigo y te darás cuenta de que tu responsabilidad descansa en Él. Libérate para siempre de las tribulaciones y de las cuerdas que te atan. Dios es el Padre y tú eres su hijo. Tu unión con Él es suficiente para satisfacer todas tus necesidades.

Quien practica la meditación con regularidad aprende que, en verdad, es Dios quien tiene la respuesta a todo problema. La meditación eleva la conciencia para que nuestros puntos de vista se renueven y se amplíen, de manera que las pequeñas pruebas ya no nos atribulan y se hace más sencillo distinguir el camino de la acción correcta en todos los aspectos de la existencia. Conforme Dios se hace más real, no sólo se convierte en el principal objetivo de la vida, sino además en el centro y origen de nuestra seguridad interior *en el presente*. Reconocemos así que la vida es como una escuela y que sus experiencias constituyen oportunidades de aprendizaje. La seguridad espiritual que obtenemos a través del contacto que se establece con Dios en la meditación nos permite prodigar amor, comprensión y perdón en forma incondicional; por lo tanto, nuestras relaciones con los demás mejoran. Afianzado en Dios, el yogui no exige de sus semejantes la satisfacción que ellos no pueden darle y, cada vez más, se da cuenta de que Dios es «suficiente para colmar todas sus necesidades».

Hay muchos seres humanos que buscan hoy día una respuesta, una solución a las terribles dificultades de la vida. Pero la única respuesta permanente a los problemas de las personas y de las naciones consiste en regresar a Dios. Con la mente y el corazón fijos en Dios, afronta cada nuevo día con fe y esperanza en Él.

El poder de la oración para lograr la paz mundial

El pensamiento es la fuerza más poderosa del mundo. Del pensamiento de Dios ha surgido todo lo que contemplamos en el universo.

«Porque de lo que rebosa el corazón habla la boca»[1]. Lo que pensamos se expresa en nuestras palabras y acciones. Por lo tanto, el primer paso para orar por la paz mundial consiste en convertirnos en seres humanos pacíficos en nuestra vida particular. ¿Cómo podríamos orar con eficacia por la paz, cómo podríamos enviar poderosos pensamientos de paz, cómo podríamos brindar paz al mundo, si no nos convertimos primero en seres pacíficos?

Convertirme en un ser pacífico requiere de la meditación profunda. La importancia de la meditación se

---

[1] *San Mateo* 12:34.

pone de manifiesto reiteradamente en los escritos de Guruji. Necesitamos sumergir la mente con profundidad en la práctica de la meditación.

Guruji narró el siguiente suceso acerca de su tía, que vivía en la India; ella se acercó a él y le dijo: «Te suplico que me ayudes. He estado rezando con mi rosario durante cuarenta años, y aún no encuentro la paz interior». Él le respondió: «Mientras repites las oraciones, tu mente vaga por todos lados y piensa en otras cosas. Cuando ores, pon toda tu atención en lo que estás diciendo: mantén tu pensamiento en el Ser Divino a quien diriges tus plegarias».

No debemos repetir las plegarias como si fuéramos «loros». Los loros pueden pronunciar palabras, pero no saben su significado. Cuando oremos o meditemos, la mente y la atención deben estar por completo concentradas en esos actos, esforzándonos por excluir toda distracción. Ésa es la verdadera forma de orar; el desarrollo de dicha concentración es el propósito de las técnicas de meditación de *Self-Realization Fellowship*.

Por lo tanto, para ayudar a establecer la paz en el mundo, primero procura convertirte en un ser pacífico; luego, concéntrate en hacer el bien, difundiendo la paz. La primera prueba de la presencia de Dios en nuestro interior es la paz «que sobrepasa todo entendimiento»[2]. Lograr la paz es el deber de todo ser humano —la criatura a la que Dios dotó de inteligencia, discernimiento y capacidad para reflexionar—. Cuando sentimos esa paz interior, sabemos que nos encontramos en sintonía con el Ser Divino. Podemos entonces orar profundamente y con mayor eficacia en pro de la paz mundial.

No estoy afirmando que no debas orar por el mun-

---

[2] *Filipenses* 4:7.

do hasta que sientas paz en tu interior; lo que trato de
decir es que debes comenzar por donde se inicia la paz:
contigo mismo. Perfecciónate para que cuando los demás se encuentren ante tu presencia, sientan paz y calma. De ese modo, cuando te pongas a meditar y a orar
por los demás, el poder de tu atención y de tu paz ema-
nará de ti y podrá alcanzar al mundo entero.

Guruji enseñó que las vibraciones de las palabras y
de los pensamientos producen efectos definidos, y dejan una huella en el éter que toda persona podría captar, en cualquier lugar, si contara con un instrumento
detector de suficiente potencia. La ciencia ha demostrado este proceso hasta cierto punto, mediante el uso de
la radio y la televisión. Pero aunque no existieran estos
medios para transmitir mis palabras, su fuerza y el poder del pensamiento que se encuentra detrás de ellas
están, en este momento, viajando por todo el mundo.
Con un instrumento ultrasensible podría demostrarse
dicha aseveración. Así pues, una vibración potente de
paz que fluya del corazón y de la mente puede tener
una poderosa influencia en el mundo. Hacer nuestra
parte para contribuir a esta influencia es uno de los deberes de los discípulos de Paramahansaji[3].

¿Por qué algunos niños nacen para sufrir?

Si consideramos que Dios es justo —así lo creo yo,
y todas las grandes religiones enseñan esta verdad—,
¿cuál es el motivo por el cual algunos niños nacen con
defectos de nacimiento, y parece que hubieran venido
al mundo sólo para sufrir? Dios nos ama a todos por

---

[3] Paramahansa Yogananda fundó el «Círculo mundial de oraciones»
con esta finalidad. Véase nota al pie de la página 64.

igual; y así como vela por cada gorrión y es consciente de cada grano de arena, Él cuida aún más de nosotros. Por consiguiente, no existe respuesta razonable a esta pregunta, salvo la que se desprende de la ley del karma, la ley de causa y efecto: aquello que siembres, recogerás.

Esto no significa que debamos expresar indiferencia respecto de los afligidos, pensando: «Bien, este sufrimiento es su karma». ¡No! Dios dotó a los seres humanos de la capacidad de ser caritativos y compasivos. Ninguna otra criatura cuenta con esas cualidades. Pero Dios nos las concedió con la esperanza de que las utilicemos tal como nos enseñaron Cristo y otros elevados gigantes espirituales.

Lo que vemos en esta vida es sólo un eslabón de la eterna cadena de la existencia. El resto está oculto, y olvidamos que detrás de este pequeño eslabón de 60, 70 ó 100 años de vida se encuentra el ciclo eterno completo. Lo que hemos cultivado en esta vida o en vidas anteriores es lo que habremos de cosechar en ésta o en alguna vida futura. Sin embargo, los efectos pueden no ser siempre semejantes a las causas. Hay muchos factores de las acciones y la conducta pasadas, así como causas físicas y mentales, que interactúan para generar prototipos kármicos. Sólo un maestro puede leer con precisión esos indicios. En consecuencia, nadie debería juzgar o suponer las causas del estado actual de ninguna persona. El propósito del karma no es castigar sino enseñar.

Por lo tanto, cuando veamos a un niño con defectos de nacimiento o a cualquier persona que sufra, tenemos que asumir un doble deber. En primer lugar, comprender que existe una causa que esa persona ha atraído y que, por consiguiente, no cabe culpar de crueldad a Dios. Y en segundo lugar, aprovechar la oportunidad de crecer —y en verdad nos desarrollamos en gran medida a través de una conducta compasiva—, mediante el ofrecimiento de nuestra comprensión y servicio, y haciendo lo que sea necesario para aliviar el malestar o el sufrimiento de esa persona y para ayudarla a soportar su aflicción.

Una respuesta al ateísmo

Existen personas que proclaman que Dios no existe. Pero ¿es en realidad posible ser ateo? Puedo entender que alguna persona rehúse aceptar ciertos conceptos ortodoxos acerca de Dios, porque ha sufrido alguna experiencia que la ha desilusionado en la práctica de una religión en particular. Pero rechazar por ello el concepto de la existencia de Dios es absurdo.

A quienes afirman ser ateos, les formularía la siguiente pregunta: «¿Desarrollaste tu cuerpo por ti mismo a partir de aquella diminuta célula original?». Ningún ser humano puede responder a esta pregunta afirmativamente, ni puede explicar cómo se desarrolló a partir de esa célula única hasta convertirse en ser humano. A lo sumo, se podría describir el proceso científico correspondiente, pero ¿qué es lo que origina ese proceso? Debe existir algún Poder que lo haya ocasionado; un Poder que mantenga a los planetas en ordenado movimiento, que provoque que tanto árboles como plantas crezcan a partir de un maravilloso patrón contenido en pequeñas semillas. Éstos son los milagros del Poder Divino.

Podemos decir que no aceptamos un concepto en particular de Dios, pero creo que nadie puede lógicamente aseverar: «No acepto la idea de que algún Poder ocasione que todas esas cosas sucedan en la creación, o haga que yo piense, respire y me mueva». Yo no tengo control real sobre mi vida; un ateo tampoco gobierna la suya. Él nada sabe acerca de cómo llegó aquí, ni cuándo va a morir. ¿No es verdad?

Existe en este universo un Poder gracias al cual vivimos y tenemos la capacidad de razonar —incluso de pensar que no podemos aceptar la idea de Dios—. Estoy convencida de que los ateos no han reflexionado con la suficiente profundidad; de lo contrario, no podrían negar la existencia del Poder Divino.

El papel que desempeña la música en la búsqueda de Dios

La sustancia de que está compuesto el universo es la vibración, y ésta produce sonido. Hay dos tipos de vibración: la positiva o armoniosa, y la inarmónica. Hace mucho tiempo, el hombre deseaba expresarse y comenzó a generar sonidos rítmicos. Hoy en día, a esta actividad se la conoce como «música». Sin embargo, debo decir que algunos de los sonidos que oímos en la actualidad ¡distan mucho de ser musicales! Nos encontramos en una era bastante negativa, y un ejemplo de ello es la falta de armonía en gran parte de la música actual; con frecuencia, ésta es, más bien, un estrépito nada melodioso. Las manifestaciones inspiradas de la música, la pintura y la escultura —todas ellas formas de arte— son expresiones de Dios y de su creación. Algunas de las obras de arte más grandiosas del mundo son de índole religiosa y evocan la inspiración divina en el hombre. Cuando se visitan algunos de los antiguos templos de la India o del Vaticano y se admiran las magníficas pinturas y esculturas, tan hermosas e inspiradoras, no es posible dudar del espíritu creativo de Dios en el ser humano. Dichas formas de arte despiertan realmente los sentimientos espirituales del hombre.

Una persona aquí presente me ha preguntado si es apropiado escuchar música mientras se medita. Esta persona siente que la música la conduce hacia Dios. Sí, en efecto, así es. En la India, por ejemplo, los cantos se han utilizado durante siglos en la búsqueda espiritual. En toda religión, la música es parte del rito espiritual. Pero no sería correcto afirmar que la música produce un contacto con Dios más profundo del que proviene del hecho de permanecer absolutamente inmóvil y atento a la música interior[4]. El propósito espiritual de la música —imágenes representadas por sonidos armoniosos— consiste en hacer surgir la devoción y la inspiración; pero, luego, el devoto necesita ir más allá de los sonidos externos, que requieren del uso de un órgano físico sensorio —el oído— y debe escuchar en su interior, mediante la meditación profunda y en completo silencio, el sonido cósmico del universo, la «Palabra» creativa o «voz» de Dios.

Por lo tanto, no serás capaz de *meditar* con profundidad mientras interpretes o escuches música, porque no podrás ir más allá de un cierto nivel de inspiración en tanto dependas de alguno de los sentidos. Cuando cantamos, por ejemplo, es posible meditar, hasta cierto punto, a condición de que la mente no se adhiera a la música sino al pensamiento que el canto expresa. De es-

---

[4] Referencia a *Om*, la vibración cósmica inteligente y creativa del Espíritu, el sonido omnipresente que se percibe en nuestro interior mediante la práctica de los métodos de meditación de *Self-Realization Fellowship*.

ta forma, podrás sumergirte en tu interior, y aquietar todos los sentidos, y permanecer por completo inmóvil;
entonces, sabrás qué es Dios.

Leopoldo Stokowski, uno de los directores de orquesta más importantes y famosos del mundo, que conocía a Guruji y sus enseñanzas, me contó que su experiencia de Dios se producía a través de la música. En
cierta ocasión, el Maestro me pidió que le brindara a este director alguna ayuda mientras se encontraba de gira en Los Ángeles. Nuestras conversaciones habían gi-
rado con frecuencia en torno a las enseñanzas del Maestro acerca de la meditación. En una oportunidad, el director se sentó al piano y tocó para mí. Fue todo un privilegio, porque yo era su único auditorio. Él tocó mag-
níficamente, pero yo pensaba: «¿Qué le diré? ¿Cómo explicarle que esto no es suficiente? La inspiración no es
lo mismo que la percepción directa de nuestro verdadero ser».

Cuando terminó de tocar, exclamé: «¡Fue hermoso!». Él parecía estar esperando algún otro comentario,
así que me atreví a decir: «Permítame hacerle una pregunta. Usted me dijo que su meditación tiene lugar
cuando toca el piano o dirige una orquesta, que ésa es
su forma de establecer contacto con Dios. Pero ¿qué sucedería con esa experiencia si, de improviso, usted se
volviera sordo, o sus manos se paralizaran y ya no pudiera tocar o dirigir?». Se quedó pensativo y en silencio.
Luego, agregué: «Usted limita su percepción de Dios al
hacerla depender de las posibilidades del cuerpo físico».

No estoy degradando la música ni su valor. La música siempre me ha inspirado, al igual que a Guruji. Simplemente afirmo que existe algo más allá de ella, que sólo se experimenta durante la meditación profunda.

La persona que medita no requiere que su cuerpo actúe como un medio para comulgar con Dios; en esa comunión, por el contrario, ella deja de depender de cualquiera de sus órganos sensoriales o motores, excepto, claro está, de su mente superior o conciencia.

Muchas personas, debido a la inquietud mental, no desean, en realidad, hacer el esfuerzo necesario para meditar. Ellas expresarán razones aparentemente lógicas para explicar su preferencia por otras formas de inspiración, a fin de justificar su falta —tal vez inconsciente— de voluntad interior. Pero ni la música ni ninguna otra fuente de estímulo espiritual son equivalentes a la meditación. Todas las formas de arte poseen la capacidad de inspirar, pero nada puede reemplazar la comunión directa con Dios.

Dispongamos de tiempo para Dios

¡Nadie dijo jamás que el Señor iba a simplificarnos las cosas! La vida es una lucha constante, y siempre lo será. Toda la creación fluye de Dios, y la mayor parte de la humanidad está sujeta a ese fluir. La persona que ha vuelto su vida hacia Dios camina, en cierto sentido, en contra de una poderosa corriente. Trata de volver a la Fuente, mientras que todo lo demás se precipita, alejándose de ella, en la dirección opuesta.

Por eso es difícil encontrar tiempo específico para dedicarlo a Dios, a menos que, con toda decisión, le reservemos una parte de nuestro programa diario de actividades. Esto no significa que Él vaya a eliminar todos nuestros problemas; pero lo cierto es que, a partir de ese contacto con Dios, obtendremos mayor calma, valor y fortaleza con los cuales poder afrontar cualquier obstáculo que se nos presente cada día. A veces, las cargas serán ligeras; en otras ocasiones, no tanto. Pero ésos son los desafíos a los que debemos enfrentarnos en la vida.

La gente más feliz es la que vive conforme a una cierta filosofía. Cuando sus mentes están dispersas, muchas personas se desmoronan ante el surgimiento de problemas. Hace poco, vino a mí un devoto y me confesó: «Hoy me siento partido en dos». El motivo de ese tipo de reacción, o respuesta emocional, es la falta de una filosofía tranquilizadora a la cual aferrarse. El Maestro solía decirnos que convirtiéramos a Dios en la estrella polar de nuestras vidas para que, a través de todas las experiencias, la mente girara en torno a Él. Si a diario lees algún pasaje de los escritos del Maestro y, luego, en medio de tus actividades y del trabajo recuerdas ese pensamiento —retirando tu mente de todo aunque sólo sea por un instante—, te será posible mantener el equilibrio y la fortaleza interior. Además, esa práctica te ayudará a afianzarte cada vez más en Dios.

Fijarse metas para el progreso espiritual

El Año Nuevo es una época favorable para renovar nuestros esfuerzos en el camino espiritual. Muchos devotos me confían: «No sé si estoy avanzando hacia Dios. Siento aridez interior. No creo que esté haciendo progreso alguno». Sólo puedo decirles una cosa: se necesita más esfuerzo, una mayor resolución para sentir la presencia de Dios y buscarle día a día en meditación.

Una ayuda adicional para el progreso espiritual consiste en adoptar una cualidad —sólo una a la vez— y concentrarnos en expresarla en nuestra naturaleza. Las cualidades divinas —humildad, devoción, sabiduría, compasión, alegría— ya están en nosotros, pues son atributos eternos de nuestras almas. Es el limitado "yo", o ego, el que ha oscurecido nuestra verdadera divinidad.

Elige una cualidad que te atraiga en especial, y concéntrate en ella. Mantén en tu conciencia esa virtud, sondea las profundidades de su significado y propósito, y busca formas de expresarla. Aplica tu voluntad y tu siempre renovada atención y celo hacia el logro de tu objetivo. Cuando sientas cierto grado de avance, añade otra cualidad que sirva para el desarrollo del alma, hasta que cada pétalo de tu vida se convierta en una expresión perfumada de la presencia de Dios.

Dios siempre está a nuestro lado

Nuestra relación con Dios se vuelve muy dulce y sencilla cuando procuramos recordar lo cerca que Él está de nosotros en todo momento. Si tratamos de obtener manifestaciones milagrosas o resultados extraordinarios en nuestra búsqueda de Dios, es muy probable que pasemos por alto las diversas maneras en que continuamente Él se acerca a nosotros. Ante la ausencia de estas impactantes y gloriosas experiencias, algunos devotos se desaniman porque suponen que Dios se halla lejos y que no están progresando en el camino que conduce hacia Él. Pero si aprendemos a permanecer atentos a las constantes manifestaciones de su presencia, como Gurudeva nos enseñó, rápidamente tendremos la certeza de que Dios se encuentra *ahora* mismo a nuestro lado. Te recomiendo encarecidamente que te concentres con profundidad en las siguientes palabras de Guruji:

> Una causa común de desaliento espiritual reside
> en la expectante actitud de quienes imaginan que la

respuesta de Dios se manifestará como una deslumbrante y sobrecogedora llamarada de iluminación interior. Debido a este erróneo concepto, semejantes aspirantes se vuelven insensibles a las sutiles respuestas de la Divinidad, las cuales se presentan desde el comienzo mismo de sus prácticas de meditación. Dios responde a cada uno de los esfuerzos del devoto, a cada una de sus llamadas espirituales. Aun cuando no seas más que un principiante, te percatarás de este hecho en tu propia búsqueda, siempre que aprendas a reconocer la presencia del Señor como la callada paz interior que se desliza en tu conciencia. Esta paz constituye, en efecto, la primera prueba de la presencia de Dios en tu interior. Con el tiempo comprenderás que es Él quien te ha guiado, inspirándote a adoptar las decisiones acertadas en tu vida. Sentirás que, con su fortaleza, eres capaz de superar los malos hábitos y de desarrollar cualidades espirituales. Reconocerás al Señor como el gozo y el amor siempre crecientes que manan de las profundidades de tu ser, inundando tu vida cotidiana y todas tus relaciones personales.

Oro para que sientas cada vez más la cercanía de Dios y le percibas en todas las circunstancias de la vida; y para que, mediante la meditación y el amor por Él, puedas fundir tu corazón y tu alma en su omnipresencia.

¿Cuándo responderá Dios?

En cierta ocasión, Guruji expresó lo siguiente: «Durante siglos he estado buscando a Dios, y aun así no obtuve su respuesta. Pero yo dije: "Señor, algún día vendrás". No me importaba cuánto habría de esperar. Yo sabía que, a través de cada noble deseo, de cada acto bueno que yo realizara, Él estaba conmigo. Y continué llamándole, aun cuando Él se hallaba tan cerca».

Sin cesar, deberíamos exigir amorosamente en nuestro corazón la respuesta de Dios. Por ese motivo, el Maestro nos enseñó a continuar meditando profundamente después de practicar *Kriya* y, luego, orar con anhelo: «Dios mío, ven a mí, ven a mí». Háblale con persistencia en el lenguaje de tu alma. Siente lo que dices; jamás permitas que tu plegaria se convierta en una letanía mecánica. Y no te impacientes si no sientes la respuesta. Tal como Guruji dijo, no importa cuánto tiempo tengamos que esperar. Tu actitud debe ser la de quien afirma «Seguiré buscándote hasta el fin de mis días», y no la de aquel que dice «Bien, te daré seis años, Señor, y si al cabo de ese tiempo no has venido a mí, regresaré al mundo».

Buscar a Dios se convierte en una forma de vivir, en la que canalizas todas tus energías y pensamientos en una dirección al tiempo que continúas cumpliendo con tus deberes. Si sigues estas sugerencias, te darás cuenta de que, tal como Guruji nos prometió, cuando menos lo esperes —no necesariamente cuando estés meditando sino, tal vez, después—, recibirás alguna señal, una respuesta de Dios. Cuando así suceda, no hables de ello; tampoco lo des por sentado, sino dirígete a Él y manifiéstale interiormente: «Gracias, Señor, gracias».

Si te preguntas cuándo vendrá Él a ti, has formulado la pregunta incorrecta, porque Dios ya está a tu lado. Él jamás te ha abandonado. Por lo tanto, debes plantearte más bien la siguiente cuestión: «¿Cuándo me daré cuenta de que Tú estás conmigo?». Ése es el punto vital. Él ya ha venido a ti. Lo que hace falta es que te vuelvas consciente de su presencia. La meditación descorrerá el velo de *maya* que te ha hecho sentir separado del Amado Divino.

Cuando Guruji expresó «Señor, algún día vendrás», es obvio que hablaba en sentido poético, porque después reconoció: «Y continué llamándole, aun cuando Él se hallaba tan cerca». Lo que el devoto debe hacer es practicar la presencia de Dios: mantener su mente siempre centrada en Él. De ese modo, conforme procura vivir su vida en armonía con la guía del Gurú y con las normas que él sabe que están en concordancia con la recta conducta, de súbito verá iluminada su conciencia y exclamará: «¡Oh! Yo creía que te hallabas lejos de mí, Señor, pero ahora me doy cuenta de que siempre has estado conmigo».

Es preciso ejercitar la paciencia cuando aún no hemos percibido que Él está a nuestro lado. A continuación de las palabras anteriormente citadas, Guruji prosiguió hablando y expresó este bellísimo pensamiento: «Si insistes en agitar un vaso de agua que contiene fango, ésta permanecerá turbia. Pero si mantienes el vaso inmóvil, al poco tiempo los sólidos se asentarán en el fondo y el agua quedará clara. La mente sigue el mismo principio. El breve instante en que me senté a meditar ¡transcurrió tan rápido! La inquietud mental cesó, y mi mente se volvió cristalina y calmada». Éste es el propósito y el valor de la meditación.

Cuando desplegamos nuestra actividad en el mundo, la mente se asemeja al agua enlodada. Pero si aprendemos a permanecer calmados en meditación, la inquietud, o el fango, se asienta en el fondo y el agua, o la mente, se vuelve cristalina. Cuando así ocurre, las aguas claras y serenas de la mente nos permiten contemplar el reflejo del Infinito.

¿Comprendes ahora por qué Guruji hacía tanto hincapié, una y otra vez, en la importancia de meditar y meditar? Dedica siempre tiempo a la meditación; pero, también, cumple con tus deberes a conciencia, y llévalos a cabo inmerso en este espíritu: «Señor, en cualquier tarea que yo desempeñe, te estoy sirviendo».

Cómo compartir nuestras creencias espirituales con los demás

Conforme se incrementa nuestro entendimiento y nuestro amor por Dios, aceleramos el desarrollo de las personas que nos rodean: hijos, esposa, esposo, etc. Sin embargo, no es necesariamente a través de las palabras como ejercemos influencia sobre los demás. Con frecuencia, nuestros afanes por convertir a los miembros de la propia familia provocan malentendidos. Si alguno de tus familiares no sigue el sendero espiritual, es un error tratar de presionar a esa persona para que acepte tus creencias. Cada persona debe desarrollarse, como sucede con las flores, a su debido tiempo. No puedes forzar a una semilla a convertirse en flor en un solo día.

La búsqueda de Dios es una tarea individual. No quiero decir con esto que deberíamos escondernos en un armario a fin de meditar, pero es necesario seguir nuestra práctica espiritual sin que los miembros de la familia se sientan culpables o incómodos porque no nos acompañen en esa actividad. De lo contrario, podría generarse mucho resentimiento. Vale la pena tener en cuenta que los hijos de los ministros religiosos suelen ser, con frecuencia, los que resultan más problemáticos, debido a que el padre los ha hecho sentirse coaccionados, ya sea de forma consciente o inconsciente. Un niño en esas circunstancias siente que no puede expresarse ni ser él mismo y, como resultado, tal vez se vuelva contra los principios religiosos que su padre trata de inculcarle.

La mejor forma de reformar a la gente es mediante el ejemplo de nuestra propia conducta; no se trata de pensar que somos mejores ni de hacer alarde de nuestros esfuerzos espirituales, sino de expresar la bondad, la consideración, el amor y la comprensión que comienzan a desarrollarse dentro de nosotros a medida que se profundiza nuestro despertar espiritual. Eso es lo que conmueve a las personas y lo que puede inspirarlas hasta el punto que deseen conocer más sobre las prácticas que te han permitido comportarte de manera tan ejemplar.

Crear armonía en nuestras relaciones con los demás

¿Por qué riñen las personas? Porque cada una de ellas trata de expresar su punto de vista y no desea escuchar el de las demás. Nos sentimos inclinados en favor de nuestras propias opiniones; por consiguiente, es natural que existan fricciones. Y en el contexto de una familia, la situación puede llegar hasta el extremo de que algunos de sus miembros dejen de comunicarse por completo o deseen separarse.

Recuerdo cierta ocasión en que un grupo de discípulos estábamos sentados alrededor de Guruji mientras conversábamos sobre cuestiones espirituales; de improviso, él nos miró a cada uno de nosotros y comenzó a sonreír. Entonces, le preguntamos: «¿Qué sucede, Maestro?»; él sacudió la cabeza y respondió: «No atraje hacia mí a personas de mente débil. Todos ustedes poseen una poderosa fuerza de voluntad». Y añadió: «Si alguna vez tienen dificultades, reúnanse y exprésenlas amablemente». El Maestro también solía afirmar: «Los necios pelean, los sabios dialogan». Nadie desea aquí que se le considere un necio; por eso, todos nos sentamos y dialogamos como personas sabias.

Todas las personas, especialmente quienes poseen una poderosa fuerza de voluntad, necesitan partir de un acuerdo, desde el principio de su relación, que establezca que van a conversar con profundidad sobre cada situación y que ambas partes tendrán la oportunidad de expresar sus puntos de vista. Trata de comunicarte mejor con tu prójimo. Apenas se interrumpe el diálogo, la relación se desvanece gradualmente hasta desaparecer. Pero si respetas la opinión de la otra persona y le das tiempo de expresarla sin interrupción, tal vez ella te conceda la misma oportunidad. Mediante este tipo de intercambio se llega a un acuerdo mutuo. El propósito del matrimonio, por ejemplo, no es simplemente engendrar hijos, sino ayudarse mutuamente. Y el apoyo no se ofrece golpeando verbalmente a los demás, sino mediante el diálogo, la generosidad y la comunicación.

Necesitamos más entendimiento, y éste vendrá a nosotros a través de Dios y de la práctica de la meditación en Él. Es preciso incluir a Dios en mayor medida en nuestra vida hogareña. Hay una expresión popular en Occidente que dice: «La familia que ora unida permanece unida», y eso es cierto.

«En amistad divina »

En muchas de las cartas que Guruji escribió a los devotos a lo largo de los años, él concluía con las pala-

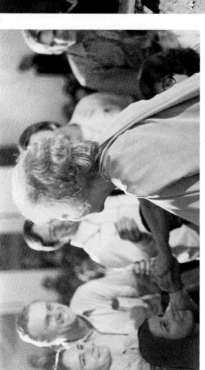

(*Arriba*) Saludando a participantes de una Convención que se celebró en el Hotel Biltmore, Los Ángeles (California), 1978; y (*derecha*) al concluir un *satsanga* en Delhi (India), 1972.

«Ofrece tu corazón y comprensión [...] Si alguna persona deprimida, desalentada o negativa acude a ti, será maravilloso que al partir pueda sentirse reanimada debido a alguna palabra reconfortante que le hayas dicho para ayudarla en su camino».

Una bendición plena de amor, Convención de
Self-Realization Fellowship, 1983.

«El propósito exclusivo de la vida es amar a Dios; ésa es la única razón por la cual fue creado el ser humano. Cuando adoptamos con seriedad un sendero que nos brinda la oportunidad de buscar y amar a Dios, comenzamos a dar cumplimiento al verdadero objetivo de la vida; entonces, nos damos cuenta de que se ha iniciado nuestra auténtica vida».

bras «En amistad divina», y eligió esta expresión como despedida en las cartas que *Self-Realization Fellowship* enviaba a sus miembros. Con frecuencia nos aseguraba que la relación más elevada y pura que puede existir entre las almas es la que se forja en el espíritu de la amistad, pues no hay coacción en ella. Él no se refería a la amistad humana común, sino a ésa que es incondicional, a la que Cristo sintió por sus discípulos y que ellos sentían por su gurú y por los demás discípulos. Se trata de una amistad impersonal y, a la vez, constituye la más íntima de las relaciones. Es abierta en el sentido de que se nos acepta sin condiciones, tal como somos, con todos nuestros defectos. Aunque surjan divergencias, nunca se juzga mal a un amigo; la amistad permanece inquebrantable y se hace más dulce con el tiempo. Guruji solía decir a esos amados devotos que estaban cerca de él: «La amistad es como el vino: mejora con el paso de los años».

Deseo leer algunos pensamientos de Guruji sobre el ideal de la amistad universal, de la hermandad mundial:

La expresión «hermandad mundial» parece muy simple, pero en esas dos palabras se encuentra la panacea para todas las enfermedades individuales, sociales y políticas del ser humano, que amenazan la felicidad material, mental, moral y espiritual del mundo. [...] Este mundo no nos pertenece ni a ti ni a mí. Somos viajeros, y permanecemos aquí sólo por un breve lapso. Este mundo le pertenece a Dios. Él es nuestro Presidente, y bajo su advocación debemos establecer un mundo unido en el cual cada nación hermana conviva fraternalmente con todas las demás. [...] El camino consiste en conocer a Dios; y la forma de conocerle es meditar en Él. [...] La hermandad, por sí sola, puede desterrar el odio y evitar las guerras. La hermandad, por sí sola, puede estabilizar la prosperidad para todo el género humano. Por eso te insisto: atrae esa hermandad a tu corazón mediante la comunión con Dios. Siente la paternidad de Dios y que cada ser humano te pertenece. Tan pronto como sientas a Dios en tu corazón, contribuirás a la civilización del mundo de una forma tal como jamás lo ha hecho rey o político alguno. Ama a todos aquellos con los que tienes relación. Sé capaz de decir con convicción: «Él es mi hermano, porque el Dios que está en mí también se halla en él».

Lo que nuestro mundo tanto necesita hoy en día es que haya un mayor número de personas que hagan el esfuerzo de expandir su conciencia más allá del pequeño yo individual y que prodiguen amor divino y amistad a todos sus semejantes.

Refiriéndose a Mahatma Gandhi —a quien Guruji había conocido poco tiempo atrás y con el que había pasado un par de días—, Paramahansaji dijo que él no pertenecía sólo a la India. Se trataba de un hombre sencillo, de un alma humilde que vivía en la mayor simplicidad y vestía solamente un taparrabos. Él fue el cristiano más auténtico de la edad moderna y, sin embargo, era un hindú nacido en la India. Una vez dijo: «Quienquiera que ame a mi India, es indio». Estas palabras reflejan que nadie quedaba excluido de su amor. Él incluía a toda la humanidad en su amor por Dios y por su propio pueblo. Gandhi reconoció y ejemplificó en su propia vida la universalidad del espíritu humano.

Ésa es la actitud que Gurudeva manifestó también siempre. Para él no había extraños. Iba al encuentro de cualquier persona con la mano extendida, con la dulce y sencilla confianza y amistad de un niño. Él brindó comprensión a los que no le comprendieron. Él practicó el ideal de buscar primero a Dios con ahínco (pues debemos estar seguros, más allá de toda duda, de que le pertenecemos y de que Él responde a la secreta llamada de nuestro corazón) y luego ofreció a todas las personas que se cruzaron en su camino la amistad y el amor divinos que recibía de Dios.

Perdonar es tener paz mental

Gurudeva solía decir que así como la rosa desprende su fragancia cuando la estrujamos, de la misma forma, el devoto de Dios, aun cuando se vea abrumado por la descortesía, emana la dulce esencia del amor.

El perdón, con su tranquilizadora vibración de amor divino, neutraliza la agitación erosiva de la ira, la culpabilidad y el odio. En un mundo imperfecto donde la bondad inevitablemente encuentra oposición, perdonar es una expresión de la conciencia de Dios. Cuando se nos maltrata, si en lugar de condenar a nuestro ofensor le otorgamos nuestro perdón con generosidad y olvidamos el incidente, el resultado será que ganaremos una bendita paz mental.

¿Por qué a veces resulta tan difícil perdonar y olvidar; es decir, desembarazarnos del problema por completo? El ego humano exige vindicación, y la busca a través de la venganza o el castigo; se siente superior cuando condena. Pero eso no nos aporta paz. Viviríamos mucho más felices si, por el contrario, escucháramos al verdadero Ser, el alma —que es suficiente en sí misma—, y canceláramos la deuda del malhechor, orando: «Señor, bendícele». ¿No deseamos, acaso, que

Dios y los demás excusen nuestros errores? «Perdona y serás perdonado» es la ley divina.

Dicen las escrituras sagradas hindúes: «Se debe perdonar todo agravio recibido. [...] Gracias al perdón el universo mantiene su cohesión. El perdón es la fuerza de los poderosos; el perdón es sacrificio; el perdón es sosiego para la mente. El perdón y la benevolencia son los atributos de aquel que es dueño de sí mismo. Ellos representan la virtud eterna». Trata de vivir según este ideal, prodigando bondad y amor curativo a todo el mundo. Entonces sentirás que el amor de Dios —que abarca el universo entero— inunda tu propio corazón.

Cómo deshacer nuestros errores pasados

Gurudeva Paramahansa Yogananda afirmó: «Los errores de toda una vida pueden corregirse *hoy*. [...] Tan pronto como formules tu decisión y desees intensamente ser una nueva persona, cambiarás».

Si aprovechamos el poder del alma, que todo lo conquista, podremos cambiar en forma instantánea. ¿Qué impide que así sea? Estamos demasiado identificados con nuestros defectos, aceptamos ideas que nos limitan y, por consiguiente, nos vemos abrumados, en primer lugar, por el desaliento y, después, por la inercia. Hemos cometido errores y cargamos con el «exceso de equipaje» que constituyen el remordimiento y la actitud derrotista.

Necesitamos liberarnos de ese lastre. El secreto para lograrlo consiste en vivir en el presente. El pasado se ha ido; ahora es el momento de desplegar un sincero esfuerzo para vivir nuestra existencia como sabemos que Dios querría que lo hiciésemos. Si damos un paso errado, debemos corregirnos de inmediato, solicitar en nuestro interior la ayuda divina y tratar de elegir el camino apropiado. En lugar de morar en los errores pasados, concéntrate en el gozo que el Señor siente cuando ve que crecemos en fortaleza y sabiduría. El esfuerzo positivo, con nuestra atención enfocada en Dios, proporciona una sensación de libertad y entusiasmo, y aporta un enorme ímpetu a la voluntad. La voluntad dinámica que recibe el apoyo de la bendición de Dios puede lograr cualquier objetivo. Sobre todo, podemos convertirnos en perfectos amantes de Dios: en armonía con Él, absortos en su amor, guiados por su sabiduría y con nuestro destino bajo control.

El amor incondicional que Dios nos prodiga

¿Cuál es la naturaleza de Dios? Él es Padre, Madre, Amigo y, también, amor, compasión, comprensión y perdón.

Las encarnaciones divinas, tales como Jesús y Krishna, expresaron de manera suprema las cualidades de Dios para que pudiéramos contemplar y conocer a la Divinidad. Esos ejemplos son necesarios para aliento de la humanidad, porque en los momentos difíciles de nuestra vida necesitamos que se nos recuerde que la magnitud del amor y el perdón de Dios supera nuestra capacidad de entendimiento. Con demasiada frecuencia, los problemas crean el cruel sentimiento de que Dios nos ha olvidado, y la mente le excluye en el preciso momento en que, plenos de fe, deberíamos extender nuestra mano para alcanzarle.

En momentos de debilidad, es útil refugiarse en algún ejemplo de las escrituras en el que se muestre cómo Dios, manifestado en las grandes almas que se hallan unidas a Él, no pierde de vista al discípulo que ha errado pero desea sinceramente reformarse. En la Última Cena, Jesús no sólo predijo que Pedro negaría haberle conocido sino que, además, trató de confortarle y protegerle para que no se desmoralizara, diciéndole: «Pero yo he rogado por ti, para que tu fe no desfallezca. Y tú, cuando hayas vuelto, confirma a tus hermanos»[5]. Él comprendió que el temor habría de agobiar la lealtad de su discípulo; pero también advirtió que esta debilidad sería temporal y que de ninguna forma alteraba su amor por Pedro o su confianza en la capacidad de éste para hacer la voluntad de Dios.

Cada alma es un recipiente del amor incondicional de Dios. Cada alma es su favorita, como Guruji solía comentar. El Señor, que es nuestro supremo benefactor, está aún más ansioso que nosotros mismos porque logremos la salvación. Comulga profundamente con este Dios de amor infinito; Él siempre te espera en el templo de la meditación.

«En todo dad gracias»

«Estad siempre alegres —nos aconsejan las escrituras sagradas—. Orad constantemente. En todo dad gracias». Cuando reconocemos con agradecimiento el amor y la bondad de nuestro Padre Celestial, profundizamos nuestra sintonía con Él. El agradecimiento abre las puertas del corazón al inagotable caudal del amor divino en sus múltiples manifestaciones.

Existen tres etapas en el desarrollo de una actitud de incesante agradecimiento:

[5] *San Lucas* 22:32.

La primera radica en aprender a recurrir sin demora a Dios para expresarle gratitud cada vez que tengamos motivo de regocijo. Toda bendición especial debería recordarnos que hemos de dar gracias con sinceridad al verdadero Dador de todos los gozos.

El segundo aspecto consiste en no dar por sentado el bien en nuestra vida. Se dice que rara vez nos damos cuenta de lo que tenemos hasta que lo perdemos; pero no es preciso que así sea. Apreciemos y reconozcamos en toda su magnitud el valor de nuestros seres queridos, de la salud, las provisiones y las comodidades, de la belleza de la naturaleza, y del bien que abunda por doquier; y en todo momento dirijamos nuestra amorosa atención al Proveedor Divino.

Por último, si entrenamos nuestra mente para mostrarnos agradecidos a Dios aun en medio de las dificultades, descubriremos una bendición oculta en cada adversidad. Si bien expresarle gratitud en estas situaciones puede requerir un acto de voluntad, estamos demostrándole así nuestra confianza y, automáticamente, nos concentramos más en los aspectos positivos de esa determinada circunstancia. Las dificultades no son más que «la sombra de su mano extendida para acariciarnos»[6]; mostrar agradecimiento ayuda a retirar nuestra mirada de la sombra para elevarla hacia la mano de Dios. Nuestro entendimiento se abre a las valiosas lecciones que habremos de aprender, nuestro ánimo se levanta y la fe surge en nuestro interior. Estos sentimientos positivos liberan el poder curativo y la fortaleza que llevamos dentro, y acrecientan nuestra receptividad para permitirnos percibir el toque transformador de Dios.

Así pues, ojalá «oremos constantemente», comul-

---

[6] *The Hound of Heaven*, de Francis Thompson.

gando momento a momento con nuestro Padre y Amigo Eterno. Cuando Él sepa que ocupa el lugar principal en nuestra vida, nos dará a conocer claramente su amor eterno que satisface por completo todo anhelo.

OBRAS DE PARAMAHANSA YOGANANDA

*Estas publicaciones se pueden adquirir en diversas librerías
o pedir directamente a:*

SELF-REALIZATION FELLOWSHIP

3880 San Rafael Avenue • Los Angeles, California 90065-3298, EE.UU
TEL (323) 225-2471 • FAX (323) 225-5088 • www.yogananda-srf.org

Autobiografía de un yogui

Charlas y Ensayos:

Volumen I: La búsqueda eterna
La ciencia de la religión
Susurros de la Madre Eterna
Máximas de Paramahansa Yogananda
Afirmaciones científicas para la curación
Donde brilla la luz:
Sabiduría e inspiración para afrontar los desafíos de la vida
En el santuario del alma:
Cómo orar para obtener la respuesta divina
Cómo conversar con Dios
Meditaciones metafísicas
La ley del éxito

**Grabaciones con la voz de Paramahansa Yogananda
(Sólo en inglés)**

Be a Smile Millionaire
Beholding the One in All
Awake in the Cosmic Dream

The Great Light of God
Chants and Prayers
Songs of My Heart

Obras de otros autores

La ciencia sagrada   Swami Sri Yukteswar
En la quietud del corazón   Sri Daya Mata
«Mejda»: la familia, niñez y juventud de Paramahansa Yogananda
Sananda Lal Ghosh

Lecciones de Self-Realization Fellowship

Las técnicas científicas de meditación que enseñó Paramahansa Yogananda, entre las que se incluye *Kriya Yoga*, —al igual que su guía sobre cómo llevar una vida espiritual equilibrada— están contenidas en las *Lecciones de Self-Realization Fellowship*. Si desea recibir mayor información al respecto, sírvase solicitar el folleto gratuito *Un mundo de posibilidades jamás soñadas*.

RESEÑA BIOGRÁFICA DE PARAMAHANSA YOGANANDA

«En la vida de Paramahansa Yogananda, el ideal de amor a Dios y servicio a la humanidad se manifestó en su plenitud. [...] Aunque la mayor parte de su existencia transcurrió fuera de la India, podemos contarle entre nuestros grandes santos. Su obra continúa prosperando y refulgiendo cada vez más, atrayendo hacia la senda espiritual a personas de todas las latitudes».

—Palabras de homenaje que el gobierno de la India dedicó a Paramahansa Yogananda con motivo de la emisión de un sello postal conmemorativo en su honor.

Paramahansa Yogananda es mundialmente reconocido como una de las personalidades espirituales más ilustres de nuestro tiempo. Nacido en el norte de la India en 1893, vivió y difundió sus enseñanzas en Estados Unidos durante más de treinta años, desde 1920 —cuando fue invitado, como representante de la India, a un congreso internacional de líderes religiosos celebrado en Boston— hasta su fallecimiento, en 1952. A través de su vida y enseñanzas, Paramahansa Yogananda contribuyó extensamente al desarrollo, en Occidente, de una mayor comprensión y valoración de la sabiduría espiritual de Oriente.

Autobiografía de un yogui, la narración de la vida de Paramahansa Yogananda, no sólo es un fascinante retrato de este amado maestro mundial, sino también una exposición profunda de la milenaria ciencia y filosofía del Yoga provenientes de la India, así como de su tradición inmemorial de la práctica de la meditación. Desde su publicación, hace más de cincuenta años, constituye un *bestseller* permanente, ha sido traducida a dieciocho idiomas y se emplea como libro de texto y de consulta en un gran número de universidades. Considerada como una obra clásica del género espiritual moderno, ha cautivado intensamente los corazones de millones de lectores en el mundo entero.

En la actualidad, *Self-Realization Fellowship* —la sociedad religiosa internacional que él fundó en 1920— continúa llevando a cabo su obra espiritual y humanitaria bajo la dirección de Sri Daya Mata. Además de la publicación de las conferencias, escritos y charlas informales de Paramahansa Yogananda (entre las cuales se incluye una serie completa de lecciones que se estudian en el hogar), la sociedad supervisa las actividades de los templos, retiros y centros de meditación con que cuenta en todo el mundo, así como las comunidades monásticas de la Orden de *Self-Realization Fellowship* y el funcionamiento del «Círculo mundial de oraciones».

METAS E IDEALES
de
Self-Realization Fellowship

Según las estableció su fundador, Paramahansa Yogananda
Presidenta: Sri Daya Mata

Divulgar en todas las naciones el conocimiento de técnicas científicas definidas, mediante cuya aplicación el hombre puede alcanzar una experiencia personal y directa de Dios.

Enseñar a los hombres que el propósito de la vida humana consiste en expandir, a través del esfuerzo personal, nuestras limitadas conciencias mortales, hasta que éstas lleguen a identificarse con la Conciencia Divina. Establecer con este objetivo templos de *Self-Realization Fellowship* en todo el mundo, destinados a la comunión con Dios y a estimular a los hombres a erigir templos individuales al Señor, tanto en sus hogares como en sus propios corazones.

Revelar la completa armonía, la unidad básica existente entre las enseñanzas del cristianismo y las del yoga, tal como fueran expresadas originalmente por Jesucristo y por Bhagavan Krishna respectivamente; y demostrar que las verdades contenidas en dichas enseñanzas constituyen los fundamentos científicos comunes a toda religión verdadera.

Destacar la única carretera divina a la cual llegan con el tiempo las sendas de todas las creencias religiosas verdaderas: la gran vía de la práctica diaria de la meditación en Dios, práctica científica y devocional.

Liberar a la humanidad del triple sufrimiento que la agobia: las enfermedades físicas, las desarmonías mentales y la ignorancia espiritual.

Fomentar la práctica de la «simplicidad en el vivir y nobleza en el pensar»; y difundir un espíritu de confraternidad entre todos los pueblos, a través de la enseñanza del eterno principio que les une: su común filiación divina.

Demostrar la superioridad de la mente sobre el cuerpo, y del alma sobre la mente.

Dominar el mal con el bien, el sufrimiento con el gozo, la crueldad con la bondad, y la ignorancia con la sabiduría.

Armonizar la ciencia y la religión, a través de la comprensión de la unidad existente entre los principios básicos de ambas.

Promover el entendimiento cultural y espiritual entre Oriente y Occidente, estimulando el mutuo intercambio de las más nobles cualidades de ambos.

Servir a la humanidad, considerándola como nuestro propio Ser universal.